Paul Lebeau

Das suchende Herz

Der innere Weg von Etty Hillesum

Paul Lebeau

Das suchende Herz

Der innere Weg von Etty Hillesum

Aus dem Französischen
und Niederländischen
von Peter Knauer

Patmos Verlag

VERLAGSGRUPPE PATMOS

PATMOS
ESCHBACH
GRÜNEWALD
THORBECKE
SCHWABEN

Die Verlagsgruppe
mit Sinn für das Leben

MIX
Papier aus verantwortungsvollen Quellen
FSC® C014496
FSC www.fsc.org

Für die Schwabenverlag AG ist Nachhaltigkeit ein wichtiger Maßstab ihres Handelns. Wir achten daher auf den Einsatz umweltschonender Ressourcen und Materialien.

Titel der Originalausgabe:
Paul Lebeau, Etty Hillesum: Un itinéraire spirituel,
Amsterdam 1941–Auschwitz 1943

Aus dem Französischen – bzw. für die zitierten Texte von Etty Hillesum aus dem Niederländischen – übersetzt von Peter Knauer

www.patmos.de

Alle Abbildungen:
Collection Jewish Historical Museum, Amsterdam
www.jck.nl

Umschlaggestaltung: Finken & Bumiller
Satz: post scriptum, www.post-scriptum.biz
Druck: GGP Media GmbH, Pößneck
Hergestellt in Deutschland
ISBN 978-3-8436-0780-3 (gebunden)
ISBN 978-3-8436-0781-0 (eBook)

Inhaltsverzeichnis

Einführung

Erst seit dem Jahr 1981 wurde der Name Etty (Esther) Hillesum weithin bekannt, als Auszüge ihres Tagebuchs in der niederländischen Originalsprache unter dem Titel *Het verstoorde leven* [Das beeinträchtigte Leben] erschienen.[1] Diese Auswahl wurde dann in verschiedenen Sprachen in 14 Ländern veröffentlicht, darunter eine deutsche Übersetzung im Jahre 2003.[2]

Es handelte sich um eine unerwartete Auferstehung nach 40 Jahren des Begrabenseins. Als Etty Hillesum am 5. Juni 1943 endgültig in das Lager Westerbork aufbrechen musste, wo die Nazis die Juden der Niederlande vor ihrer Deportation nach Auschwitz sammelten, vertraute sie die elf Hefte ihres Tagebuchs über ihren geistlichen Weg seit dem 8. März 1941 einer holländischen Freundin, Maria Tuinzing, an. Sie bat sie, das Tagebuch einem ihrer Bekannten, dem Schriftsteller Klaas Smelik, zu übergeben; dies geschah nach Beendigung des Krieges. Anfang der Fünfzigerjahre versuchte Smelik vergebens, verschiedene Verleger für dieses Manuskript zu interessieren; es war in einer nur schwer lesbaren Handschrift verfasst. Erst Ende 1972 konnte Smeliks Sohn, Klaas A. D., den Verleger Jan G. Gaarlandt in Haarlem gewinnen. Weitere acht Jahre vergingen, bis

[1] *Het verstoorde leven. Dagboek van Etty Hillesum* 1941–1943 [Das beeinträchtigte Leben. Tagebuch von Etty Hillesum 1941–1943]. Ingeleid door J. G. Gaarlandt, De Haan, Haarlem 1981. Von der 18. Auflage an bei Uitgeverij Balans, Amsterdam 1986.

[2] Das denkende Herz – Die Tagebücher von Etty Hillesum. 1941–1943, hrsg. v. J. G. Gaarlandt, Rowohlt Taschenbuch, Reinbek bei Hamburg 2003.

dieser daranging, das Manuskript entziffern und abtippen zu lassen und er eine Auswahl der Texte erstellte, die schließlich im September 1981 veröffentlicht wurde. Am 1. Oktober des Jahres wurde der Band im Concertgebouw von Amsterdam einem Auditorium vorgestellt, das sich aus Freunden und Bekannten Ettys zusammensetzte.

Für die Teilnehmer war es ein bewegendes Zusammentreffen nach vielen Jahren, und tief berührt lauschten sie der Schriftstellerin Marga Minco, die Auszüge aus dem Tagebuch vorlas. Es eröffnete für sie ganz neue Einblicke in die Persönlichkeit dieser freien und leidenschaftlichen jungen Frau, der sie oft begegnet waren, die sie begleitet und geliebt hatten, bevor sie im Schrecken und der Anonymität jenes genau geplanten Völkermordes zum Verschwinden gebracht wurde. Wenige unter ihnen ahnten, welch großes Echo diese dem Vergessen entrissenen Texte hervorrufen sollten. Doch seither haben sich Essayisten, Theologen, Psychologen und Philosophen mit den Schriften dieser jungen, 27-jährigen Frau befasst, und sie haben Parallelen zu so verschiedenen Autoren wie Kafka, Meister Eckart, Ruusbroec, Kierkegaard und Bonhoeffer herausgestellt, ganz von denen zu schweigen, auf die sich Etty selbst ausdrücklich bezieht: Augustinus, Thomas von Kempen, Dostojewski, Rilke und Jung.

Der Initiative des Verlegers Jan Gaarlandt ist es zu verdanken, dass im Jahr 1989 ein Sammelband mit 24 solcher Studien erscheinen konnte.[3] Einer der Autoren, Abel Herzberg, schreibt:

[3] *Men zou een pleister op vele wonden willen zijn. Reacties op de dagboeken en brieven van Etty Hillesum* [Man möchte ein Pflaster auf vielen Wunden sein. Stellungnahmen zu den Tagebüchern und Briefen von Etty Hillesum], Uitgeverij Balans, Amsterdam 1989.

»Ich zögere nicht zu sagen, dass wir uns nach meiner Meinung vor einem Höhepunkt niederländischer Literatur befinden.«[4] Zwar erlaubt mir meine begrenzte Kenntnis dieser Literatur nicht, diese Einschätzung aus eigenem Wissen zu bestätigen. Ich kann jedoch bezeugen: Nachdem ich die Schriften von Etty Hillesum, die im Auftrag der Etty-Hillesum-Stiftung in einem Band von 800 Seiten hervorragend ediert worden sind,[5] vollständig gelesen und mich lange mit ihnen befasst habe, habe ich den Eindruck, in ihr nicht nur einer Verfasserin von authentischer und oft ergreifender Originalität zu begegnen, sondern auch der Zeugin für eine Entdeckung, die umso erstaunlicher ist, als nichts in ihrer Vergangenheit sie darauf vorzubereiten schien: Sie erfuhr die Gegenwart Gottes in ihrer tiefsten Innerlichkeit gerade dann, als sie am Schicksal der Opfer einer nie dagewesenen Verfolgung teilhaben sollte, die sie selber als *»totalitär, in massenhaftem Maßstab organisiert und sich über ganz Europa erstreckend«* (10. Juli 1942, S. 511)[6] bezeichnete.

[4] A.a.O., S. 11.

[5] *Etty. De nagelaten geschriften van Etty Hillesum 1941–1943* [Etty. Die hinterlassenen Schriften von Etty Hillesum 1941–1943], onder redactie van Klaas A.D. Smelik, Uitgeverij Balans, Amsterdam, 1986.

[6] Die Verweise auf das Tagebuch werden im Folgenden direkt im Anschluss an das Zitat in Klammern angegeben: auf das Datum der zitierten Eintragung folgt die Angabe der Seitenzahl aus der niederländischen Ausgabe der Schriften von Etty Hillesum *De nagelaten geschriften* (siehe Anm. 5). Mit Julius Spier oder später mit Max Kormann hat sich Etty auf Deutsch unterhalten und die Gespräche in ihrem Tagebuch auf Deutsch notiert. Rilke hat sie auf Deutsch gelesen – und in ihrem Tagebuch auf Deutsch notiert. Später sind es Befehle der deutschen Lagerverwaltung … Ob Briefkommunikation, literarisches Zitat oder Einzelwort: Stets ist im Original Deutschsprachiges in diesem Buch durch eine serifenlose Schrift kenntlich gemacht.

Diese Entdeckung hat Etty vom 8. März 1941 an gelebt, dem Tag ihrer ersten Zusammenkunft mit dem Psycho-Chirologen Julius Spier, einem deutschen Juden, der in die Niederlande geflüchtet war. Er sollte für ihre Entwicklung eine entscheidende Rolle spielen. Diese Entdeckung wurde für sie immer deutlicher bis zum 15. September 1943, dem Tag, an dem sie mit ihrer ganzen Familie und Hunderten weiterer Juden in einen der Waggons für den schrecklichen Transport nach Auschwitz gepfercht wurde. Zweieinhalb Monate später meldete ein Kommuniqué des Roten Kreuzes ihren Tod.

Die lange Beschäftigung mit einer Autorin, von der ein holländischer Universitätsprofessor sagt, sie lasse sich aufgrund der »Originalität und Intensität ihrer Erfahrung und ihres Denkens nicht einordnen«,[7] hat mich neben der Ermutigung durch Freunde, denen ich oft von ihr erzählte, veranlasst, dieses Buch zu schreiben. Entscheidend dafür waren auch meine persönlichen Erinnerungen an jene tragischen Jahre, von denen das Tagebuch handelt. Ich war um zehn Jahre jünger als Etty, als ich damals seit 1941 in den Straßen meiner Heimatstadt sehen musste, wie jüdische Mitbürger jeden Alters den gelben Stern mit dem gotischen J als Anfangsbuchstaben des Wortes »Jude« auf ihrer Brust zu tragen hatten; sie verschwanden im Lauf des Jahres 1943, als sie von dem entsetzlichen Mechanismus der »Endlösung« erfasst wurden. Gewiss hatten wir durch Verhaftungen und Deportationen (darunter eines Priesters, der Lehrer an meiner Schule war) bereits eine Vorstellung von der

[7] Kees Fens, Professor für niederländische Literatur an der Katholischen Universität Nijmegen, in dem oben (Anm. 3) erwähnten Sammelband, S. 9.

unerbittlichen Härte des Naziregimes. Dennoch geschah es mir manchmal wie Etty, wenn ich auf dem Weg einem jungen deutschen Soldaten begegnete, der kaum älter als ich war, dass ich mir sagte: »Unter der Uniform steckt ein Mensch. Und dieser Mensch könnte mein Freund werden.« Zur gleichen Zeit, als Etty im Lager Westerbork zum ersten Mal katholischen Ordensmännern und -frauen begegnete, trat ich mehr oder minder geheim in einem kleinen Dorf in Lothringen in das Jesuitennoviziat ein, das dort nach seiner Vertreibung aus Arlon eine vorläufige Zuflucht gefunden hatte. Das Haus in Arlon war für eine Garnison der Wehrmacht beschlagnahmt worden.

In ganz Europa wird der Jahrestag der Befreiung aus den Todeslagern begangen. Er erinnert an den unendlichen Schrecken der *Shoah*. Dass sie niemals aus der Erinnerung der Menschheit verschwinde, war auch eines der Grundanliegen Ettys, als sie ihr Tagebuch schrieb. Es ist mit dem von Anne Frank, ihrer jüngeren Mitbürgerin in Amsterdam, zu vergleichen. Aber unter allen Zeugnissen dieses Jahrestages ragt ihr Tagebuch heraus durch eine Aktualität ganz anderer Art.

Ohne dass sie selbst oder ihre Zeitgenossen sich dessen bewusst sein konnten, ist sie ein Voraus-Zeuge dessen, was wir heute »Moderne« nennen, und uns dadurch erstaunlich nahe. Ihr Weg war ein Weg der Freiheit. Sie war frei von jedem ererbten doktrinären oder ideologischen Vorurteil. Angesichts der erbarmungslosen Verwirklichung der »Endlösung« nimmt sie ihr Jüdischsein an, in aller Freiheit und ohne die geringsten Vorbehalte gegenüber der christlichen geistlichen Welt, die sie allmählich entdeckt und als den Ort ihrer eigenen persönlichen Erfüllung erfährt. Ihr geistlicher Weg verläuft ohne jeden direkten und ausdrücklichen Kontakt mit einer Kirche. Vertreter kirchlicher Institutionen lernt sie im Lager Westerbork erst wenige Monate vor ihrer eigenen Deportation kennen, als Mönche und Ordensfrauen jüdischer Abkunft dorthin kommen,[8] unter ihnen die Karmelitin Edith Stein, Philosophin und Schülerin Edmund Husserls, die von Johannes Paul II. heiliggesprochen worden ist.

»Modern« oder besser »postmodern« (wenn man darunter eine gewisse Distanzierung von bestimmten noch immer ideologischen Vorurteilen auch der Moderne verstehen will) ist Etty auch durch ihre Suche nach Wahrheit und Verfügbarkeit gegenüber allem, was ihr andere Menschen oder Ereignisse zu verstehen geben. Sie ist fähig, sich selbst in Frage zu stellen, dies manchmal radikal in Bezug auf ihre Ideen oder bestimmte eigene Verhaltensweisen.

»Modern« und einzigartig aktuell ist Etty auch in der Weise, wie sie ihre Beziehung zu dem Gott versteht, dessen Gegenwart in ihrem Leben sie allmählich entdeckt: Zu einem Gott, der sich nicht aufdrängt, geradezu verwundbar ist, zugleich aber in einer einzigartigen Dichte existiert, sehr verschieden von dem Bild, das manchmal von einer gefühlsseligen Religiosität oder kindischen Vorstellungen entworfen wird.

[8] Siehe *Lettres de Westerbork* [Briefe aus Westerbork], Seuil, Paris 1988, S. 35. Ungefähr 300 Katholiken jüdischer Abstammung wurden am 2. August 1942 verhaftet und danach von den Nazis als Vergeltung dafür deportiert, dass der Erzbischof von Utrecht, Johannes de Jong, öffentlich gegen die antijüdischen Maßnahmen der Besatzungsmacht protestiert hatte. Die etwa 700 niederländischen Juden, die dem katholischen Glauben angehörten, wurden mehrheitlich nach Auschwitz deportiert und umgebracht.

Erst als ich das Ganze der Schriften studiert und mir Aufzeichnungen gemacht hatte, ging mir ein weiterer Grund auf, warum ich ihr geistliches Profil nachzeichnen sollte. Mir wurde immer deutlicher bewusst, dass der Weg, von dem ihre Schriften zeugen, in erstaunlicher Weise dem entspricht, was Ignatius von Loyola in seinen *Geistlichen Übungen* beschreibt. Jahrzehntelang habe ich mich mit diesen *Geistlichen Übungen* befasst und sie auch selber oft für Gruppen oder Einzelpersonen begleitet. Ausgangspunkt ist häufig eine eher verworrene Situation oder auch eine geistliche Sehnsucht und der Wunsch, »sein Leben zu ordnen«; dies verbindet sich immer wieder mit der Last einer vieldeutigen Vergangenheit voller entfremdender Aspekte. Langsam beginnt man zu unterscheiden; dazu hilft der Dialog mit einem Begleiter. Man lernt das persönliche diskursive oder kontemplative Gebet, das sich aus der Schrift und den großen Themen christlicher Spiritualität nährt.

Die fortschreitende Vertiefung dieser Erfahrung geschieht in manchen inneren Kämpfen, aber auch in beglückenden und befriedenden Augenblicken – die *Geistlichen Übungen* sprechen von »Trost« und »Trostlosigkeit«. So kommt es langsam zur Befreiung von vergangenen Gewohnheiten und Illusionen, auch vielleicht von solchen, zu denen sogar der Begleiter beiträgt (sosehr ihm Ignatius Zurückhaltung auferlegt), und es reift die Autonomie der persönlichen Entscheidung (von Ignatius »Wahl« genannt): Ziel ist eine Lebensentscheidung, die von der Selbsthingabe an Gott und die Menschen, zu denen er sendet, geprägt ist. Im Fall Ettys nahm diese Lebensentscheidung die Form eines heroischen Vertrauens auf ein Schicksal an, zu dem sie sich innerlich berufen erfuhr, der Solidarität mit dem jüdischen Volk, das der Auslöschung geweiht war und doch nicht ins Nichts versinken sollte.

Während der Arbeit an diesem Buch habe ich oft an die jungen Erwachsenen gedacht, denen ich – insbesondere im europäischen Milieu von Brüssel – begegnet bin. Sie befinden sich auf der Suche zugleich nach ihrer Freiheit und dem Sinn von allem, sowohl für ihr persönliches Leben als auch für ihre kollektive Geschichte, an der sie mitwirken. Zuerst an sie richten sich diese Seiten. Ich möchte ihnen sagen: Dieses Buch will euch einladen, Etty zu begegnen. Obwohl sie vor Jahrzehnten geschrieben hat, ist sie doch eure Schwester. Hört sie an, wie sie in so intensiver persönlicher Sprache zu euch spricht. Ich denke, dass viele von euch sich in ihr wiedererkennen werden, in ihrem Suchen, in der Vieldeutigkeit mancher ihrer sexuellen und affektiven Erfahrungen, in ihrer Aufrichtigkeit und dem unbedingten Verlangen nach Klarheit, in ihrer Begegnung mit Personen und Ereignissen im Alltag, aber auch in schlimmen Situationen.

Es handelt sich weniger um eine Biographie – wenn auch Ettys Schreiben immer von zugleich intensiv persönlich wie kollektiv gelebter Erfahrung herkommt – als vielmehr um Notizen bei der Lektüre, bei denen ich durch die Zusammenführung bestimmter Texte versucht habe, die entscheidenden Wendepunkte ihres Weges und seine geistliche Folgerichtigkeit herauszuarbeiten. Damit wollte ich einer Intuition gerecht werden, die Etty selber am 8. April 1942 ihrem Tagebuch anvertraut hat:

> »Ungefähr dieses Gefühl: Auf diesen Blättern webe ich weiter mit ein und demselben Faden. Einige Kontinuitäten in

> meinem Leben, die meine eigene Wirklichkeit sind, wie ein ununterbrochener Weg; ja, ich weiß nicht, wie ich das weiter formulieren soll. Da ist das Matthäusevangelium, morgens und abends, und zuweilen einige Worte, die ich hier aufschreibe. Oder eigentlich sind es gar nicht meine armseligen Worte, die ich auf die blauen Linien dieses Heftes kritzele, sondern das Gefühl, dass ich immer zu einer Stelle zurückkehre, von der aus ich mit demselben Faden weiterwebe, wo langsam eine Kontinuität entsteht, wo dein eigentliches Leben ist.«[9]

Dieses Zeugnis einer jungen Frau in ihrer leidenschaftlichen Suche nach Wahrheit kann uns in seiner so erstaunlichen Stimmigkeit nur dazu einladen, dass wir auch selbst treue und klarsichtige Zeugen für das werden, was uns heute zu leben und zu entdecken aufgegeben ist, in einem Europa, als dessen Bürgerin sie sich gefühlt hat und dessen zukünftiges gemeinsames Schicksal sie vorausgesehen hat. So schrieb sie zwei Monate, bevor sie in der tragischen Namenlosigkeit von Auschwitz zugrunde ging: *»Ich fühle mich wie eine der ungezählten Erben eines großen geistlichen Erbes. Ich werde dessen treue Hüterin sein. Ich werde davon austeilen, soviel ich vermag.«*[10]

[9] *De nagelaten geschriften*, S. 343.
[10] *De nagelaten geschriften*, S. 551.

Familie Hillesum (1931). Von links nach rechts:
Etty, Rebecca Hillesum-Bernstein, Mischa, Jaap und Louis Hillesum

KAPITEL I

»Es gibt in mir auch Bizarres, Abenteuerliches und Launisches …«[11]

Das älteste Foto, über das die Etty-Hillesum-Stiftung verfügt, stammt aus dem Jahr 1931. Es zeigt die Familie, die damals in Deventer wohnte, einer alten Hansestadt an der IJssel in der heutigen Provinz Overijssel: die Eltern, Louis (Levie) und Riva (Rebecca) Hillesum-Bernstein, und ihre drei Kinder, Etty, 17 Jahre alt, und ihre Brüder Jaap, 15, und Mischa, neun.

Der Vater, im klassischen Anzug angesehener Leute, sitzend, etwas verkrampft, die Hände über dem Bauch gefaltet. Das Bild entspricht dem Eindruck, den man in seiner Umgebung von ihm hatte: Er war von kleiner Statur, diskret und schweigsam, gebildet und friedfertig, ein wenig stoisch. Zehn Jahre später, bei einem seiner Besuche in Amsterdam, das damals bereits von den Deutschen besetzt war, wird seine Tochter in ihrem Tagebuch mit Klarsicht und Mitleid diesen Eindruck aufzeichnen:

> »Alle seine Unsicherheiten, Zweifel, wahrscheinlich auch rein körperlichen Minderwertigkeitskomplexe, Schwierigkeiten in seiner Ehe, die er nicht auflösen kann usw. usw. hat er in einer philosophischen Weise kompensiert, die vollkommen echt ist, liebenswürdig und voller Humor und

[11] 25. September 1942, S. 564.

sehr scharfsinnig, [...] aber die allein nach dem Anekdotischen schaut, ohne tiefer auf die Dinge einzugehen, obwohl er weiß, dass es Tiefen gibt; vielleicht gerade weil er weiß, dass es Tiefen gibt [...] und deshalb von vornherein keinen Mut hat, zur Klarheit zu gelangen« (20. November 1941, S. 168).

Er wurde in Amsterdam am 25. Mai 1880 als jüngster Sohn des Händlers Jacob Samuel Hillesum und seiner Frau Esther Hillesum-Loeza geboren. Etty erhielt also bei ihrer Geburt den Vornamen ihrer Großmutter väterlicherseits. Obwohl er ein gewisses Interesse am Judentum und am biblischen Hebräisch beibehielt, war Louis Hillesum doch ein ganz der westeuropäischen Kultur assimilierter Jude. Er hatte den christlichen Vornamen Louis angenommen. Seine Familie beobachtete den Sabbat nicht, und sie aßen auch nicht koscher, so dass einige Vettern Probleme damit hatten, sie zu besuchen.[12] Als junger Mann studierte er an der Universität Amsterdam Klassische Sprachen (Latein und Griechisch) und erlangte das Doktorat mit einer Abhandlung über den »Gebrauch des Imperfekts und des Aorists bei Thukydides«: Er wurde Griechisch- und Lateinlehrer am Gymnasium (Lyzaeum) von Hilversum. Mit den großen Klassen hatte er Disziplinschwierigkeiten, wohl auch aufgrund seiner Ängstlichkeit und der Taubheit auf einem Ohr. Er wurde zunächst an kleinere Schulen versetzt, schließlich an das Gymnasium von Deventer, wo er 1928 zum Rektor ernannt wurde. In dieser Funktion blieb er bis zu seiner Absetzung im

[12] Hinweis von Frau van Kleef-Hillesum, in: *Reacties* (vgl. Anm. 3), S. 27.

November 1940 tätig, als die Nazi-Besatzungsmacht Juden von jedem öffentlichen Amt ausschloss. Es ist nicht ohne Bedeutung, dass Louis Hillesum in seiner Abschiedsansprache auf Gert Groote (1340–1384) Bezug nahm, einen großen christlichen Lehrer der Spiritualität. Groote stand am Anfang der »Devotio moderna«, einer nichtmonastischen Bewegung, die sich im 15. Jahrhundert von Deventer aus verbreitete. Hillesum zitierte Groote mit dem Satz: *»Vor allen Dingen scheint es mir gut, dass ihr geistlich froh seid.«*[13]

Seine Frau Riva bildete ihm gegenüber den stärksten Kontrast, wie das Foto sehr deutlich zeigt. Groß, aufrecht und stark, in teurer Kleidung, mit einem langen über der Brust verknoteten Perlenband um den Hals, mit einem breiten Gesicht und visionärem Blick, den Mund wie von Bitterkeit gezeichnet, hatte sie etwas Exaltiertes an sich. Sie wurde 1881 in Russland geboren und war als Erste aus ihrer Familie nach einem Pogrom im Jahr 1907 nach Holland ausgewandet. Einer ihrer Brüder und dann auch ihre Eltern folgten einige Monate später. Sie begegnete dort Louis und heiratete ihn im Dezember 1912. Die sie kannten, fanden sie unberechenbar, extrovertiert und autoritär.

Die Beziehung zu ihrer Tochter Etty war oft schwierig und von heftigen Spannungen gekennzeichnet. Zu Besuch bei ihren Eltern in Deventer im August 1941 – Riva war 60 Jahre alt – schreibt Etty in ihrem Tagebuch, dass sie in ihrer Jugend manchmal die Atmosphäre *»dieses Irrenhauses«* (8. August 1941, S. 84) nicht mehr ertragen konnte. Sie macht sich Vor-

[13] *»Voer alle dinc dunckt mi goet dat ghi geestelike blide sijt«*, zitiert im Niederländischen des 15. Jahrhunderts in *De nagelaten geschriften,* S. 740, Anmerkung zu S. 148, einem Brief Ettys vom 30. Oktober 1941.

würfe wegen ihrer Reaktionen auf die Unordnung im Haus, auf die *»pathetischen Ausrufe«* (ebd.) ihrer Mutter über ihre Gesundheit, über die Lebensmittelkarten und eine Menge anderer Dinge des täglichen Lebens. *»Mutter ist jemand, die einem das Blut unter den Nägeln wegholen kann!«* (ebd., S. 83). Dennoch schreibt sie weiter: *»Und doch ist sie keine belanglose Frau. Das ist hier immer das Tragische. Es gibt hier bei Vater und Mutter ein Kapital an Begabung und menschlichem Wert, aber ungenutzt, oder wenigstens nicht gut genutzt. Man bricht sich das Genick an ungelösten Problemen, an schnell wechselnden Stimmungen; es ist ein chaotischer und trauriger Zustand, der sich im äußeren Chaos des Haushalts widerspiegelt«* (ebd., S. 84).

Es wird der gemeinsamen Erfahrung der letzten Prüfung im Durchgangslager Westerbork bedürfen, um Mutter und Tochter in ihren Gefühlen einander näherzubringen. Aber bereits zuvor entdeckt sie mit der Klarsicht, die ihr damaliges geistliches Erwachen noch verstärkt, sich selbst zu einem großen Anteil als Tochter ihrer Mutter: *»Es sitzt in mir so viel Verwirrung und Eingebildetheit und Halbheit und Minderwertigkeit«* (4. August 1941; S. 75). Und ein Jahr später: *»Es gibt in mir auch Bizarres, Abenteuerliches und Launisches«* (25. September 1942, S. 564). Vielleicht dachte sie ebenfalls an ihre Mutter, als sie schrieb: *»Die Landschaft, die der Mensch in sich trägt, sucht er auch draußen. Vielleicht habe ich deshalb immer das merkwürdige Verlangen nach den weiten russischen Steppen«* (11. Juni 1941, S. 64).

Kehren wir zum Familienfoto zurück: Stehend an seine Mutter angelehnt, deren Schultern er mit seinem rechten Arm anhänglich umfasst, mitten im Bild ein netter Junge in kurzen Hosen: Mischa (Michael wie sein Großvater mütterlicherseits), der Jüngste. Bereits mit neun Jahren zeigt er ein ungewöhnliches musikalisches Talent und wird ein Pianist werden, dem eine brillante Zukunft hätte verheißen sein können. Unter anderen wird Willem Mengelberg, der berühmte Leiter des Orchesters im Concertgebouw, 1943 erfolglos bei der deutschen Besatzungsmacht versuchen, ihn vor der Internierung der Juden in Westerbork an der Drenthe, dem Durchgangslager vor dem Transport nach Auschwitz, zu bewahren. Diese Ausnahme wurde verweigert, weil Mischa verlangte, dass sie auch für seine Eltern gelten sollte. Psychisch war der junge, talentierte Pianist labil. Er musste im Jahr 1939 zur Behandlung einer Schizophrenie eine Zeit im Sanatorium verbringen.

Der ältere der Söhne, Jaap (für Jakob, wie sein Großvater väterlicherseits hieß), stehend rechts auf dem Foto, mit einem eher ausdruckslosen Gesicht, wie es auch das des Vaters ist. Nach seiner Schulzeit am Gymnasium von Deventer immatrikulierte er sich an der medizinischen Fakultät Amsterdam, später in Leiden. Er war intelligent und verfasste gelegentlich Gedichte; aber auch er war psychisch gefährdet und musste mehrfach in eine Anstalt. Gegenüber seiner Schwester, deren geistliche Entwicklung ihm nicht entging, verhielt er sich arrogant und intolerant; einmal schrieb er ihr sogar in Abwandlung des bekannten Wortes von Descartes: *»Cogito, ergo sum. Credis, ergo non es.«*[14]

[14] »Ich denke, also bin ich. Du glaubst, also bist du nicht.« Etty zitiert seine Bemerkung im Tagebucheintrag vom 13. Oktober 1941 (S. 149).

Er wurde nach Bergen-Belsen deportiert. Wie so viele andere überlebte er 1945 nicht die Schrecken des endlosen Transports in Viehwagen, als die SS angesichts des Vorrückens der Alliierten die Auflösung des Lagers erzwang.

Ganz links auf dem Familienbild ist dieses große 17-jährige Mädchen zu sehen, das uns mit ihren schwarzen Augen anschaut. Sie sitzt auf einem hohen Hocker, die rechte Hand auf dem Knie des einen Beins, das über das andere gekreuzt ist; sie trägt ein langes Tüllkleid, darüber eine weit ausgeschnittene schwarze Weste. Ihre Haare sind leicht gelockt; ihr Gesicht ist das eines jungen Menschen, der noch auf der Suche nach sich selbst ist, etwas weich, nicht sehr freundlich, mit zugleich nachdenklichem und forschendem Blick. Sie war damals im fünften Jahr Schülerin des Gymnasiums von Deventer, dessen Rektor zu dieser Zeit ihr Vater war. Ihre schulischen Leistungen lagen eher im mittleren Bereich, im Gegensatz zu denen ihres Bruders Jaap, der als brillanter Schüler galt. Während ihrer Gymnasialjahre nahm Etty an einem Hebräischkurs teil und besuchte eine Zeit lang die Treffen einer kleinen Gruppe von Zionisten. Aber dieses Interesse für das Judentum scheint sich nicht fortgesetzt zu haben; jedenfalls nimmt sie in ihrem Tagebuch nie darauf Bezug. Nach Beendigung der Oberschule ging Etty nach Amsterdam, um mit 18 Jahren ein Jurastudium zu beginnen.

Zunächst wohnte sie einige Zeit, manchmal jeweils mit einem ihrer Brüder, in verschiedenen Studentenwohnungen. Aber dann wollte sie offenbar nicht mehr finanziell von ihren Eltern abhängig sein. Ohne Vorankündigung zog sie 1937 in die Gabriel Metsustraat 6 um. Von diesem Haus wird sie häufig in ihrem Tagebuch sprechen, vom Blick auf den Museumsplein und die majestätische Silhouette des Rijksmuseums auf der anderen Seite und unmittelbar vor ihrem Zimmerfenster auf die zwei Bäume, die wie *»wie Fäuste«* zum Himmel ragen. Ihrer Freundin Corine Spoor vertraute sie an, dass sie vom Eigentümer des Hauses, Hendrik Johannes (Han) Wegerif, als »Au pair« angestellt worden sei. Er war ein pensionierter Rechnungsprüfer, seit 1936 verwitwet. Sie sollte *»femme d'honneur«*[15] sein, Ehrendame, die für die Haushaltsführung verantwortlich war. Es dauerte nicht lange, bis sich Etty mit ihrer vollen Zustimmung in eine Beziehung mit ihm einließ, die fünf Jahre dauern sollte. Eine zweideutige Situation, die zu Spannungen mit anderen Pensionären im Haus führte, wenngleich das warmherzige Temperament Ettys wieder zur Beruhigung beitrug. Sie sieht *»eine Aufgabe darin, die Harmonie in dieser Familie, die so gegensätzliche Elemente umfasst, zu bewahren«:* Es waren eine deutsche Frau (Käthe), *»eine Christin bäuerlicher Herkunft, die für mich eine rührende zweite Mutter ist«;* eine *»jüdische Studentin aus Amsterdam«* (Maria Tuinzing), *»der alte, ausgeglichene Sozialdemokrat«* (Han Wegerif, im Jahr 1937 58 Jahre alt), *»der Spießbürger* Bernard, doch einfühlsam und verständig«* (Meylink, Biochemie-Student) und der *»junge Wirtschaftsstudent, rechtschaffen, ein guter Christ, mit aller Sanftmut in seinem Denken, aber zu-*

[15] Diesen französischen Ausdruck gebraucht Corine Spoor in ihrem Bericht, siehe *Reacties* (vgl. Anm. 3), S. 29.

* Begriffe und Sätze, die Etty Hillesum im Original auf Deutsch geschrieben hat, sind in diesem Buch in serifenloser Schrift gesetzt. Dabei wurde ihre ursprüngliche Orthographie beibehalten.

gleich streitbar nach Art der Christen, wie man sie gegenwärtig kennenlernt« (Hans Wegerif, der jüngste Sohn von Han) (15. März 1941, S. 20).

Inzwischen hatte Etty im Juli 1939 ihr Doktoratsstudium in Öffentlichem Recht mit mittelmäßigem Ergebnis abgeschlossen, weil sie sich – nach dem Zeugnis eines ihrer Professoren – nie im Ernst für dieses Fach interessiert hatte.[16] Aber ihr Tagebuch wird bald zeigen, dass sie trotz mangelnden Fleißes als Schülerin und als Studentin sich in diesen Jahren eine breite philosophische und literarische Bildung erworben hatte, wie auch eine hervorragende Kenntnis des Französischen, des Russischen und vor allem des Deutschen. Sie hatte übrigens in Amsterdam wie auch in Leiden Kurse in den slawischen Sprachen belegt, wenn auch Krieg und Besatzung verhinderten, dass sie sie mit einem Examen hätte abschließen können; dies wurde ja für Juden verboten. Zugleich nahm sie während ihrer Universitätsstudien an antifaschistischen Studentengruppen teil und interessierte sich für politische und soziale Fragen, ohne jedoch einer Partei beizutreten. Diejenigen, die sie in dieser Zeit kennengelernt hatten, waren von ihrer späteren geistlichen Entwicklung sehr überrascht. Sie erinnern sich vor allem an ihre muntere und spontane Art, an ihre wache Intelligenz, an ihren Humor. *»Warmherzig und schlagfertig«*, bezeugt eine ihrer damaligen Mitstudentinnen, *»stand sie ganz natürlich im Mittelpunkt unserer Gruppe, wobei sie aber ihre Aufmerksamkeit für jeden und viel Feingefühl bewahrte.«*[17]

[16] Aussage von Prof. Louis Zimmermann, in: *Reacties* (vgl. Anm. 3), S. 28.
[17] Ebd., S. 27–28.

Trotz ihrer unangenehmen Erinnerungen aus ihrem familiären Milieu hat Etty sich als Erwachsene mit etwas Wehmut an die früheren Jahre in Deventer erinnert:

> »In Deventer waren die Tage große sonnige Felder, jeder Tag ein großes, ungebrochenes Ganzes; es bestand Kontakt zu Gott und zu allen Menschen, wahrscheinlich, weil man kaum einen Menschen sah. Es gab Kornfelder, die ich nie vergessen werde und bei denen ich fast niederkniete. Es gab die IJssel mit dem bunten Sonnenschirm und dem Strohdach und den geduldigen Pferden. Und dann die Sonne, die ich durch alle Poren eindringen ließ. Und hier [in Amsterdam] besteht der Tag aus tausend Stücken, das große Feld ist wieder weg und Gott ist auch wieder verloren gegangen. Wenn es noch lange so weitergeht, werde ich wieder nach dem Sinn von allem fragen, und das ist nicht tief philosophisch, sondern ein Beweis dafür, dass es mir schlecht geht« (4. Juli 1941, S. 72).

Tatsächlich war Etty trotz ihrer fröhlichen und ungezwungenen Art an der Schwelle zum Erwachsenenalter immer wieder einem zermürbenden physischen Unwohlsein ausgeliefert, was sie zu wiederholten Malen in den ersten Heften ihres Tagebuchs erwähnt; sie erkennt mit der Zeit, dass dies nicht ohne Bezug zu geistlichen Spannungen ist:

> »Früher habe ich gemeint, dass die leiblich unangenehmen Zustände wie Kopfschmerzen, Bauchweh, rheumatische Anfälle auch nur leiblich waren, aber jetzt kann ich an mir

selbst feststellen, dass sie hauptsächlich psychisch bedingt sind. Leib und Seele sind bei mir sehr stark eins. Sobald etwas in der Seele nicht stimmt, sitzt es auch im Leib. Deshalb ist seelische Hygiene so furchtbar wichtig für mich. Es ist der Gewinn des letzten halben Jahrs, dass ich das ganz bewusst erkenne und ich die Schuld nicht mehr meinem Leib anlasten kann« (5. Oktober 1941, S. 128).

Neben den erwähnten familiären Konflikten hatte Etty noch ein anderes Beziehungsproblem: Ihr sexuelles und amouröses Verhalten seit ihrer Adoleszenz fiel den Jugendlichen ihrer Umgebung auf, die auf diesem Gebiet sicher nicht zu strengen Urteilen neigten. Eine ihrer Freundinnen, Hanneke Starreveld-Stolte, meinte dazu einige Jahrzehnte später: *»Dies machte einen Teil ihres hitzigen Temperaments aus. In dieser Hinsicht war sie einer Frau wie Lou Salomé*[18] *ähnlich, für die Freundschaft und Körperkontakt ganz natürlich zusammengehörten. Das war zu dieser Zeit gar nicht selbstverständlich. Zwar hatten wir in dem Milieu junger ›linker‹ emanzipierter Frauen, wie wir es waren, praktisch alle eine Beziehung. Aber das war nicht dasselbe. Es ging um einen Mann, von dem man sich sagte: ›Ihn werde ich später heiraten.‹ Etty hatte einen ganz anderen, fast männlichen Ansatz. Aber man darf nicht vergessen, dass ihre Mutter Russin war. Sie war nicht aus holländi-*

[18] Lou Andreas-Salomé war die Tochter eines russischen Generals, der von französischen Hugenotten abstammte; bevor sie den Orientalisten Friedrich Carl Andreas heiratete, war sie u. a. mit Friedrich Nietzsche befreundet; während ihrer Ehe hatte sie eine leidenschaftliche Beziehung mit Rainer Maria Rilke, die in eine enge Freundschaft überging. Sie war Freundin, Schülerin und schließlich Mitarbeiterin Sigmund Freuds.

scher Erde ...«[19] Eine andere ihrer Freundinnen, die 1941 bei ihr privat Russisch lernte, bemerkt ebenfalls: *»Es gab bei ihr einen auffallenden Gegensatz zwischen ihrem erotischen Verhalten und ihren feinsinnigen philosophischen Auffassungen. Wenn sie diese beiden gegensätzlichen, sich ständig widerstreitenden Tendenzen an den Tag legte, musste ich an Dostojewski denken. Aber sie ging hoch, wenn man es ihr offen sagte.«*[20]

Die ersten Hefte bieten uns mehrere leidenschaftliche Zeugnisse für diese innere Spannung. Sie bekennt mit der entwaffnenden Ehrlichkeit, die sie immer mehr kennzeichnen wird: *»Es ist mühsam, mit Gott und mit deinem Unterleib auf gleich gutem Fuß zu stehen«* (4. August 1941, S. 74). Und sie wird sich nicht leicht von den in ihrem Fleisch und ihrem affektiven Gedächtnis eingeprägten Erfahrungen dieser leidenschaftlichen und kurzfristigen Verbindungen lösen können. Doch beginnt sie, sich auf einen anderen Horizont hin zu orientieren:

> »Was ich will, ist ein Mann für das ganze Leben und zusammen etwas aufbauen. Und all die Abenteuer und Verhältnisse haben mich im Grunde todunglücklich und zerrissen gemacht. Aber die Kraft, mich dagegen aufzulehnen, war nie bewusst und nie groß genug; immer war die Neugierde größer. Aber seit sich jetzt die Kräfte in mir organisieren, beginnen sie auch gegen meine Abenteuerlust und gegen meine erotische Neugierde zu streiten, die nach vielen verlangt« (19. März 1941, S. 35).

[19] *Reacties* (vgl. Anm. 3), S. 31.

[20] A. G. van Wermeskerken, in: *Reacties* (vgl. Anm. 3), S. 29.

Inzwischen war es zu einer für sie entscheidenden Begegnung gekommen, und zwar mit einem deutschen jüdischen Psychologen, 27 Jahre älter als sie, der für sie viel mehr als nur ein Therapeut sein wird: Er wird für sie der Auslöser dafür sein, sich selbst offenbar zu werden. Durch die Mäander einer sehr komplexen Beziehung, die zuweilen mit Zweideutigkeit belastet ist, wird er sie zur Schwelle einer menschlichen und geistlichen Erfüllung führen, in der sie schließlich die volle Wahrheit ihrer Berufung zur Liebe erfasst.

KAPITEL II

»Seit ein schwerer, uneleganter Mann in mein Leben eingetreten ist …«[21]

Am 28. März 1941 begann Etty in einem Spiralheft für Studierende mit hastiger und häufig kaum lesbarer Schrift ihr Tagebuch zu führen. Die ersten beiden Seiten sind die Abschrift eines Briefs, den sie an diesem Datum an den Mann schrieb, der auf entscheidende Weise ihren geistlichen Weg orientieren sollte. Sie wird ihn das ganze Tagebuch hindurch mit der Abkürzung »S.« bezeichnen.

Er ist eine erstaunliche und faszinierende Persönlichkeit: 1887 in Frankfurt geboren, macht Julius Philipp Spier zunächst Karriere in einer bedeutenden Handelsfirma. Nach 25 Dienstjahren zieht er sich aus den Geschäften zurück, um sich der Psychologie zuzuwenden, genauer der Chirologie, die aus der Untersuchung der Morphologie und der Linien der Hände psychologische Diagnosen zu erstellen sucht. Er war auf diese Disziplin im Jahr 1904 durch den Vortrag eines Arztes aufmerksam geworden, der solcherart bestimmte Nervenkrankheiten diagnostizierte. Aufgrund vielfacher Beobachtungen entwickelte Spier fortschreitend seine eigene Methode, deren Grundlagen er in einem Artikel mit dem Titel *»Hände sprechen«* veröffentlichte.[22] Er bezeichnet darin die menschlichen Hände als

[21] Vgl. 5. April 1942, S. 342.

[22] In *Der Querschnitt,* einer Zeitschrift für Wissenschaft und Kultur, Berlin 1931.

Julius Spier – *»Dieser Mensch mit seinem verkomplizierten Gesicht«* (9. März 1941, S. 6).

ein »zweites Antlitz«. Eine Zeitlang verfolgte er eine Ausbildung in klassischem Gesang; in seiner Jugend hatte er davon geträumt, Sänger zu werden. Dann begab er sich nach Zürich, um bei Carl Gustav Jung in eine Analyse einzutreten. Dieser war Schüler Freuds, hatte sich aber im Alter von 35 Jahren von seinem Lehrer getrennt, um gegen die Einseitigkeit der von diesem aufgestellten sexuellen Theorie für eine Auffassung von der menschlichen Seele zu optieren, die er als grundlegender und universaler ansah: Es gebe bestimmte tiefliegende Dispositionen, insbesondere religiöser Art, die in jedem Menschen präsent seien, aus welcher Kultur er auch stamme. Jung bezeichnete sie als »Archetypen«.

Nach Berlin zurückgekehrt, eröffnete Spier um 1930 eine therapeutische Praxis, die bald zahlreiche Patienten anzog. Er wurde auch zu Vorträgen in der Schweiz, in Deutschland und in den Niederlanden eingeladen. Beim Aufstieg des Nationalsozialismus sah er sich als Jude bald zur Emigration veranlasst, obwohl er sich der Protektion durch Nazigrößen erfreute, die zu seinen Patienten gehörten. Er bemühte sich zunächst erfolglos um ein Visum nach England, wohin eine seiner alten Patientinnen geflüchtet war, Hertha Levi, mit der er seine zweite Ehe einzugehen gedachte.[23] Von den deutschen Behörden erhielt er nach Zahlung einer erheblichen Geldsumme die Erlaubnis, in die Niederlande auszuwandern. Er ließ sich in Amsterdam nieder, wo bereits seine Schwester Alice-Julie Krijn-Spier lebte, die drei Jahre später nach Auschwitz deportiert wurde und dort starb. Zuerst wohnte er bei ihr, bevor er zwei Zimmer in einem Gebäude in der Courbetstraat 27 mietete. Dort empfing er seine Patienten und hielt auch für eine Gruppe von Interessierten regelmäßig Einführungen in die Chirologie.

[23] Seine Kinder, Ruth und Wolfgang, blieben mit ihrer Mutter, die keine Jüdin war, in Deutschland; er hatte sich 1935 von ihr getrennt.

Wie zuvor in Berlin versammelte er bald einen Kreis von Vertrauten um sich, von denen einige, nachdem sie seine Patienten gewesen waren, auch seine Schüler wurden. Es handelte sich vor allem um Frauen, was ihm bei manchen den Ruf einbrachte – wie es eine Dame aus Den Haag ausdrückte –, »ein *ladyman*« (22. April 1942, S. 353) zu sein. Etty wird auch von seinem *»Harem«* (31. Dezember 1941, S. 221) sprechen. Aber sie erläutert: *»Was ist darunter zu verstehen: ein ›echter Mann für Frauen‹? Auch das ist so ein verschlissener Cliché-Ausdruck. Ich glaube, dass die meisten dabei doch verkehrte Assoziationen bekommen und eher an das Erotische und Sexuelle denken«* (22. April 1942, S. 353). Jedenfalls machte Spier auf die meisten, mit denen er umging, den Eindruck eines außergewöhnlichen Menschen, einer *»magischen Persönlichkeit«*, wie es 30 Jahre später Hanneke Starreveld formulierte.

Dies war tatsächlich auch der Eindruck, den er von der ersten Begegnung an auf Etty machte.[24] Er hatte ihr bei dieser Gelegenheit verschiedene Atemübungen für morgens und abends angeraten. In dem auf Deutsch verfassten Brief, den sie ihm am 8. März schreibt und mit dem sie ihr Tagebuch eröffnet, dankt sie ihm dafür und spricht von ihrer Freude darüber, dass *»das Blut mir, dank Ihrer schönen Übungen, so munter durch die Adern fließt.«* Dann fährt sie mit der Aufrichtigkeit fort, die sie von nun an immer mehr kennzeichnen wird und die viel über das *»Unwohlsein«* aussagt, von dem sie damals geplagt war:

[24] Etty hatte von Spier und seinem »Charisma« von einem der Mieter bei Wegerif, dem Biochemie-Studenten Bernard Meylink, gehört; eine Freundin von ihm, Gera Bongers, gehörte zum »Spier-Klub«.

»Wissen Sie, gestern, als ich nichts anderes tun konnte als Sie töricht angucken, war da in mir solch ein Zusammenprall von entgegengesetzten Gedanken und Gefühlen, daß ich mich ganz darunter zerschmettert fühlte und laut aufgeschrien hätte, wenn ich mich noch weniger beherrscht hätte. Es waren starke erotische Gefühle für Sie, die ich schon meinte in mir selber überwunden zu haben, und zugleich ein starker Widerwille gegen Sie und es war auch plötzlich ein grenzenloses Gefühl der Einsamkeit da, eine Ahnung darüber, daß das Leben so schrecklich schwer ist und daß man alles alleine machen muß und Hilfe von außen gar nicht möglich ist, und Unsicherheit, Angst, alles war da. [...] Und als ich von Ihnen nach Hause fuhr, hätte ich gern überfahren werden wollen von einem Auto und dachte: Ach ja, ich werde auch wohl verrückt sein sowie meine ganze Familie, ein Gedanke, den ich immer bekomme, wenn ich mich irgendwo verzweifelt fühle. Aber jetzt weiß ich schon wieder, daß ich das nicht bin, nur daß ich noch sehr viel an mir selber arbeiten muß um ein erwachsener und hunderprozentiger Mensch zu werden. Und Sie werden mir dabei helfen?

So, jetzt habe ich Ihnen ein paar Worte geschrieben; hat mich große Mühe gekostet, ich schreibe furchtbar ungerne, fühle mich dabei immer so gehemmt und unsicher. Und ich möchte später Schriftstellerin werden, jawohl!

Lieber Herr S., auf Wiedersehen und Dank für alles Gute, was Sie schon für mich getan haben« (8. März 1941, S. 3).

Offenbar ahnt die junge Frau, die diesen Brief gerade geschrieben hat, dass die Begegnung mit dem 27 Jahre älteren Mann ihr Leben tief prägen wird. Dies wird sie bald erfahren. Auf seine

Anregung hin beginnt sie ein Verantwortungsgefühl für sich selbst, aber auch für andere zu entwickeln – was sie dazu bringt, ein Tagebuch zu schreiben, in dem sie sich tagtäglich damit auseinandersetzt, was ihr zu leben geschenkt wird. In der ersten Zeit wird ihr dies gar nicht leichtfallen:

> »Also voran! Dies wird für mich ein unangenehmer und fast unüberwindlicher Moment: Das gehemmte Gemüt einem dummen Stück Linienpapier preiszugeben. Die Gedanken sind manchmal so klar und deutlich im Kopf und die Gefühle so tief, aber aufschreiben, das geht noch nicht. Hauptsächlich ist es, glaube ich, ein Schamgefühl. Große Hemmung; wage nicht, die Dinge preiszugeben, frei aus mir herausströmen zu lassen. Und doch wird das notwendig sein, will ich das Leben auf die Dauer zu einem redlichen und befriedigenden Ende führen. [...] Intellektuell bin ich so geübt, dass ich alles untersuchen kann, alles mit deutlichen Formeln angehen kann; ich erscheine in vielen Lebensproblemen sehr überlegen, aber doch, ganz tief sitzt ein zusammengeballtes Knäuel, es hält mich etwas fest im Griff und ich bin ab und zu doch nur ein ängstlicher Wicht, trotz des hellen Kopfes« (Sonntag, 9. März [1941], S. 4).

Wir haben allen Grund, Etty dafür zu danken, dass sie ihre Bedenken überwunden hat. Die fast täglichen Besuche bei Spier in seiner bescheidenen Wohnung in der Courbetstraat 27 werden das Hauptthema für ihr Tagebuch sein. Zum Beispiel schreibt sie nach dem zweiten Besuch bei dem Chirologen:

»Da sitze ich nun mit meiner ›seelischen Verstopfung‹. Und er soll Ordnung in das innere Chaos bringen, die inneren widersprüchlichen Kräfte, die in mir wirken, beherrschen. Er nahm mich sozusagen an die Hand und sagte: Schau, so musst du leben. Mein Leben lang habe ich das Gefühl gehabt: Wenn doch nur jemand käme, der mich an der Hand nähme und der sich um mich bemühte. Ich scheine tüchtig und tue alles allein, aber ich würde mich so furchtbar gern ausliefern. Und das hat nun dieser wildfremde Herr S. mit seinem verkomplizierten Gesicht getan; und schon in einer Woche hat er trotz allem bei mir Wunder getan. Gymnastik, Atemholübungen, erhellende, befreiende Worte über meine Depressionen, mein Verhalten zu anderen usw. Und auf einmal lebte ich anders, befreiter, ›fließender‹, das verstopfte Gefühl hörte auf, es kam etwas Ruhe und Ordnung hinein, vorläufig alles noch allein unter dem Einfluss seiner magischen Persönlichkeit, aber dies wird noch psychisch untermauert und bewusst gemacht werden« (9. März 1941, S. 6).

Worin bestanden diese *»erhellenden, befreienden Worte«*, die Etty so hochschätzte? Sie zitiert einige auf Deutsch, wie sie ihr Therapeut gesprochen hatte:

»– Unter ›Gottes Wort‹ braucht man nicht nur die Bibel zu verstehen; es ist damit im weitesten Sinn das Urwissen, die Eingebung, die Arbeit des Heiligen Geistes gemeint, welche sich in dem Menschen offenbart.
– Vitalität ist eine rein psychische Eigenschaft.
– In früheren Zeiten lebten die Menschen beschaulicher, in der

Natur, natürlicher; das Unbewuszte war viel mehr im Einklang mit dem Bewußten. Erst in den 6 letzten Jahrzehnten ist die Divergenz zwischen dem Bewußtsein (welches man lebte) und dem Unbewußten (welches man verdrängte) entstanden. Diese Problematik (der vorigen Generation) hat den Weg – die Wissenschaft – der Arbeit am Unbewußten, n.l. die Analyse des Unbewußten hervorgebracht.

[...]

– Die Mitte zwischen Gehemmtheit und Hemmungslosigkeit ist verantwortungsvolle Bewußtheit!

– ›Hilf dir selbst, so hilft dir Gott.‹ Wer sich selbst hilft, auf sein Selbst, sein Inneres vertraut, der hat eben Gottvertrauen.

– Geistig, innerlich von einem (mehreren) Menschen erfüllt sein, kann ein ›fürbittendes Gedenken‹ also ein Gebet sein. Beten aber fordert ein sich völlig konzentrieren«[25] (19. März 1941, S. 34).

Es ist deutlich, dass manche dieser Aussagen einen ausdrücklich religiösen Hintergrund haben. Dieser wird, wie wir sehen werden, bei Etty einen immer tieferen Widerhall finden. Es wird dies einer der Hauptaspekte des Einflusses sein, den Spier auf sie ausübt; Etty wird von einer *»Neugeburt«* sprechen. Ent-

[25] Wer mit der Spiritualität von Ignatius von Loyola vertraut ist, dem wird die Ähnlichkeit dieser Aussage mit der paradoxen Formulierung einer berühmten ignatianischen Maxime auffallen, die der ungarische Jesuit Hevenesi geprägt hat und die sich in der Sammlung der *Scintillae ignatianae* (Rom 1705) findet: *»Dies sei die erste Regel für das, was zu tun ist: Vertraue so auf Gott, als hinge der Erfolg der Dinge ganz von dir, nichts von Gott ab; wende ihnen jedoch so alle Mühe zu, als werdest du nichts, Gott allein alles tun.«*

sprechend schreibt sie ein Jahr später im fünften Heft ihres Tagebuchs:

> »Am dritten Februar bin ich ein Jahr alt geworden. Ich glaube, dass ich diesen 3. Februar wohl als festes Geburtstagsdatum behalten werde, er ist wichtiger als der 15. Januar, als ich von Nabelschnur abgeschnitten wurde. [...] Als ich abends ins Bett ging, war es, als wäre in meinen Armen die reiche Ernte dieses Tages hoch aufgestapelt, beinahe vor Überfluss nicht zu umfassen. Es ist gut, dass ein solcher Zustand nicht andauert. Man muss jedes Mal wieder aus dem eigenen Mittelpunkt in die Unruhe gestürzt werden, um sich von Neuem eine noch größere Ruhe zu erobern« (20. Februar 1942, S. 255).

Auch hier täuschte sich Etty nicht. Ihr Weg würde kein leichter Weg, sondern ein Weg der Freiheit sein, um den Preis eines ständigen Kampfes gegen immer wieder entstehende Selbsttäuschungen und Regressionen. Sie wird bald feststellen, dass Spier trotz seiner umfassenden Bildung und seiner reichen menschlichen und spirituellen Erfahrung ein gespaltener Mensch war. Bereits sein Gesicht zeigte ja sein kompliziertes Temperament, so wie Etty es in ihrer weiblichen Klarsicht beschreibt, der keine physische oder ästhetische Einzelheit entging:

> »Seine durchsichtigen, reinen Augen, sein schwerer sinnlicher Mund, seine stierartige, schwere Gestalt und die federleichten, befreiten Bewegungen. Der Streit zwischen Materie und Geist, der bei diesem 54-jährigen Mann noch

> voll im Gang ist. [...] Zweiter Eindruck: Verständige, unglaublich verständige, ganz alte graue Augen, welche die Aufmerksamkeit von dem schweren Mund für kurze Zeit ablenken konnten, aber doch nicht ganz. [...] Charmanter Mann. Charmantes Lachen, trotz all dieser falschen Zähne. Dann unter den Eindruck von einer Art innerer Befreitheit gekommen, die von ihm ausging, einer Biegsamkeit und Leichtigkeit und einer ganz eigenen Grazie in diesem schweren Leib. Das Gesicht war dann wieder ganz anders, es ist übrigens jedes Mal anders; so allein zu Hause kann ich es mir nicht zurückrufen. Alle Stückchen, die ich davon kenne, setze ich wie ein Puzzle zusammen, aber es wird kein Ganzes, es schimmert nur von den Gegensätzen. Manchmal sehe ich einen Augenblick lang das Gesicht scharf vor mir, aber dann fällt es wieder in viele widersprüchliche Stückchen auseinander« (9. März 1941, S. 4–6).

Drei Fotos von Spier, die am Beginn von *De nagelaten geschriften* reproduziert werden, zeigen sehr deutlich die Komplexität seiner Physiognomie, wie dies allgemein bei ausgeprägten Persönlichkeiten und Temperamenten mit vielen Facetten der Fall ist. Übrigens hinterlassen die verschiedenen Porträts von Etty einen ähnlichen Eindruck, was bei der Lektüre ihres Tagebuchs nicht mehr verwundert.

Im Verlauf ihrer täglichen Begegnungen – Spier nahm regelmäßig ihre Dienste als Sekretärin und Bearbeiterin seiner Analyse-Berichte in Anspruch – wird Etty nicht müde, das zerfurchte Gesicht ihres Mentors und Therapeuten zu betrachten. Er hatte in seiner Jugend, wie schon erwähnt, einmal Sänger werden wollen. Auch wenn er in Folge eines Ohrenleidens auf diese Karriere hatte verzichten müssen, interpretierte er doch im Freundeskreis gerne und mit einigem Talent verschiedene Lieder. Obwohl sie eigentlich eine durchaus kritische Hörerin ist, erliegt Etty seinem Charme, als er an einem Juniabend des Jahres 1942 den *»Lindenbaum«* von Franz Schubert (Opus 89/5) singt:

> »Während er zuletzt den ›Lindenbaum‹ sang (ich fand es so schön, dass ich ihn bat, einen ganzen Wald von Lindenbäumen zusammenzusingen), waren die Falten und Linien in seinem Gesicht wie alte, uralte Pfade durch eine Landschaft, so alt wie die Schöpfung selber« (4. Juni 1942, S. 409).

Je mehr sich ihre Beziehung vertieft, desto stärker ist Etty von der erstaunlichen, facettenreichen Komplexität seines Charakters beeindruckt. Sie bewundert insbesondere seine Fähigkeit, sich auf ein Reflexionsthema zu konzentrieren, trotz ständig wechselnder täglicher Ereignisse. Sie erwähnt diesbezüglich mit Bewegung und Begeisterung das von den Mitgliedern des Spier-Klubs organisierte Fest zur Feier seines 55. Geburtstags – der, was sie noch gar nicht ahnen konnte, sein letzter sein sollte. Sie stellt sich vor wie sie – Jahre später, selbst bereits eine ältere Dame – in einem ihrer Hefte die rote Anemone vertrocknet und zerknittert wiederfindet, die sie an jenem Tag im Haar trug, um den Geburtstag des *»größten und unvergesslichsten Freundes meiner jungen Jahre«* zu feiern:

»Es war« – so schreibt sie in der Vergangenheitsform – »im dritten Jahr des zweiten Weltkriegs. Wir aßen Makkaroni vom schwarzen Markt und tranken echten ›Bohnenkaffee‹ dazu, woran Liesl sich ›beschwipste‹, wir waren allemal so froh und fragten uns nur, wo der Krieg beim folgenden Geburtstag sein würde und ob er vielleicht bereits aufgehört habe. Und ich trug die rote Anemone in meinem Haar und jemand sagte: Du bist nun eine Mischung von Russisch und Spanisch. Und irgendein Mann, der blonde Schweizer mit seinen schweren Augenbrauen sagte: eine russische Carmen [...]« (26. April 1942, S. 363).

Doch sie fügt hinzu, dass das denkwürdigste an diesem Abend für sie die Art und Weise gewesen sei, wie S. auf eine Frage von Liesl (die Gattin des deutschen Juden Werner Levie) antwortete:

»Die Gesichtszüge von S. nahmen wieder diese Intensität und Expressivität an, und mit derselben Lebendigkeit und Bereitschaft, die ihn nie verlässt, begann er in klaren, lebendigen Worten ihr etwas zu erklären. Er hatte einen langen Tag hinter sich mit Blumen und Briefen, mit Menschen und Hin und Her und dem Organisieren eines Diners und dem Vorsitz am Tisch, danach Wein und wieder Wein, was er eigentlich nicht verträgt, und er muss wohl auch sehr müde gewesen sein; aber plötzlich kommt da jemand mit einer zufälligen Frage über die ernsten Dinge dieses Lebens, und auf einmal werden seine Gesichtszüge gespannt, er ist ganz ›dabei‹. Er hätte genauso gut auf einem Katheder vor einem andächtigen Publikum stehen können. Und Liesl hebt plötzlich ein bewegtes Gesicht über all das durchscheinende Himmelblau und schaut ihn mit großen Augen an und stottert auf die ihr eigene rührende Weise: ›Das finde ich so erschütternd, daß Sie so sind‹« (26. April 1942, S. 363 f.).

Spier wurde für sie mehr als ein Therapeut oder Ratgeber. Er wird für sie zu einem wirklichen Mystagogen: »*Kleinigkeiten scheinen auf einmal wichtig zu sein, und Dinge, die mir unendlich dunkel und mysteriös schienen, werden auf einmal einfach und durchsichtig, durch ein ganz einfaches Wort oder eine Geste von ihm*« (22. April 1942, S. 354). Oder ebenso: »*Er ist ein Buch, das ich lese und wieder lese und immer neu durchblättere; es stehen immer dieselben Worte darin, aber ich lerne ständig, hinter ihrer Bedeutung tiefer zu sehen […] Es öffnen sich darin immer weitere Fährten*« (22. April 1942, S. 355). Nach seinem Tod wird sie ihn als »*den großen Freund, den Geburtshelfer meiner Seele*« (24. September 1942, S. 562) bezeichnen.

Nicht weniger bemerkenswert ist in dieser Hinsicht, dass diese Beziehung für Etty allmählich den inneren Zusammenhang ihrer vorangehenden Erfahrungen deutlich werden lässt:

> »Er ist eigentlich der Zement zwischen all den Bruchstücken und den Freunden von früher. Er leimt alles zusammen, und meine gesamte Vergangenheit zieht durch seine zwei Zimmer. Jedes Mal finde ich wieder einmal ein Bruchstück, hebe es auf, bringe es zu ihm, und es passt dann plötzlich ins Ganze. Dies in Bezug auf Pieter und Hanneke

> Starreveld,[26] die da plötzlich auftauchen, Pieter in seinem Sprechzimmer mit seinem farblosen, uralten Lehmkopf und Hanneke mit den tiefliegenden hellen Augen. Und in ihrem Zimmer, dort hoch oben über dem Stadionskade, mit den vielen schönen selbstgemachten Dingen, fand ich auf einmal Jung und Rilke« (22. April 1942, S. 354).

Ohne selber jemals zuvor davon gehört zu haben, entdeckt Etty offenbar aus ihrer eigenen Erfahrung die Bedeutung einer in den meisten großen religiösen Traditionen betonten Praxis, nämlich die der geistlichen Begleitung.[27] Diese besonders im Katholizismus hochgehaltene Praxis geht aus der Überzeugung hervor, dass man im geistlichen Leben nicht mit sich selbst allein voranschreiten kann. In den meisten Fällen erweist es sich als unerlässlich, seinen Weg mit jemandem zu gehen, dem man vertrauensvoll die eigenen Gedanken und tiefen Gefühle eröffnen kann und der einem hilft, deren positive oder negative Bedeutung zu erfassen, und bei dem man zugleich in schwierigen Augenblicken Trost und Ermutigung findet. Ignatius von Loyola mag durch seine *Geistlichen Übungen* – zumindest im Westen – derjenige gewesen sein, der am genauesten und am realistischsten die Regeln für eine solche »geistliche Unter-

[26] Ein militant antifaschistisches Paar. Peter war Bildhauer. Nachdem Etty die beiden um 1936 näher kennengelernt hatte, traf sie sie im Februar 1942 wieder und brachte sie mit Spier in Verbindung. Damals waren Jung und Rilke Gegenstand philosophischer Gespräche zwischen Etty und Hanneke.

[27] Darauf hat Maria Ter Steeg in einer der tiefstgehenden Studien hingewiesen, die bis heute über Etty erschienen sind: »*De verlokking van de liefde* [Die Verlockung der Liebe]«, in: Streven, April 1994, S. 294–295.

scheidung« bestimmt hat, von der er im Anschluss an eine bereits vorangehende geistliche Tradition sprach.

Etty hat diese Begleitung bei Julius Spier gefunden. Er war gewiss kein Heiliger und auch kein Asket, der völlig Herr seiner selbst gewesen wäre. Etty spürte dies bald: Er war ein Mensch mit einer zugleich fordernden und subtilen Sinnlichkeit. Aber weil er sich dessen bewusst war und die Notwendigkeit erkannte, sie zu beherrschen und positiv auszurichten, fand die ebenfalls sinnliche und leidenschaftliche Natur Ettys in ihm den sowohl erfahrenen wie verständnisvollen Begleiter, den sie für eine authentische menschliche und geistliche Reifung brauchte.

Etty ist außerordentlich von dem Kampf beeindruckt, den dieser so intensiv lebende Mann gegen seine eigene Sinnlichkeit führt. Bei ihm hat sich, schreibt sie, *»die Leidenschaft auf seine Arbeit gerichtet, und gegen die Sinnlichkeit, die ungeordnete Sinnlichkeit, wird weiterhin ein Titanenkampf gestritten«* (22. April 1942, S. 354).

Spier vertraut sich ihr manchmal in diesem Kampf an. Seit dem Beginn ihrer Beziehung hatte er ihr, nachdem er den Brief gelesen hatte, in welchem Etty bekannte, ihm gegenüber *»starke erotische Gefühle«* zu verspüren, seinerseits gesagt: *»Sie sind für mich auch eine Aufgabe«*, und er erzählte, dass er trotz seines Temperaments seiner Freundin[28] bereits zwei Jahre treu

[28] Hertha A. Levi. Spier hatte sie in Berlin Mitte der Dreißigerjahre kennengelernt. Bevor sie seine Verlobte wurde, war sie seine Mitarbeiterin gewesen und arbeitete für ihn als Sekretärin (ähnlich wie Etty später in Amsterdam). Gegen 1938 war es ihr gelungen, sich nach London abzusetzen. Während der Kriegsjahre blieb sie mit Spier über die Schweiz in brieflichem Kontakt. Nach Spiers Tod heiratete sie und lebte in den USA.

sei (24. März 1941, S. 49). Später, als Etty *»ganz verzweifelt war aus rein körperlichem Verlangen nach ihm«*, erzählt er ihr in aller Ruhe, er lebe seit Wochen in Keuschheit, auch *»ohne ›Halbbefriedigung‹, ohne Onanie oder sonst was«*, und er sei dabei glücklich: *»Und er stellte fest, wie gut er sich dabei fühlte und wie es seiner Arbeit zugutekam«* (7. März 1942, S. 283).

Auf diesem Gebiet sollte Ettys geistlicher Weg noch manche Wendungen erfahren. Julius Spier war mit Recht der Auffassung, dass Leib und Geist tief miteinander verbunden sind. Diese durchaus der biblischen Anthropologie entsprechende Einsicht hatte ihn dazu geführt, die Charakterstärke mancher seiner Patienten und Patientinnen durch physische Herausforderungen zu testen. Etty erwähnt, wie sie das erste dieser »therapeutischen« Experimente erlebte, das im Übrigen für beide Beteiligten recht überraschend verlief:

> »›Körper und Seele sind eins.‹ Sicher deswegen begann er, meine körperlichen Kräfte in einer Art Ringkampf zu messen. Meine eigenen Kräfte schienen doch recht groß zu sein. Und dann geschah das Seltsame, dass ich diesen großen Kerl auf den Boden warf. All meine innere Anspannung, zusammengeballte Kraft brach los, und da lag er, leiblich und seelisch, wie er mir später sagte, auf den Boden geworfen. Das hatte noch niemand bei ihm geschafft. Er verstand nicht, wie ich das fertiggebracht habe. Seine Lippe blutete; ich durfte sie mit Eau-de-Cologne abwischen.
>
> Ein unheimliches, vertrauliches Werk. Aber er war so ›frei‹, so ohne Arg, offen, ungekünstelt in seinen Bewegungen, auch als wir zusammen über den Boden rollten, und

auch als ich fest in seine Arme gedrückt, endlich gezähmt, unter ihm lag, blieb er ›sachlich‹, sauber, obwohl ich mich gerade der leiblichen Verführung überließ, die von ihm für mich ausging. Aber es war alles noch gut, rein, für mich etwas Neues und Unerwartetes und auch etwas Befreiendes, dieses Ringen, obwohl es später zu stark auf meine Phantasie wirkte« (8. März 1941, S. 6f.).

Die Zukunft sollte jedoch erweisen, dass diese Art von Übung nicht ganz problemlos war. Noch am selben Abend sollte Etty dies erfahren, und sie spricht darüber mit ihrer gewohnten Ehrlichkeit, aber auch einer bemerkenswerten Klarsicht:

»Sonntagabend im Badezimmer.

Ich bin nun von innen blitzsauber. Gestern Abend war es noch gerade seine Stimme am Telefon, die meinen Leib in Aufruhr brachte. Aber ich habe wie ein Schiffsjunge gegen mich selbst geflucht und mir gesagt, dass ich doch kein hysterischer Backfisch mehr bin. Und plötzlich konnte ich so gut die Mönche verstehen, die sich geißeln, um das sündige Fleisch zu zähmen. Und es war eben ein Kampf gegen mich selbst; rasend war ich, und danach große Klarheit und Ruhe. Und nun fühle ich mich herrlich, blitzsauber von innen. S. ist wieder einmal und zum sovielsten Mal besiegt. Wird es lange reichen? Ich bin nicht in ihn verliebt, und ich liebe ihn auch nicht, aber ich fühle irgendwo, dass seine Persönlichkeit, die noch nicht ›fertig‹ ist, noch mit sich selber streitet, schwer auf mir lastet. Gegenwärtig nicht mehr. Ich sehe ihn jetzt in einem Abstand: Ein lebendiger, fechtender Mensch, mit Urkräften in sich und doch auch vergeistigt, mit durchsichtigen Augen und sinnlichem Mund« (8. März 1941, S. 7).

Welch beeindruckende Klarsicht dieser jungen Frau, die von enttäuschenden Erfahrungen ihrer Vergangenheit geprägt war. Jetzt hat für sie ein geistlicher Kampf begonnen, und er wird, nach dem Wort Rimbauds, »grausamer als die Schlacht unter Menschen« sein. Es geht im Übrigen nicht nur um Sexualität:

»Montagmorgen, 9 Uhr.

Pass auf, Schwesterlein, jetzt wird gearbeitet, oder ich schlag dich tot! Und nicht denken, hier habe ich Kopfwehchen, und da fühle ich mich etwas unpässlich, und jetzt geht es nicht so gut. Das ist absolut ungehörig. Du hast zu arbeiten, und damit Schluss! Und keine Phantasien! Keine ›großartigen‹ Gedanken und gewaltigen Eingebungen! Ein Thema festlegen und Wörter nachschlagen ist viel wichtiger.[29] Und das werde ich lernen müssen, und dafür werde ich mich noch totkämpfen: nämlich alle Phantasien und Träumereien mit Gewalt aus dem Hirn verbannen und mich von innen sauber fegen, so dass Platz entsteht für die kleinen und großen Dinge der Studie. Eigentlich habe ich noch nie gut gearbeitet. Es ist hier wieder dasselbe wie bei der Sexualität. Wenn jemand mich beeindruckt, kann ich

[29] Im akademischen Jahr 1940/1941 hielt Prof. R. Becker einen Kurs über die idiomatischen Ausdrücke des Russischen mit Übersetzungsübungen, an dem Etty teilnahm.

Tage und Nächte lang in den erotischen Phantasien schwelgen. Ich glaube, dass ich bis jetzt mir kaum dessen bewusst bin, wie viel Energie das frisst, und kommt es dann zu einem wirklichen Kontakt, dann ist die Enttäuschung enorm groß. Die Realität entspricht meiner Einbildung nicht, weil die zu ausschweifend ist. So war es auch das eine Mal mit S. Ich hatte mir da eine ganz bestimmte Vorstellung von meinem Besuch bei ihm gemacht und ging zu ihm in einer Art Freudenrausch, in einem Turnhemd unter der wollenen Jacke. Aber alles war anders. Er war wieder sachlich und sehr weit weg, so dass ich sofort steif wurde. Und mit der Gymnastik ging es auch nicht. Als ich in meinem Turnhemd dastand, guckten wir beide so verlegen wie Adam und Eva, als sie den Apfel gegessen hatten. Und er zog die Vorhänge zu und verschloss die Tür und die gewohnte Freiheit seiner Bewegungen war dahin und ich hätte weglaufen und heulen wollen, so abscheulich fand ich es; und als wir über den Boden rollten, klammerte ich mich an ihm fest, sinnlich und doch mit Widerwillen gegen das alles, und seine Bewegungen waren auf einmal auch nicht besonders kräftig; abstoßend fand ich alles. Und hätte ich nicht zuvor die Phantasien gehabt, wäre sicher alles anders gewesen. Es war auf einmal ein gewaltiger Zusammenstoß zwischen meinem ausschweifenden Phantasieleben und der ernüchternden Wirklichkeit, die zusammenschrumpfte zu einem verlegenen Mann, der nach Ablauf ein zerknittertes Hemd in seine Hose stopfte und schwitzte« (10. März 1941, S. 7f.).

An den vorangehenden Tagen war ihr durchaus durch bestimmte bezeichnende Gesten und leise Worte bewusst geworden, dass sie die Sinnlichkeit ihres Therapeuten erregt hatte. *»Ich muss Ihnen bekennen«*, sagt er ihr, *»dass Sie mir sehr gefallen.«* Aber er fügt hinzu: *»Ich möchte keine Liaison mit Ihnen.«* Und er hatte ihr von seiner ersten Frau erzählt, mit der er in Briefkontakt geblieben war, und von seiner Freundin,[30] die er zu heiraten beabsichtige, aber die gegenwärtig *»in London ›einsam ist und leidet‹«* (16. März 1941, S. 26). Etty ist zutiefst einverstanden, aber sie ist noch weit davon entfernt, dies in Ruhe annehmen zu können. Zum ersten Mal entsteht unter ihrer Feder ein Gebet:

> »9 Uhr abends.
> Gott, steh mir bei und gib mir Kraft. Denn der Kampf wird mühsam werden. Sein Mund und sein Leib waren mittags so nahe, dass ich sie nicht vergessen kann. Und ich will kein Verhältnis mit ihm. Aber es geht stark in diese Richtung. Aber ich will es nicht! Seine künftige Frau sitzt in London, einsam, und wartet auf ihn« (19. März 1941, S. 35).

Etty spürt, dass sie sich unwiderruflich auf eine »Operation Wahrheit« eingelassen hat. Sie bemüht sich, wie sie schreibt, *»die Wirklichkeit der Tatsachen«* zu sehen:

> »Eigentlich ist es so: Ich bin überhaupt nicht in ihn verliebt und liebe ihn auch nicht. Er erstaunt und fasziniert

[30] Vgl. Anm. 28.

mich manchmal, und ich lerne unsagbar viel von ihm. Seit ich ihn kenne, mache ich einen Reifungsprozess durch, von dem ich in meinem bisherigen Leben niemals hätte träumen können. Mehr ist da eigentlich nicht. Aber da kommt nun die verdammte Erotik, von der er randvoll ist und ich auch. Dadurch werden wir leiblich unwiderruflich aufeinander zu getrieben, während es doch keiner von uns beiden will, wie wir es früher schon einmal einander ausdrücklich gesagt haben« (8. Mai 1941, S. 58).

Maria Ter Steeg[31] hat sehr klar beobachtet, das Spier das gebieterische Verlangen der Sexualität seiner jungen Patientin ernst nahm und in gewisser Weise herausforderte, ohne ihm jedoch nachzugeben, was für beide Seiten eine negative und enttäuschende Erfahrung gewesen wäre.

Aber dies ist nicht leicht zu leben. Und nach einem Abend, an dem sich Spier nach der gemeinsamen Lektüre bestimmter biblischer Texte und solcher von Thomas von Kempen[32] Vertraulichkeiten erlaubte, bemüht sich Etty, ihre Situation zu analysieren. Sie fragt hellsichtig nach ihren geheimen Motivationen:

»Wäre ich eine wirklich große und bedeutende Frau, würde ich allen leiblichen Kontakt mit ihm ablehnen; es macht mich eigentlich in meinem tiefsten Wesen nur unglücklich.

[31] A. a. O. (vgl. Anm. 27), S. 295.

[32] Geistlicher Autor (1380–1471), der der Bewegung der »Devotio moderna« nahestand und als Autor der »Nachfolge Christi« gilt, eines Werkes, das nach dem 15. Jahrhundert eine enorme Verbreitung erfuhr. Möglicherweise hat Spier sich für dieses Werk unter dem Einfluss Jungs interessiert.

Aber ich bekomme es doch noch nicht über mich, all die Möglichkeiten mit ihm, die dadurch verloren gehen, aufzugeben. Und ich glaube, dass ich Angst habe, ihn in seinem männlichen Ehrgefühl zu verletzen, das er doch auch irgendwo haben mag. Aber die Freundschaft würde wahrscheinlich auf ein viel höheres Niveau gelangen und letzten Endes würde er mir dankbar sein, wenn ich ihm Hilfe leistete, die Treue gegenüber der einen Frau zu verwirklichen. Aber ich bin noch immer ein ganz kleiner und begieriger Mensch. Ab und zu will ich wieder in seinen Armen sein, und ich komme doch wieder unglücklich heraus. Es kommt wahrscheinlich auch kindische Eitelkeit dazu. Etwas von dieser Art: Alle Mädchen und Frauen um ihn herum sind verrückt nach ihm, aber ich, die ihn am wenigsten lange kenne, bin die einzige, die so intim mit ihm ist. Wenn wirklich ein solches Gefühl in mir ist, dann ist dies ganz misslich! Eigentlich laufe ich Gefahr, die Freundschaft durch die Erotik zu verderben« (8. Mai 1941, S. 58f.).

Wie der oben zitierte Text andeutet, entdeckt Etty, dass Spier in dieser Situation für sie nicht nur ein Gegner, sondern zugleich und sogar in erster Linie trotz mancher Schwächen ein Verbündeter ist, und sie fühlt sich in ihrer Entschiedenheit bestärkt:

»Ich beginne, ihn allmählich in den rechten Proportionen zu sehen; bin nicht verliebt, aber sehr fasziniert, und er ist der erste würdige Partner, mit dem ich wirklich mithalten kann. Wenn mir früher ein Mann gefiel, dann ging ich auch meistens sofort darauf ein; der Kontakt war meistens eine

Enttäuschung. Er ist der erste, der selber gegen Gefühle kämpft, die nicht rein sind, und hat mich, bereits einfach durch seine Person, auch kämpfen gelehrt. Jetzt besteht eine Spannung, Erfüllung, viele Möglichkeiten im Hintergrund und ein ehrenvoller Kampf, der adelt. In meinem Herzen bin ich stolz, dass ich zu einem solchen Verhalten fähig bin« (24. März 1941, S. 50).

Sehr sachlich und scharfsinnig analysiert sie die Komplexität der Beziehung:

»Es scheint nun so einfach, aber es werden wohl immer wieder kleine Krisen kommen. Wie steht es jetzt eigentlich? Heute Mittag radelte ich zu ihm, ganz vertieft in Dinge seiner Arbeit, und überhaupt nicht mit dem Gefühl ›Frau‹. Ich dachte plötzlich, und es war mir ernster als sonst: Ich würde gerne einige Jahre mit ihm zusammenarbeiten. Ich kann mich sehr leicht auf ihn einstellen, kann rasend viel von ihm lernen und kann auch viel für ihn tun. Ich kam zu ihm hinein, und es war so furchtbar gesellig und intensiv und humorvoll. Und ich war so zufrieden mit ihm und mit unseren Verhaltensweisen mit mir. Er sagte gestern Abend auch: Ich bin doch gerade der richtige Freund für Sie jetzt. Er zielte darauf ab, dass ich auch meine Zeiten habe, dass ich ganz in der Arbeit aufgehe und überhaupt nicht so sehr fraulich bin, und dann kommt plötzlich wieder die Frau um die Ecke, in den unerwartetsten Augenblicken, und er sieht darin einen besonderen Charme. […] Er ist ein lieber und guter und faszinierender Mensch und auch beweglich, voll Temperament, unerwartetem Wahnsinn. Und manchmal kann ich plötzlich ›Lust auf ihn kriegen‹, wie er auf mich, aber das ist eigentlich nur Nebensache. Und sobald ich die Neigung verspüre, die Nebensache das wertvolle Verhältnis überschatten zu lassen, werde ich mich gewaltig zusammennehmen müssen. Sonst würde man wirklich zu viel Wertvolles verderben« (29. September 1941, S 113 f.).

Im Bemühen, die Wahrheit ihrer Beziehung zu Spier herauszuarbeiten, entdeckt sie den Wert der Mäßigung und einer gewissen Askese, nicht zuletzt in der Nahrung. Bestärkt fühlt sie sich in dieser Haltung durch die wachsenden Einschränkungen, die der Bevölkerung durch den Krieg und die Besatzungsmacht auferlegt werden:

»Sonntagmorgen, 8 Uhr.

[…] Mein Frühstück steht neben mir, ein Glas Buttermilch, zwei Schnitten Graubrot mit Gurke und Tomate. Ich habe den Becher Kakao, bei dem ich es mir am Sonntagmorgen heimlich gut gehen zu lassen pflege, bewusst weggelassen und will mich zu diesem mehr mönchischen Frühstück erziehen, weil es mir besser bekommt. So verfolge ich meine ›Lüste‹ bis in die verstecktesten und unauffälligsten Gebiete und rotte sie aus. Das ist besser. Wir müssen lernen, sehr unabhängig, immer unabhängiger zu werden von den leiblichen Bedürfnissen, die ein bisschen über das Allernotwendigste hinausgehen. Wir müssen unseren Leib dazu erziehen, dass er nur noch nach dem Allernotwendigsten verlangt, vor allem auf dem Gebiet der Nahrung; es sieht ja danach aus, dass die Zeiten auf diesem Gebiet noch schwer werden: Nicht schwer werden, denn sie sind es bereits. Und doch finde ich, dass wir es noch immer wunderbar gut haben. Aber man kann sich besser in Zeiten beträchtlichen Überflusses freiwillig zu einer gewissen Enthaltung erziehen, als gezwungenermaßen in knappen Zeiten. Was man freiwillig von selber fertiggebracht hat, ist fester gegründet und ist bleibender, als was unter Zwang zustande gekommen ist. [...] Wir müssen so unabhängig von materiellen und äußerlichen Dingen werden, dass, unter welchen Umständen auch immer, der Geist darin weitermachen kann, seinen Weg zu gehen und seine Arbeit weiter zu tun. Und deshalb: Keine Schokolade, sondern Buttermilch. Jawohl!« (21. Juni 1942, S. 459).

Eines der ausdrucksstärksten Fotos von Etty, das 1937 aufgenommen wurde, als sie noch Jurastudentin war, zeigt sie am Arbeitstisch sitzend in einer meditativen Haltung mit der Hand am Kinn und einer angezündeten Zigarette zwischen den Fingern. Ihr geistliches Erwachen wird sie dazu bringen, diese Gewohnheit abzulegen. Sie zögert nicht, auch andere gelegentlich auf ihre Verantwortung hinzuweisen. So gerät sie an einem Abend bei Freunden mit Werner Levie aneinander, einem jüdischen Flüchtling aus Deutschland, Zionist und Idealist, der eine Zigarette nach der anderen raucht. Und als er ihr am folgenden Tag einen Abschnitt aus den Schriften des jüdischen Philosophen Maimonides vorliest, hält sie ihm vor:

»Es hat überhaupt keinen Wert, solche ›erbaulichen‹ Dinge zu tun, Maimonides zu lesen und nach dem Krieg eine neue Welt aufbauen zu wollen, wenn du dich systematisch und gegen besseres Wissen mit so vielen Schachteln Zigaretten am Tag selber vergiftest und vernichtest. Und es ist doch eigentlich auch so: Wenn nicht das kleinste Detail in deinem täglichen Leben bestrebt ist, mit den höheren Ideen, die du bekennst, in Harmonie zu gelangen, dann haben die Ideen keinen Sinn!« (16. April 1942, S. 349).

Man könnte sich fragen, ob sich diese heftige Reaktion nicht auch gegen sie selbst richtete, die vor einer ähnlichen Herausforderung stand.

Etty kommt immer wieder auf die Notwendigkeit zurück, sich selber zu disziplinieren, und dies in den geringsten und konkretesten Dingen. So heißt es am 20. Oktober 1941:

»Manchmal kostet es mich solche Kraftanspannung, das Gitterwerk des Tages auszuführen: Aufstehen, Waschen, Gymnastik, Strümpfe ohne Löcher anziehen, Tisch decken, kurz, mich im täglichen Leben ›zurechtfinden‹, dass für etwas anderes kaum Kraft übrigbleibt. Dann habe ich, wenn ich ganz wie jeder andere Bürger normal pünktlich aufgestanden bin, bereits das stolze Gefühl, dass ich wunder was geleistet habe. […] Wenn ich morgens eine Stunde länger schlafe, bedeutet das für mich nicht Ausschlafen, sondern heißt, mit dem Leben nicht fertig zu werden und zu streiken« (20. Oktober 1941, S. 138).

Jede Form der Eitelkeit hält sie für übertrieben, sie hat das Bedürfnis, dagegen anzukämpfen. Es ist ein besonders ansprechender Zug ihrer Persönlichkeit, der sich in diesen Zeilen von entwaffnender Ehrlichkeit offenbart:

»Ich möchte dich gerne bitten, nicht so viel in den Spiegel zu schauen, du altes Pferd! Es muss furchtbar sein, wenn man ganz schön ist; dann kommst du innerlich nicht mehr an dich heran, weil du dann durch das blendende Äußere zu sehr in Beschlag genommen bist. Die Mitmenschen reagieren dann auch nur auf das schöne Äußere, so dass du vielleicht von innen überhaupt einzuschrumpfen beginnst. –

Die Zeit, die ich damit verbringe, vor dem Spiegel zu stehen, weil ich plötzlich von einem lustigen oder faszinierenden oder interessanten Ausdruck auf meinem gewiss nicht so besonders schönen Gesicht getroffen werde, diese Zeit sollte ich besser verwenden können. Es ärgert mich ganz arg, dieses Gegucke nach mir selber!

Ein einzelnes Mal finde ich mich ja durchaus einmal schön, aber das kommt dann auch durch die schwache Beleuchtung im Badezimmer; aber in solchen Augenblicken, wenn ich mich selber schön finde, kann ich mich von meinem eigenen Bildnis nicht losreißen; dann schneide ich mir Gesichter im Spiegel, stelle meinen Kopf in allerlei Posen vor meinen eigenen verrückten Blicken zur Schau, und meine liebste Phantasie ist dann, dass ich in einem Saal hinter einem Tisch sitze, das Gesicht zum Saal gekehrt, und dass jeder nach mir schaut und mich schön findet.

Du sagst ja immer, dass du dich selbst ganz vergessen

willst, aber solange du noch so voller Eitelkeit und Phantasien bist, hast du es mit dem Dich-Vergessen noch nicht so weit gebracht.

Auch wenn ich bei der Arbeit sitze, bekomme ich manchmal plötzlich das Bedürfnis, mein eigenes Gesicht zu sehen. Ich nehme dann meine Brille ab und schaue in die Brillengläser. Manchmal ist das eine wahre Zwangshandlung. Und ich bin darüber selber sehr unglücklich, weil ich fühle, wie sehr ich mir noch selber im Weg stehe. Und es hilft nicht, wenn ich mich selbst von außen zwinge, mich nicht im Spiegel an meinem eigenen Gesicht zu ergötzen. Es muss von innen her eine gewisse Gleichgültigkeit für mein eigenes Äußeres kommen, es muss mir egal sein, wie ich aussehe, ich muss noch viel ›innerlicher‹ leben. Auch bei anderen achtest du manchmal noch zu viel auf das Äußere, ob jemand ›hübsch‹ ist oder nicht. Letzten Endes geht es um die Seele oder das Wesen, oder wie du das nennen willst, des Menschen, welches durchstrahlt« (8. Juni 1941, S. 60 f.).

Aber es ist ihre Beziehung zu Julius Spier, um die es in ihrem geistlichen Kampf geht und die der privilegierte Gegenstand ihrer Reflexion ist. Sie findet vor allem Anlass, sich über ihre Fraulichkeit Fragen zu stellen:

»Er [Spier] sagt, dass die Liebe zu allen Menschen schöner ist als die Liebe zu einem Menschen. Denn die Liebe zu einem Menschen ist doch eigentlich nur Liebe zu sich selbst.

Er ist ein reifer Mann von 55 Jahren und kommt in das Stadium der Liebe zu allen, nachdem er zuvor in einem

»Letzten Endes geht es um die Seele oder das Wesen [...] des Menschen, welches durchstrahlt« (8. Juni 1941, S. 61). Etty, fotografiert von Han Wegerif (um 1940).

langen Leben viele Einzelne liebgehabt hatte. Ich bin eine kleine Frau von 27 Jahren und trage auch sehr stark in mir die Liebe zur ganzen Menschheit, aber ich frage mich, ob ich nicht doch immer nach einem einzigen Mann suchen werde. Und ich frage mich, inwieweit dies eine Beschränkung und Eingrenzung der Frau ist. Inwieweit dies eine jahrhundertealte Überlieferung ist, von der sie sich befreien sollte, oder vielleicht gehört es so sehr zum Wesen der Frau, dass sie sich selbst vergewaltigen würde, wenn sie ihre Liebe der ganzen Menschheit anstelle von einem einzigem Mann schenken wollte. (Ich bin noch nicht zur Synthese gelangt.) Vielleicht gibt es deshalb so wenig bedeutende Frauen auf den Gebieten von Wissenschaft und Kunst, weil die Frau immer den einen Mann sucht, wohin sie alle ihre Kenntnis und Wärme und Liebe und schöpferische Kraft bringen kann. Sie sucht den Mann und nicht die Menschheit« (4. August 1941, S. 72 f.).

Indem sie erkennt, *»sehr stark [...] die Liebe zur ganzen Menschheit«* (ebd.) in sich zu tragen, zeigt sie zugleich, dass sie sich dessen bewusst ist, dass die Spaltung Mann–Frau weniger fixiert ist, als es scheinen mag. Doch die komplexe Erfahrung ihrer Beziehung zu Spier legt ihr nahe, dass die Frage weiterhin gestellt werden muss:

»Es ist nicht so einfach mit der Frauenfrage. Manchmal, wenn ich auf der Straße eine Frau sehe, eine schöne, versorgte, ganz frauliche, etwas dumme Frau, dann kann ich ganz aus meinem Gleichgewicht geraten. Dann fühle ich mein Hirn, mein Wursteln und mein Leiden als etwas, das mich drückt, als etwas Hässliches, etwas Unfrauliches; dann möchte ich nur schön und dumm sein, ein Stück Spielzeug, das von einem Mann begehrt wird. Das ist typisch, dass man immer wieder von einem Mann begehrt werden will, dass das immer wieder die höchste Bestätigung für uns ist, dass wir Frau sind, während es doch etwas ganz Primitives ist. Gefühle der Freundschaft, der Hochachtung vor unserer Person, der Liebe für uns als Mensch, das sind alles schöne Dinge, aber wollen wir nicht letztlich, dass der Mann als solcher uns als Frau begehrt? [...] Vielleicht muss die wahre, die innere Frauenemanzipation erst noch beginnen. Wir sind noch keine echten Menschen [...], wir sitzen noch festgebunden und umgarnt von jahrhundertealten Überlieferungen, wir müssen noch als Mensch geboren werden; hier liegt noch eine große Aufgabe vor der Frau« (4. August 1941, S. 73).

Ihre Einschätzung wird auch durch eine andere, wohl viel »primitivere« Beziehung beeinflusst, diejenige, die sie seit vielen Jahren mit Han Wegerif verbindet; sie nennt ihn vertraulich *Pa Han* (Papa Han). Kurze Zeit, nachdem sie von diesem als »Ehrendame« oder Haushälterin engagiert worden war, wurde sie zu seiner Geliebten, wohl auch aus Mitleid mit diesem 62-jährigen, schweigsamen und wenig kommunikativen Witwer, der einmal Rechnungsprüfer gewesen war. Gewiss hatte sie in ihm auch eine Art väterliche Ersatzfigur gefunden, der ihr half, die Zurückgezogenheit des eigenen Vaters Louis Hillesum im Kreis der Familie zu kompensieren. Zwar war sie manchmal mit Han in dem großen Ehebett zusammen, das hielt sie jedoch nicht davon ab, sich gewisse Fragen zu stellen. So fragte sie eines Tages ohne Umschweife ihre Freundin Henny Tideman:[33] *»Tide, hast du denn nie heiraten wollen?«* Diese antwortete: *»Gott hat mir noch nie einen Mann geschickt«* (6. Oktober 1941, S. 129). Dieser Satz ging Etty den ganzen Tag nicht aus dem Kopf, und sie versucht schließlich, ihn sich mit eigenen Worten zu erklären:

> »Wenn ich das für mich selbst übersetze und auf mich anpassen wollte, müsste es wohl heißen: Wenn ich gemäß meinen ursprünglichen eigenen Quellen leben wollte, werde ich wahrscheinlich nicht heiraten müssen. Auf alle Fälle muss ich mir darüber nicht den Kopf zerbrechen. Wenn ich nur ehrlich auf die Stimme in mir höre, dann weiß ich zu einem gegebenen Zeitpunkt, ob mir ein Mann ›von Gott geschickt‹ ist, oder ob er es nicht ist. Aber ich muss darüber nicht nachdenken, oder Kompromisse schließen und mit allerlei verdrehten Theorien doch in eine Ehe treten. Und ein bisschen Vertrauen haben und wissen, dass ich einen bestimmten Weg gehen muss, und jetzt nicht denken: Werde ich dann später nicht zu einsam sein, wenn ich jetzt keinen Mann nehme?« (6. Oktober 1941, S. 129).

[33] »Tide«, so nannten sie ihre Vertrauten, war Lehrerin. Sie hatte Spier 1939 in der Straßenbahn kennengelernt, gehörte dann zum Spier-Klub und wurde Ettys Freundin.

Am Abend desselben Tages kommt sie gegenüber Han Wegerif auf dieses Thema zurück.

»Gestern Abend sagte ich im Bett zu Han: Glaubst du, dass jemand wie ich heiraten darf? Bin ich eigentlich eine wirkliche Frau? Das Sexuelle ist bei mir doch eigentlich nicht so wichtig, obwohl ich nach außen manchmal diesen Eindruck erwecke. Ist es nicht Betrug, die Männer auf diesen Eindruck von außen hin kommen zu lassen und ihnen dann doch nicht zu geben, was sie wollen? Ich bin eigentlich keine Ur-Frau, zumindest nicht sexuell. Ich bin nicht mehr ein Weibchen, und das gibt mir manchmal ein Gefühl der Minderwertigkeit. Das Ur-Leibliche wird bei mir auf allerlei Weisen durch einen Vergeistigungsprozess durchbrochen und abgeschwächt. Und es ist gerade so, als ob ich mich wegen der Vergeistigung manchmal geniere. Was wohl bei mir Ur- ist, das sind die menschlichen Gefühle, es liegt eine Art Ur-Liebe und Ur-Mitleiden für die Menschen, für alle Menschen in mir. Ich glaube nicht, dass ich für einen Mann tauge, und auch nicht mehr für die Liebe eines Mannes. Es geht mir manchmal gerade so, dass ich das eigentlich ein bisschen kindisch finde, das Liebhaben eines Mannes. Ich werde auch einem Mann nicht treu sein können. Nicht wegen anderer Männer, sondern weil ich selbst aus so vielen Menschen bestehe. Ich bin jetzt 27, und mir ist, als ob ich genug geliebt habe und geliebt worden bin. Ich fühle mich bereits ganz alt. Es wird wohl nicht zufällig sein, dass der Mann mit dem ich schon 5 Jahre ein Eheleben führe, bereits so alt ist, dass keine gemeinsame Zukunft möglich ist, und dass mein bester Freund später ein junges Mädchen in London heiraten will. Ich glaube nicht, dass das mein Weg sein wird: ein Mann, eine Liebe. Aber ich bin wohl stark erotisch veranlagt und habe viel Bedarf an Liebkosungen und Zärtlichkeit. Und die habe ich auch immer um mich gehabt. Ich merke, dass ich es doch nicht so aufschreiben kann, wie ich es diese Nacht und diesen Morgen in mir fühlte.

›Gott hat mir nie einen Mann geschickt!‹ Meine innere Eingebung hat mich noch nie gegenüber einem Mann Ja sagen lassen für das Leben; und die innere Stimme muss mein einziger Leitfaden sein, bei allem, aber vor allem bei diesen Dingen. Ich ziele darauf ab: Es muss in mich eine Art Ruhe kommen und eine Sicherheit und das sichere Wissen, dass ich einen eigenen Weg gehen muss, gegründet auf einer inneren Stimme« (6. Oktober 1941, S. 130).

Wer die *Geistlichen Übungen* von Ignatius von Loyola gemacht hat, wird die erstaunliche Ähnlichkeit der hier von Etty angesprochenen Erfahrung mit den Voraussetzungen einer guten »Wahl«, also einer Lebensentscheidung, erkennen, wie sie Ignatius beschreibt, insbesondere bezüglich der »zweiten Zeit« einer Wahl: Das Zeichen einer existentiell gelungenen Entscheidung ist der Friede, die Freude, das Gefühl eines inneren Stimmigkeit, die bei dem, der sie fällt, entstehen (GÜ 176). Man kann wohl sagen, dass Ettys Tagebuch insgesamt die schriftliche Spur einer solchen »geistlichen Unterscheidung« im ignatianischen Sinn dieses Begriffs ist.

Eine gesunde Unterscheidung besteht auch darin, die schlechten Gründe aufzudecken, die eine Entscheidung beeinflussen. Auch hier zeigt sie eine bemerkenswerte Klarsicht.

»Und nicht aus dem Grund nicht heiraten: Du siehst so wenig glückliche Ehen um dich herum. Das ist dann auch aus einer Art Opposition und Angst und Mangel an Vertrauen. Sondern nicht heiraten, weil du weißt, das es nicht dein Weg ist. Und sich dann nicht trösten mit der abschätzigen Bemerkung, der man oft bei unverheirateten Jungfern begegnet: Es sind mir ja doch schöne Sachen, die man bei den Ehen um sich herum sieht!

Ich glaube durchaus an glückliche Ehen, und vielleicht werde ich selbst dazu im Stande sein, aber lass es nur wachsen, wie es wächst; stelle darüber keine Theorien an, frage nicht, was denn eigentlich das Beste für dich wäre, berechne in diesen Dingen nicht. Wenn ›Gott dir einen Mann schickt‹, ist es gut; und sonst scheint dein Weg eben ein anderer zu sein. Aber sei dann hinterher auch nicht verbittert. Und du sollst nie später sagen: Ich habe mein Leben verkorkst, ich hätte es so und so machen sollen. So etwas darf man nie später sagen, und deshalb musst du jetzt so gut hinhören auf deine eigene Urquelle und zu dir selbst Vertrauen haben und dich nicht ständig nur durch das verwirren lassen, was die Menschen um dich herum sagen und behaupten und gerne hätten« (6. Oktober 1941, S. 130f.).

Eine klare und kräftige Sprache verantwortlicher Freiheit, die kulturelle Bedingtheiten in Frage zu stellen vermag: *»Die menschlichen Gefühle in mir sind stärker und viel mehr in*

Ur-Form gegenwärtig als die der Frau. Aber es wird noch ein schweres Stück Kampf sein, von mir selbst als Frau Abstand zu nehmen, wenn dies als mein Weg erscheinen wird« (6. Oktober 1941, S. 131).

Etty ist sich durchaus der Seltsamkeit der Situation bewusst. Sie schreibt nach einem kurzen Spaziergang mit Spier in der Frische eines Dezembernachmittags:

> »Er hatte wieder etwas Strahlendes und Jungenhaftes. Eine wirkliche Liebe zu den Menschen strahlt dann von allen Seiten von ihm ab, auch ein wenig auf mich, und ich strahle zurück. Weiße Chrysanthemen. ›So bräutlich.‹ Ich bin ihm innerlich durchaus treu. Und Han bin ich auch treu. Ich bin jedem treu. Ich laufe auf der Straße neben einem Mann mit weißen Blumen, die wie ein Brautstrauß sind, und gucke strahlend nach ihm, und zwölf Stunden zuvor lag ich in den Armen eines anderen und hatte ihn lieb und habe ihn lieb.
>
> Ist das geschmacklos? Ist das dekadent?
>
> Es ist für mich durchaus vollkommen in Ordnung. Vielleicht, weil das Leibliche für mich nicht so wesentlich ist, nicht mehr. Es ist eine andere, weitere Liebe. Oder mache ich mir das nur vor? Bin ich zu unklar? Auch in meinem Verhalten? Ich glaube nicht. Wie komme ich auf einmal auf dieses Nörgeln, das immer ganz nahe ist?« (5. Dezember, S. 176f.).

Dieses *»Nörgeln«*, über das Etty staunt, hat natürlich seine Gründe. Man braucht Zeit, um mit sich ins Reine zu kommen.

Auch große Heilige und große Spirituale haben Zeiten der Vieldeutigkeit und des tastenden Suchens gekannt. Andere, die als Mystiker galten (wie Molinos[34] im 17. Jahrhundert), haben sich im Namen der »reinen Liebe« auf moralischen Irrwegen verloren. Im Fall Ettys – wie bei manchen jungen Europäern um die Jahrhundertwende – mag es auch Mängel in der Erziehung gegeben haben, die zu riskanten Verhaltensweisen führen können. Sie beklagt dies ungefähr zwei Wochen danach:

> »Viele Menschen sind zu festgelegt, zu fixiert in ihren Vorstellungen und legen deshalb in ihrer Erziehung auch ihre Kinder wieder fest. Dadurch zu wenig Bewegungsfreiheit. Bei uns war es gerade umgekehrt. Es scheint mir, dass meine Eltern unter der endlosen Kompliziertheit des Lebens hilflos waren und es immer mehr sind und dass sie niemals haben eine Wahl treffen können. Ihren Kindern zu große Bewegungsfreiheit gelassen, sie konnten nirgends Halt geben, weil sie selber niemals Halt gefunden haben; und sie konnten niemals zu unserer Formung beitragen, weil sie selbst niemals eine Form haben finden können. [...] Und ständig von Neuem und ständig deutlicher sehe ich unsere Aufgabe: Ihren armen, herumschweifenden und nicht zu Form und Ruhe gekommenen Talenten in uns die Gelegenheit zu geben, heranzuwachsen und zu reifen und ihre Form zu finden.
>
> Als Reaktion auf ihre Ungeformtheit, worin keine Weite

[34] Der Spanier Miguel de Molinos (ca. 1628–1697) war ein Hauptvertreter des Quietismus [Anmerkung des Übersetzers].

liegt, nur Nachlässigkeit und Unsicherheit, nur sozusagen Beherrschung, vielleicht manchmal, wenn auch in der letzten Zeit nicht mehr so sehr, krampfhaftes Streben nach Einheit, Konturen, System. Aber die einzige gute Einheit ist die, welche alle Gegensätze und irrationalen Momente in sich einschließt; sonst ist es wieder ein Krampf und eine Festgelegtheit, die dem Leben Gewalt antut« (22. Dezember 1941, S. 207f.).

Es gibt manche Weisen, dem Leben Gewalt anzutun. Selbst wenn sie nur gelegentlich vorkommen und subjektiv als eine bestimmte Form von Liebe erscheinen, werden außereheliche sexuelle Beziehungen den Gesetzen der Natur unterliegen. Am Morgen des 3. Dezember 1941 erwacht Etty mit dem Eindruck von Übelsein und Schwindel. Sie schreibt: *»Dann fünf Minuten lang alle Ängste aller jungen Mädchen in mir selbst erfahren, wenn sie plötzlich zu ihrem Schrecken ein Kind erwarten, dass sie sich nicht gewünscht haben.«* Und sie fügt hinzu – was vielleicht eine etwas simple Rationalisierung ist, der man sonst in ihrem Tagebuch kaum begegnet und die sie auch selbst immer wieder Lügen straft, die aber in ihrer Umgebung vorherrschend gewesen sein mag –: *»Mütterlicher Instinkt, glaube ich, geht mir vollkommen ab. Für mich selbst motiviere ich das so: Im Grunde finde ich, dass das Leben doch ein großer Leidensweg ist und alle Menschen sind nur unglückliche Wesen, und ich kann vor mir selbst nicht die Verantwortung auf mich nehmen, die Menschheit um noch eine unglückliche Kreatur zu vermehren«* (3. Dezember 1941, S. 173).

In den folgenden Tagen bestätigen sich die Anzeichen einer Schwangerschaft. *»Irgendetwas geschieht im Geheimen in mir, ohne dass die anderen es wissen«* (5. Dezember 1941, S. 176). Zuweilen unterbricht sie ihre Arbeit über Dostojewskis *Idiot,* um mehrere Stufen der Treppe hinunterzuspringen oder heißes Wasser in ihren Uterus zu füllen. Am Samstag, dem 6. Dezember morgens schreibt sie: *»Erst nur wieder einmal sich unter dem Kinn streicheln, um etwas Mut für diesen Tag zu bekommen. Heute Morgen früh beim Wachwerden gerade diese bleischwere Beklemmung, pechschwarze Unruhe. Es ist schließlich keine Kleinigkeit!«* (S. 177). Sie wendet sich an das kleine Wesen, das in ihr ein Leib zu werden begonnen hat, und versucht, wenn auch zögernd, sich zu rechtfertigen.

»Ich habe das Gefühl, dass ich dabei bin, einem Menschen das Leben zu retten. Nein, das ist lächerlich: einem Menschen das Leben zu retten, indem ich ihn mit aller Gewalt aus diesem Leben heraushalten will. Ich will es jemandem ersparen, dieses Jammertal zu betreten. Ich werde dich in der sicheren Ungeborenheit lassen, werdendes Wesen, und sei mir nur dankbar! Ich gehe dir zu Leibe mit heißem Wasser und gräulichen Instrumenten, ich werde dich geduldig und andauernd bekämpfen, bis du dich wieder ins Nichts aufgelöst hast, und dann werde ich das Gefühl haben, eine gute Tat verrichtet zu haben und verantwortlich zu Werk gegangen zu sein. Ich kann dir ja doch nicht genug Kraft mitgeben, und in meiner belasteten Familie ziehen viel zu viele Krankheitskeime herum. Als kürzlich Mischa [ihr jüngerer Bruder] vollkommen durcheinander war und

> mit Gewalt in eine Anstalt gebracht werden musste und ich den ganzen Tumult als Augenzeuge mitmachte, da habe ich mir selbst geschworen, dass ich es niemals zulassen werde, dass aus meinem Schoß ein so unglückliches Wesen hervorgeht« (6. Dezember 1941, S. 177).

Nach einer Woche mit Abtreibungsversuchen bekennt sie ihre Erschöpfung. Schließlich geht der Fötus am Morgen des 8. Dezember ab. Etty beschreibt das Ereignis im ihrem Tagebuch, als handele es sich um eine Geburt: *»Heute morgen um sechs Uhr wurde das ungeborene Kind geboren. Es war nur zehn Tage alt.« »Käthe«* [die deutsche Magd], fügt Etty hinzu, *»war davon viel mehr beeindruckt als ich selbst, und Han* [der Erzeuger des Kindes], *der liebe, stille Han beichtete danach, dass er doch viel beunruhigter gewesen war, als er es mich hatte merken lassen«* (6. Dezember 1941, S. 180). Im Übrigen findet sich im Tagebuch kein Hinweis darauf, dass Etty Spier erzählt hat, was an diesem Morgen geschah.

Etty hat also am eigenen Leib und aus eigenem Willen das Drama erfahren, dem so viele Frauen immer wieder ausgeliefert sind, Opfer der mangelnden Verantwortung ihrer Männer und der aussichtslosen Einsamkeit, in der sie sich oft eingeschlossen finden. Wir haben Etty genauso wenig zu verurteilen wie diejenigen, die heute dasselbe Schicksal erwählen oder erleiden. Aber wir können feststellen, dass diese todbringende Handlungsweise diese junge Frau nicht daran gehindert hat, sich danach einer Hoffnung zu öffnen, die dem Leben galt und von der sich trotz allen Scheiterns und aller Verwundungen niemand ausgeschlossen fühlen soll.

Fünf Tage später. Etty klagt über Kopfschmerzen und Angst. Sie muss sich mitten am Tag niederlegen; das macht sie *»elendig«* und gibt ihr *»Schuldgefühle«* ein, denn ihre Bettlägerigkeit behindert die tägliche Arbeit ihrer Umgebung. Dann fühlt sie sich angesprochen und antwortet darauf in diesem Gebet, dem ersten, in dem sie sich an Gott mit einem Anflug von Zärtlichkeit wendet:

> »Lieber Herr, ich kann dich nicht wegen jeder läppischen Angelegenheit anrufen. Das eine Mal, als ich dich wirklich leidenschaftlich und tief aufgewühlt angerufen habe, gibt mir noch immer Kraft und wirkt noch immer nach« (11. Dezember 1941, S. 182).

Jedenfalls stellt sie sich ehrliche Fragen zu ihren Beziehungen zu Han und zu Spier. So schreibt sie zu einigen Aussagen des Letzteren im Verlauf eines Gesprächs: »Wenn ich jetzt forderte, dass du ganz mir gehörst und das Verhältnis zu W. [Han Wegerif] aufgibst, würde dies dich doch sicher auch in einen Konflikt bringen, nicht für dich, sondern für ihn. Und er fügte hinzu: ›Es macht doch nichts, wo das bischen hinfließt, wenn man nur schöpferisch ist‹ usw.« (23. Mai 1942, S. 389). Aber Etty fragt sich gerade, ob ihre Beziehung zu Han so weitergehen kann, ohne diesem Prinzip zu widersprechen. Wie ist eine solche Beziehung in dem Rahmen der »allgemeinen Moral« einzuordnen? Sie fragt:

> »›Es macht doch nichts, wo das bischen hinfließt‹ – Hier ist dann auf einmal eine solche Verschiebung der traditionellen Normen, dass ich in einen luftleeren Raum gerate. Doch

noch an Konvention gebunden? Habe ich Angst, dass mit großen Werten gespielt wird? Und wenn denn irgendwo die großen Werte dieses Lebens gut aufgehoben sind, ist es nicht bei ihm? […]

Und warum nicht: ein Sich-vollständig-zu-jemandem-Bekennen? Ist das nur in der Form möglich: Ich bin deine Frau? Muss es immer darum gehen? Kann Sich-vollständig-zu-jemandem-Bekennen sich nicht auf den Gebieten des rein Menschlichen abspielen? Sitze ich etwa doch an zu vielen traditionellen Denkbildern fest?

Und das Verlangen nach vollkommener leiblicher Hingabe, das manchmal so stark ist, wäre die notwendige Ergänzung zu den starken Gefühlen für ihn? […] Und du willst ja doch gar nicht dieses Verlangen verwirklichen, weil du doch um die Gefahren weißt, die daraus hervorgehen können. […] Überschätzt du nicht in deinen Vorstellungen noch zu sehr dieses kleine sexuelle Moment? Und während das Sexuelle gar keine so große Rolle in deinem Leben spielt, gewinnt es dann nicht doch einen zu großen Einfluss auf dich aufgrund konventioneller Vorstellungen über diese Dinge? Und jetzt ist es wirklich Zeit, liebes Kind, endlich schlafen zu gehen, nicht bei Han, der meint, dass es bereits zu spät ist, sondern allein. Aber es ist gut, dass ich diese dunklen und undeutlichen Dinge in mir einmal bei den Hörnern gepackt habe; denn sonst gehen sie wirklich wie ein toll gewordener Stier mit einem durch« (23. Mai 1942, S. 389f.).

Nach diesem langen, einsamen Abend, an dem sie sechs Seiten ihres Heftes in enger Schrift gefüllt hatte, stellt sie das Gesagte am Morgen des nächsten Tages, es ist ein *»windiger Pfingstmorgen«*, noch einmal in Frage:

»›Ich bin in meinem Gefühl für ihn zu weit gegangen!‹ Aber man kann in seiner Liebe zu jemandem niemals zu weit gehen. Wenn ich sage: zu weit gehen, meine ich, dass ich Angst habe, daran kaputtzugehen. Aber das muss sich erst noch herausstellen. Bis jetzt habe ich daraus nur Leben und Kraft geschöpft, aus meinen stets stärker werdenden Gefühlen für ihn.

Die algebraische Formel von gestern lautete ungefähr so: Wenn ich ein volles Verhältnis mit ihm anfange, würden der Schaden und die Konflikte, die daraus für sein Verhältnis zu Hertha entstünden, größer sein als die Bereicherung, die unser Verhältnis erfährt. Und die Konflikte in seinem Gefühl gegenüber Hertha würden auf unser Verhältnis zerstörerisch wirken können. Und wenn für ihn die Grenze da liegt, wo er erst spürt, wirklich untreu zu sein: Wenn er eine gemeinsame Liebesnacht in einem gemeinsamen Bett verbrächte, dann ist das seine subjektive Grenze, und ich muss sie respektieren. [...] Und warum sollten wir diese eine kleine Tat der Enthaltung nicht ausüben können zugunsten dieses wirklich todunglücklichen, wartenden und verlangenden Geschöpfleins auf der anderen Seite des Kanals?« (24. Mai 1942, S. 390).

Aber bevor sie zu dieser friedvollen Schlussfolgerung gelangt, hatte sie am Vorabend in der Einsamkeit des Badezimmers eine Krise von Angst und Tränen erfahren: Bilder der Trennung, des

Sich-Lossagens von Spier. Zwar relativiert sie diese Krise bald darauf; sie wird sich bewusst, dass es der Vorabend ihrer Regel ist, eine Zeit, die immer für sie schwierig ist, zumal es ihr alle drei Wochen so geht. Aber sie ist doch grausam betroffen: *»Es ist wie wenn ein toller Hund seine Zähne in mein Herz setzt und beißt und rückt und zieht und schüttelt und nicht mehr loslassen will«* (24. Mai 1942, S. 391).

So macht sie eine Erfahrung abwechselnder »Trostlosigkeit« und »Tröstung«, die denen vertraut ist, die die ignatianischen *Geistlichen Übungen* gemacht haben. In einem Telefongespräch mit Spier erzählt sie ihm, dass sie am Morgen mit diesem Satz aufgewacht sei: *»Es geschieht eine langsame Akzentverschiebung vom Leiblichen zum Geistigen – und dass sich das auf die Freundschaft mit ihm ausgewirkt hat«* (1. April 1942, S. 329). Sie erläutert diese Erfahrung so:

> »Früher ja. Damals wirkte die Sinnlichkeit auf meine Phantasie und ich wollte ihn nur als Liebhaber. Jetzt nicht mehr. Ich weiß, wie schnell die Grenzen der leiblichen Möglichkeiten erreicht sind. Ich will seinen Leib nur, solange wir dadurch etwas von unserer Freundschaft ausdrücken können. Anders will ich ihn nicht. Das verbleibende rein leibliche Verlangen kann ich durchaus beherrschen. Davon, dass ich bereits so viele Jahre intensiv leiblich gelebt habe, ist bereits eine große Ruhe in mich gekommen und muss ich nicht mehr coûte que coûte[35] den Leib allein befriedigen – und dass es so weit gekommen ist, dafür bin ich sehr

[35] Koste es, was es wolle.

> dankbar. […] Aber dann muss eine Harmonie zwischen Leib und Seele bestehen, darauf bin ich hartnäckig aus und werde mit Geduld und Umsicht und Selbstbeherrschung die Kontakte zu vermeiden suchen, die nicht so vollkommen und so harmonisch sind, wie ich das will« (1. April 1942, S. 329f.).

Einige Wochen später kommt sie auf dieses Thema im Zusammenhang mit einer Bemerkung ihrer Freundin Hanneke Starreveld zurück:

> »›Nein, so würde ich nicht leben können, so ohne Bindung, ohne Mann, ohne Kinder, dann könnte ich nicht weiter leben‹ – da wusste ich, als Reaktion darauf auf einmal in meinem Gefühl – jawohl, so kann ich durchaus leben, ich würde es vielleicht lange Zeit in einer kahlen Zelle aushalten, jahrelang auf hartem Boden kniend, und es würde doch großes und blühendes Leben in mir sein, alles, was an Leben überhaupt möglich ist, würde in mir sein« (23. Mai 1942, S. 388).

Spier bestätigt sie durch die Grundhaltung, die er ihr gegenüber annimmt: *»Er erzieht mich durchaus zu einer Liebe, die weiter ist als nur zu einem Menschen«* (7. Januar 1942, S. 230). Und sie wird sich dessen bewusst, dass dies von Anfang an ihr Verhalten ihm gegenüber beeinflusst: Zwischen ihm und seiner *»russischen Sekretärin«* (17. Dezember 1941, S. 197) entwickelt sich eine Freundschaft, die sich immer tiefer in ihrem ungeduldigen Herzen verwurzelt. Sie siezt ihn noch, und dies schafft jedes

Mal eine Distanz, die es ermöglicht, für das »Ganze« des anderen aufmerksam zu bleiben. *»Das törichte und leidenschaftliche Gefühl, in ihm ›aufgehen‹ zu wollen, hat sich schon lange zurückgezogen, ist ›vernünftig‹ geworden. In einem Menschen ›aufgehen‹ ist aus meinem Leben verschwunden, übrig geblieben ist vielleicht ein in Gott vergehen wollen, oder in einem Gedicht«* (17. Dezember 1941, S. 197).

Einige Monate später wird Etty aufzeichnen, was Spier ihr anvertraut, während er ihr von seiner intensiven Arbeit als Therapeut erzählt – denn er empfing mehr und mehr Patienten:

> »Ich saß heute Abend am Boden, an seine Beine angelehnt, und er schaute nachdenklich auf mich nieder und sagte: [...] Vor anderthalb Jahren wäre es noch undenkbar gewesen, dass ich so ein Mädchen wie dich einfach in Ruhe gelassen hätte; ich würde es als Sünde oder so was angesehen haben, nicht mit ihr ins Bett zu gehen. Und jetzt: Ich bewundere mich selbst und verwundere mich über mich, wie ich geworden bin. Aber sonst würde ich auch nicht mit dieser Intensität, wie ich es jetzt tue, arbeiten können. Und ich sagte: Ich respektiere das völlig, wie du lebst, und habe davor eine tiefe Ehrfurcht. Und ich sagte unter anderem: Man wird geduldiger. Mir scheint, dass leibliche Kontakte oft gezwungen sind. Von einer einzigen Liebkosung von dir kann ich lange Zeit leben« (15. April 1942, S. 347).

Nicht weniger bezeichnend mag sein, dass sie, die niemals mit einem Priester oder Pastor zu tun hatte, Spiers therapeutische Arbeit fast wie die eines Priesters beschreibt:

> »Und er empfängt dabei noch sechs Patienten und verbringt mit jedem intensive Stunden; er bricht sie auf und holt den Eiter heraus und bohrt den Brunnen an, wo bei vielen Gott sich verborgen hält, ohne dass sie selber es wissen; er arbeitet auf solche Weise mit ihnen, bis schließlich in ihren vertrockneten Seelen die Wasser wieder zu fließen beginnen. Die Lebensbeichten stapeln sich auf seinem kleinen Tisch, und fast jede endet mit einem: O, helfen Sie mir doch! Und er ist für jeden da und hilft« (13. Juni 1942, S. 431 f.).

Sie selber zieht bald diesen Vergleich: *»Gestern Abend las ich in meinem Badezimmer-Roman*[36] *das Folgende über einen Priester: – Er war als Mittler zwischen Gott und den Menschen gestanden. Nichts vom Alltag hatte ihn berühren können. Und gerade darum verstand er die Not aller Werdenden so gut«* (13. Juni 1942, S. 432).

Dennoch wird diese Beziehung für sie weiterhin problematisch bleiben, zugleich immer wieder voller Glück. Sie fragt sich zum Beispiel, ob sie nicht *»unbesonnen«* lebe (5. April 1942, S. 341). Trotz dieser Ambivalenz entdeckt sie in dieser Beziehung eine Qualität, die sie niemals zuvor erfahren hat. Während andere Beziehungen in den chaotischen und bewegten Jahren ihrer frühen Jugend nach einer anfänglichen Überwältigung in ihr nur eine resignierende Nostalgie hinterließen, war ihre Beziehung zu Spier *»immer vielseitiger und farbiger und span-*

[36] Etty zog sich gern allein in ihr Badezimmer zurück. Es handelt sich um das Werk der schweizerisch-alemannischen Romanschriftstellerin Grete von Urbanitzky (1893–1974), *Eine Frau erlebt die Welt*, Berlin 1934, S. 114.

nender und inniger« (5. April 1941, S. 341). Um sie zu beschreiben, gebraucht sie erneut das Wort *»Freundschaft«:*

> »Und es kam doch noch wieder eine Steigerung, indem manchmal plötzlich ein noch brachliegendes Stück Terrain der Freundschaft aufzublühen begann. [...] Und das liegt auch daran, dass wir beide so vollständig im Besitz unserer Kräfte sind, daran, dass wir beide die Akzente in derselben Weise setzen, daran, dass wir offen stehen, jeden Tag wieder ganz aufs Neue offen stehen, füreinander und die ganze Welt. [...] Daran, dass wir beide so gut die Kunst verstehen, die kleinen täglichen Dinge zu genießen, und daran, dass wir beide auf dieselbe Weise an Gott glauben« (5. April 1941, S. 342).

Freundschaft jenseits der Leidenschaft. Etty hatte sie bereits einige Wochen zuvor erfahren, als sie einen alten Studienkameraden, Max Wittmont, wiedertrifft, mit dem sie eine verzehrende Beziehung hatte, als sie 19 war. Sie selber sagt, sie habe sich damals an seinen Leib *»in der menschlichen Verzweiflung festgeklammert«* (12. März 1942, S. 289); dies war ein Verlangen nach Absolutheit, das sich auf den falschen Gegenstand gerichtet hat. Jetzt begegnet sie, neun Jahre später, erneut diesem Partner ihrer jugendlichen Leidenschaft. Sie beginnt mit ihm ein zugleich ruhiges und tiefes Gespräch und hat dann das Bedürfnis, diese Erfahrung ihrem Tagebuch anzuvertrauen. Es ist eine der fesselndsten und bezeichnendsten Beschreibungen dessen, was sich jetzt im Tiefsten ihrer Persönlichkeit abspielt:

»12. März ’42, Donnerstagabend, halb 12. Das war unbeschreiblich schön, Max, unsere Tasse Kaffee und die schlechte Zigarette und unser Gang durch die verdunkelte Stadt, Arm in Arm, und einfach, dass wir zweieins zusammen gingen. […] Die unsere Geschichte kennen, wie sehr würden sie es bizarr und höchst verwunderlich finden, diese Begegnung, einfach so mitten in einem Jahr, eigentlich ohne Anlass – außer dass Max heiraten will und sich mit mir – komisch, ausgerechnet mit mir – beraten will.

Und das war so schön – den Jugendfreund wiederzusehen und ihn in der eigenen größeren Reife spiegeln zu können. Er sagte mir am Beginn des Abends: ›Ich weiß nicht, was an dir verändert ist, aber es ist etwas verändert. Ich glaube, du bist jetzt eine wirkliche Frau geworden.‹ Und am Schluss: ›Nein, du hast dich nicht unangenehm verändert, das wollte ich nicht sagen. Deine Züge, deine Mimik, alles ist noch so beweglich und ausdrucksstark wie früher, aber jetzt liegt dahinter eine so große Abgeklärtheit. Es ist wohltuend, bei dir zu sein.‹ Oder so ähnlich. Und unter dem Vordach des Cafés auf der Ceintuurbaan leuchtete er mir mit seiner kleinen Lampe gerade ins Gesicht und lachte dann und nickte wiedererkennend und sagte dezidiert: ›Ja, du bist es!‹ Und dann glitten unsere Wangen halb ungeschickt und halb ganz vertraut aneinander, und dann gingen wir in entgegengesetzter Richtung auseinander. Es war wirklich unbeschreiblich schön. Und so paradox es auch klingen mag: Vielleicht war dies unser erstes Zusammensein, das wirklich gut war. Und unterwegs sagte er auf einmal: ›Ich denke, dass wir über die Jahre vielleicht noch einmal wirklich Freunde werden können.‹ Und so geht nichts verloren. Menschen kommen wieder zu dir zurück, und innerlich kannst du weiter mit ihnen leben, bis sie einige Jahre später wiederkommen.

Am 8. März schrieb ich an S.: Meine Leidenschaftlichkeit früher war eigentlich nichts anderes als ein verzweifelt sich festklammern an, ja an was eigentlich? An etwas, woran man sich mit dem Körper gar nicht festklammern konnte. –

Und es war der Leib des Mannes, der heute Abend so brüderlich neben mir lief, an den ich mich damals in der menschlichen Verzweiflung anklammerte. Und das war auch irgendwie das Erfreuliche: Dass doch noch dies übergeblieben war, dieses gute und vertraute Gedanken-miteinander-Austauschen, dieses Verweilen in beider Atmosphäre, das Heraufholen von Erinnerungen, die nicht mehr schmerzten, während wir uns doch früher buchstäblich kaputt gelebt hatten. Und auch einfach dieses ganz ruhige Feststellen: Ja, am Schluss waren wir wohl schwer verkracht« (12. März 1942, S. 288 f.).

Diese ruhige Erinnerung an die Vergangenheit macht ihr sogar ein Bekenntnis möglich, das die Leidenschaft damals verdrängt hatte:

»Aber doch auch wieder Max, der auf einmal fragte: ›Hast du in dieser Zeit noch ein Verhältnis mit einem anderen gehabt?‹ Und ich zwei Finger in die Luft. Und später als ich erwähnte, dass ich eventuell einen Emigranten heiraten werde,[37] um ihm beizustehen, wenn er in ein Lager kommt, war er gerade am Gehen. Und beim Abschiednehmen sagte er: ›Du machst doch keine Dummheiten? Ich habe solche Angst, dass du doch noch einmal kaputtgehst.‹ Und ich: ›Ich gehe nie und nimmer kaputt‹, und ich wollte noch sagen, aber da waren wir schon zu weit auseinander: ›Wenn du innerlich lebst, ist vielleicht kein so großer Unterschied zwischen dem Leben innerhalb oder außerhalb der Mauern eines Lagers‹« (12. März 1942, S. 289).

Aber sie fügt im schlichten Verlangen nach Wahrheit hinzu:

»Werde ich diese Worte später vor mir selbst verantworten können, werde ich sie leben können? Wir können uns nicht viele Illusionen machen. Das Leben wird sehr hart werden. Wir werden wieder getrennt werden, alle die einander lieb sind. Ich glaube, dass diese Zeit nicht einmal mehr so fern ist. Man muss sich innerlich stets mehr vorbereiten« (12. März 1942, S. 289).

Danach kommt sie auf das beeindruckende Gespräch an dem Frühlingsabend zurück, auf dem Weg durch die – wie die anderen europäischen Städte in diesen Kriegsjahren – bereits ins Dunkel gehüllte Stadt:

»Dass in dieser zerrissenen und bedrohten Welt doch noch solche Dinge möglich sind! Das ist sehr tröstlich. Es ist

[37] Gemeint ist Julius Spier; sie hatte einmal an diese Möglichkeit gedacht.

vielleicht viel mehr möglich, als wir uns selbst zugeben wollen. Dass sich da auf einmal eine Jugendliebe wiederfindet und mit einem Lächeln auf ihre eigene Vergangenheit zurückschaut. Und versöhnt mit dieser Vergangenheit. So ist es mir gegangen. Ich gab heute Abend den Ton an, und Max machte mit. Das war bereits viel. […] Und wenn ich daran denke, wie wir da zusammen durch die dunkle Stadt gingen, gereift und zart geworden für unsere eigene Vergangenheit, und mit dem Gefühl, dass wir einander noch viel zu erzählen hätten – aber es doch im Ungewissen lassend, wann wir einander wiedersehen würden, vielleicht dauert es wieder ein paar Jahre –, dann gibt mir dies doch ein Gefühl ernster und tiefer Dankbarkeit, dass so etwas in einem Leben möglich ist. Es ist nun beinahe 12 Uhr, und ich gehe ins Bett, wirklich ins Bett. Ja, es war sehr schön. Und am Schluss jeden Tages habe ich das Bedürfnis zu sagen: Das Leben ist sehr schön, es ist doch sehr schön. Jawohl, ich bilde mir eine eigene Meinung über dieses Leben, eine Meinung, die ich sogar gegenüber anderen verteidige, und das will viel bedeuten für so ein verlegenes Kind, wie ich es immer war« (12. März 1942, S. 290).

Am Abend des 31. Dezember 1941 skizziert Etty nach einem Spaziergang mit Spier die geistliche Bilanz eines Jahres fast täglicher Begegnungen mit ihm:

»Es ist nun fast halb neun. Der letzte Abend eines Jahres, das für mich das reichste und fruchtbarste, und ja, doch auch das glücklichste aller vorangehenden Jahre war. Und

> wenn ich es mit einem Wort sagen sollte, wodurch dieses Jahr – vom 3. Februar an, als ich schüchtern an der Klingel in der Courbetstraat Nr. 27 zog und dann ein gräulicher Kerl mit einer Antenne auf dem Kopf nach meinen Händen schaute – dann müsste dieses Wort lauten: durch die große Bewusstwerdung. Bewusstwerdung und dadurch über die tieferen Kräfte in mir selbst verfügen« (31. Dezember 1941, S. 221).

Diese Bewusstwerdung sollte Etty allmählich zu einem geistlichen Erwachen führen, dessen bezeichnendste Etappen im Folgenden dargestellt werden sollen.

KAPITEL III

»Auch sie sind in meinem Leben, sie bevölkern mein Leben«[38]

Oben wurde bereits erwähnt, dass Ettys Vater ein typischer Vertreter des ganz an die westeuropäische Kultur assimilierten Judentums war; nicht ungewöhnlich vor allem in den Niederlanden und in Deutschland, bevor die akribische mörderische Nazibarbarei wütete. Ihre Mutter dagegen gehörte einer in Russland verwurzelten traditionellen jüdischen Familie an, die ein Pogrom zu Beginn des Jahrhunderts zur Auswanderung veranlasst hatte. Gleichwohl hatte Riva Bernstein offenbar keine Mühe, den Lebensstil des angesehenen säkularisierten holländischen Lehrers anzunehmen, der ihr Mann war oder sein wollte. Gewiss, sie hatte ihrer Tochter eines Tages in einem Gespräch gesagt: *»Ja, eigentlich bin ich religiös«* (30. Dezember 1941, S. 218). Aber Etty bemerkte, als sie dies in ihrem Tagebuch aufschrieb: *»Was bezweckt man mit diesem ›eigentlich‹?«* (ebd., S. 219). Riva hatte jedenfalls ihrer Tochter gewisse Züge ihres slawischen Temperaments mitgegeben, wie es auch mehrere Freunde Ettys feststellten. Spier nannte sie seine *»russische Sekretärin«* (17. Dezember 1941, S. 197). Und er sagte auch: *»Ich empfinde Sie viel mehr als Russin denn als Holländerin«* (7. März 1942, S. 283).

Von daher ist verständlich, dass Etty nie vom Zionismus an-

[38] 9. März 1942, S. 401.

gezogen wurde, auch wenn sie während ihrer Gymnasialjahre in Deventer kurze Zeit in Verbindung mit einer kleinen zionistischen Gruppe stand. Später, 1941, wird Werner Levie, ein nach Amsterdam ausgewanderter deutscher Jude, der mit Spier Kontakt aufgenommen hatte und eine große Zahl von Werken über das Judentum besaß, versuchen, Etty dafür zu interessieren, jedoch vergeblich.[39]

Sie wird allerdings im April 1942, als die Juden gezwungen werden, den gelben Stern zu tragen, schreiben: *»Ich bin so froh, dass er* [Spier] *Jude ist und ich selber Jüdin bin«*, aber dies bedeutet für sie nur eine Schicksalsgemeinschaft, die dazu beiträgt, sie einander näher zu bringen. *»Auch darin muss das Verlangen danach gehen, bei ihm zu bleiben und zusammen diese Zeiten zu bestehen«* (29. April 1942, S. 372). Mehrmals erklärt sie im Übrigen, sie sei glücklich, Holländerin zu sein: *»Das holländische Volk ist mir sehr lieb«* (19. März 1941, S. 33), schreibt sie bezüglich der Freundlichkeit der holländischen Beamten, die auf Befehl der Besatzung und gegen ihren Willen mit der Registrierung jüdischer Mitbürger beginnen mussten. Nationalismus ist ihr allerdings fremd:

> »Die Seele ist doch ohne Vaterland, oder lieber: die Seele hat ein einziges großes Vaterland, und darin gibt es keine Grenzen. Es gibt Möglichkeiten, sich gegenseitig zu verstehen und anzunähern, und daran muss ich mitarbeiten, weil ich mich in meiner Seele und meinem Verstehen allen Ländern und allen Zeiten zugehörig fühle« (3. März 1942, S. 281).

[39] Vgl. *De nagelaten geschriften*, S. 742, Anmerkung zu S. 166.

Ihre kulturellen und ästhetischen Bezugspunkte sind durchaus typisch europäisch,[40] aber es handelt sich immer um für Universalität offene Schriftsteller oder Künstler. So zitiert sie ohne besondere Ordnung als vertraute Lektüre: *»Michelangelo und Leonardo. Auch sie sind in meinem Leben, sie bevölkern mein Leben. Dostojewski und Rilke und der hl. Augustinus. Und die Evangelisten. Ich verkehre in einer solchen wirklich ganz guten Gesellschaft. Und damit ist nicht mehr die* ›Schöngeisterei‹ *von früher verbunden. Jeder hat mir auf seine Weise etwas Wirkliches und etwas, was mich ganz nahe betrifft, zu erzählen«* (29. Mai 1942, S. 401).

Etty verortet sich also kulturell und geistlich in Europa; man kann vielleicht bedauern, dass sie den Beitrag der jüdischen Diaspora zu dieser Kultur nicht weiter beachtet. Aber ihr Europa erstreckt sich, um die berühmte Formulierung de Gaulles aufzugreifen, »vom Atlantik bis zum Ural«, wenn sie auch erstaunlicherweise – aber verständlich in der geopolitischen Situation der Zeit – Russland und Europa als zwei verschiedene Wesenheiten voneinander unterscheidet, die dazu bestimmt sind, einander zu begegnen. Nachdem sie in ihrem Tagebuch einen langen Auszug aus einem Brief Rilkes an Lou Salomé[41] niedergeschrieben hat, formuliert sie *»plötzlich«* einen Entschluss, der nie zuvor so deutliche Konturen gewonnen hatte:

[40] Was für sie durchaus nicht unvereinbar ist mit einem Interesse für andere Kulturen; vgl. ihre Bewunderung für japanische Drucke (19. Mai 1942, S. 382) oder für manche chinesischen Gedichte.

[41] Lou Andreas-Salomé, Schülerin von Freud, war u.a. eine Zeit lang die Geliebte des Dichters Rainer Maria Rilke (vgl. S. 26 in diesem Buch, Anm. 18).

»Ich reise später nach Russland, als Abgesandte Europas, und dann reise ich wieder zurück als Abgesandte Russlands. Europa bin ich selber, das ist in mir, und all mein Wissen und meine Erfahrung und Intuition werde ich, viel später, anwenden, um Russland zu ergründen und für Europa zu erzählen, wie es ist. Ich denke auch, dass es bei mir auf die Dauer darauf hinauslaufen wird, dass alles, was in mir zusammenkommt und womit ich selbst zusammenkomme, darauf ausgerichtet sein wird, dieses Land zu erfassen, in mich aufzunehmen und den Erfahrungen Gestalt zu geben, die sich mir dort auftun werden. Кто знает?«[42] (4. April 1942, S. 338).

Ein wenig später fügt sie hinzu: *»Ich würde z. B. auch Rilke wieder nach Russland zurückbringen wollen. Er hat ja doch immer solches Heimweh danach gehabt.*[43] *Und Russen werde ich nach Europa bringen. Eine Vermittlergestalt zwischen diesen zwei Welten werden, die ja doch so viele Berührungs-*

[42] Russisch: »Wer weiß?«

[43] Im Frühjahr 1899 hatte Rilke das Ehepaar Andreas nach Russland begleitet, wo sie insbesondere Tolstoj und den Maler Leonid Pasternak, den Vater des Schriftstellers Boris Pasternak, aufsuchen konnten. Rilke kehrte im folgenden Jahr in Begleitung von Lou noch einmal nach Russland zurück und schrieb danach an Ellen Key, die berühmte schwedische Frauenrechtlerin (sie war dem »frühen« Rilke sehr zugetan): »Erst in Russland habe ich verspürt, was ein Vaterland ist. Dort war ich irgendwie zu Hause, vielleicht weil dort die Zeit, das Zeitliche, so wenig sichtbar ist, weil dort die Zukunft immer schon gegenwärtig ist und jede Stunde der Ewigkeit näher bringt« (zitiert von Ph. Jacotett, *Rilke par lui-même* [Rilke in eigenen Worten], Paris, Seuil, coll. *»Écrivains de toujours«*, 1970, S. 34.

punkte haben. Aber dazu muss ich noch so viel lernen und reifen und begreifen« (4. April 1942, S. 339).

Rilke: dieser Name ist neben dem Spiers in den 700 Seiten von *De nagelaten geschriften* der weitaus am häufigsten zitierte, so dass der Herausgeber sich bei diesem Eintrag im Namenregister mit einem *passim* begnügt. Rilke ist der Autor, dessen Texte Etty am ausführlichsten zitiert, fast immer in der Originalsprache. Sie hatte sich übrigens mit ihm bereits vor ihrer Begegnung mit Julius Spier befasst, aber, wie sie selbstkritisch anmerkt, *»wahrscheinlich wie mit einer lyrischen Kuriosität, als eine Art Luxus für eine freie Stunde«* (20. Februar 1942, S. 256).

Rainer Maria Rilke wurde im Jahr 1875 in Prag geboren, das damals zum österreichisch-ungarischen Kaiserreich gehörte. Ab 1891 beginnt er zu veröffentlichen. Sein Werk ist gewaltig, seine Korrespondenz umfassend.[44] Natürlich konnte Etty dieses Werk nur zum Teil kennenlernen. Faktisch zitiert oder erwähnt sie fast ausschließlich die Schriften der ersten Periode, vor dem Krieg von 1914 bis 1918, und nichts weist darauf hin, dass sie zu den weiteren Werken Zugang gehabt hat – mit denen sich Rilke selbst am meisten verbunden fühlte und für die er ausdrücklich jede christliche Interpretation zurückgewiesen hat.[45] Das erste Gedicht, das sie in ihrem Tagebuch am 24. März 1941 abschreibt, ist den *Neuen Gedichten* (1907) entnommen

[44] Die deutsche Gesamtausgabe: Rainer Maria Rilke, Sämtliche Werke in 7 Bänden, hg. vom Rilke-Archiv in Verbindung mit Ruth Sieber-Rilke, besorgt durch Ernst Zinn, Frankfurt/M. 1955–1997.

[45] Dies hätte Etty vermutlich verwundert, da ihre Entwicklung, wie wir sehen werden, in die Richtung geht, die der Rilkes entgegengesetzt ist. Zu seinen Spätwerken vgl. die von J. E. Angelloz zitierten Texte in seinem bemerkenswerten Vorwort zur zweisprachigen Ausgabe der *Élégies de Duino*

und trägt den Titel *Die Entführung*. Es geht um ein Rilke wichtiges Thema: die unaufhebbare Distanz, die Liebenden trotz der Illusion einer Verschmelzung auferlegt ist. Etty erinnert sich, dass der letzte Vers dieses Gedichts ihr von Abrascha, einem jungen Juden, mit dem sie vor dem Krieg eine Liebesbeziehung hatte,[46] zitiert worden ist, *»wohl weil ich ihn trotz der Intimität immer als Fremden empfand; und diese Ambivalenz in mir wird mir allmählich deutlich durch die Auseinandersetzung mit Spier und indem ich damit zur Klarheit komme«* (24. März 1941, S. 49f.).

Es geht um die beiden letzten Zeilen: *»Und hörte fremd einen Fremden sagen: Ichbinbeidir«* (S. 50). Auf dieses Thema kommt sie am 13. März 1942 zurück, indem sie einen deutschen Kritiker, Felix Klatt, zitiert:

> »Rilke weiß in einer größeren Tiefe als die meisten Meister der Vergangenheit und als die Zeitgenossen, was Liebe eigentlich ist.
>
> Das ewig tragische Liebesthema anerkennt er mit neuen Worten: ›Nie eins sein mit dem Geliebten.‹ Darum besteht für ihn die höhere Liebe, die wir lernen müssen darin: den Geliebten freizulassen. [...] Denn das ist Schuld, wenn irgendeines Schuld ist: die Freiheit eines Lieben nicht vermehren um alle Freiheit, die man in sich aufbringt. Wir haben, wo wir lieben, ja nur dies: einander lassen [...]« (13. März 1942, S. 292).

[Duineser Elegien] und der *Sonnets à Orphée* [Sonette an Orpheus], Paris, Flammarion, 1992, S. 11–37.

[46] Zu ihm ist nichts sonst bekannt.

Dies formuliert Etty anschließend in eigenen Worten und weitet dabei den Gedanken aus: »*Den anderen im inneren Raum aufnehmen und ihn dort weiter gedeihen lassen und ihm einen Platz geben, wo er wachsen und sich entfalten kann. Wirklich zusammen mit dem anderen leben, auch wenn man jemanden manchmal jahrelang nicht sieht, ihn doch in dir weiterleben lassen und mit ihm leben, das ist das Wesentliche. Und so kann man mit jemand weiter zusammenleben, beschützt vor den äußeren Wechselfällen dieses Lebens*« (ebd.). Deshalb muss man, wenn man wirklich liebt, leiden können. Sonst wäre es keine aufrichtige Liebe, sondern eine in einem selbst zentrierte, nur besitzen wollende Liebe. Etty schreibt: »*Und immer wieder stoße ich auf dich, Rainer Maria* [...], *es ergriff mich so sehr, dass du nicht mehr unter den Lebenden weilst. Ich glaube, dass ich dir lange Briefe geschrieben hätte*« (ebd.). Sie schätzt den rilkeschen Gedanken eines *inneren Universums*, das sie gerade in sich selber zu entdecken beginnt:

> »Durch alle Wesen reicht der *eine* Raum: Weltinnenraum.[47]
>
> Dies scheinen mir die schönsten Worte, die ich kenne, wahrscheinlich, weil sie in ihrer Abgerundetheit und Vollendung genau das wiedergeben, was ich gerade immer stärker erfahre. Ich lese gerade noch an einigen Gedichten von Rilke; man darf eigentlich kein Wort mehr hinzufügen [...]« (13. März 1942, S. 291).

[47] Zitat aus den *Duineser Elegien* (1923), das zweimal im Tagebuch vorkommt: 8. März 1942 (S. 286) und 13. März 1942 (S. 291).

Sich mit Rilke zu befassen ist für sie etwas Lebensentscheidendes. *»Langsam, aber sicher sauge ich ihn in mich auf, diese letzten Monate, den Mann und sein Werk und sein Leben: Rilke«* (1. April 1942, S. 328). Von jetzt an widmet sie sich regelmäßig der Lektüre der *Briefe an einen jungen Dichter, »wenn ich doch Worte finden muss, die meine Stimmung dieses Augenblicks wiedergeben«* (1. April 1942, S. 327). Oder auch: *»Die Rilke-Briefe sind für mich wie ein Meer, in das ich immer tiefer und weiter hineinschwimme«* (Karfreitag, 3. April 1942, S. 335).

Die Briefe, von denen sie spricht, sind hauptsächlich die *Briefe an einen jungen Dichter* (Franz Xaver Kappus), die *Briefe an eine junge Frau* (Ilse Blumenthal) sowie die *Briefe an Lou Andreas-Salomé;* Etty findet darin wertvolle Bestätigung ihrer inneren Berufung zu entschiedenerem Einsatz in der Arbeit und zur Annahme ihrer Einsamkeit.

In der Arbeit: Sie blättert in einer Sammlung von Briefen Rilkes, die sie immer auf ihrem kleinen Schreibtisch zur Hand hat, und fühlt sich von diesem Abschnitt eines Briefs an Lou Andreas-Salomé angesprochen, worin der Dichter auf eines seiner Gespräche mit dem Bildhauer Auguste Rodin zu sprechen kommt, dessen Sekretär er im Jahr 1903 für einige Zeit war; und sie schreibt den deutschen Text sogleich ab:

> »... wird es mir offenbar, daß ich ihm, Rodin, folgen muß: nicht in einem bildhauerischen Umgestalten meines Schaffens, aber in der inneren Anordnung des künstlerischen Prozesses; nicht bilden muß ich lernen von ihm, aber *tiefes Gesammeltsein um des Bildes willen.* Arbeiten muß ich lernen, arbeiten, Lou, das

fehlt mir so! Il faut toujours travailler – toujours – sagte er mir einmal, als ich ihm von den bangen Abgründen sprach, die zwischen meinen guten Tagen aufgetan sind« (29. März 1942, S. 323).

Etty befragt sich selbst zu diesem Thema und schließt mit einer positiven Feststellung:

»Und auf einmal wusste ich es wieder, und es kam über mich wieder die Ruhe und der Ernst, die doch nicht mehr so weit von mir weggehen wie früher, auch nicht in den Augenblicken, in denen mich die Gefühle am meisten ergreifen. Ich schaue mich auf meinem Schreibtisch um. Da lagen ein paar Bände Rilke-Briefe; ich möchte sie gerne systematisch und innerhalb von nicht allzu langer Zeit gründlich lesen. Es lag das gerade begonnene Werk von Jung[48] da. Dann der ›Идиот‹[49] von Dostojewski, der gründlich, sowohl was Sprache wie Inhalt angeht, studiert werden will; da ist die Schülerzahl, die wächst und die mir wieder die Verpflichtung auferlegt, die Sprache immer gründlicher und besser zu lernen. Da ist das Werk von S., das immer für S. Bereitstehen, das für ihn Offensein und das Mitleben, und immer ist von ihm zu lernen, immer wieder zu lernen – aber mein Russischstudium will ich andererseits nicht zu kurz kommen lassen. Da ist noch immer mein zweites

[48] Es handelt sich wahrscheinlich um »Wandlungen und Symbole der Libido«, das Spier ihr geliehen hatte.

[49] »Der Idiot«.

Vaterland, die Literatur, durch die hin ich Ausflüge unternehme. Und die Menschen, die Freunde, die vielen Freunde, fast mit niemand stehe ich nur in zufälliger Verbindung. Mit einem jeden eine ausdrückliche und immer wieder anders nuancierte Beziehung; man kann der einen nicht untreu werden um der anderen willen. Man hat keine verlorenen und langweiligen Minuten mehr, man muss stets besser lernen, zwischen zwei tiefen Atemzügen auszuruhen oder in einem kleinen Gebet von 5 Minuten. Man muss trotz der vielen Menschen, der vielen Fragen, des vielseitigen Studiums immer eine große Stille mit sich mitnehmen, wohin man sich immer zurückziehen kann, auch inmitten des schlimmsten Gewühls und mitten im tiefsten Gespräch« (29. März 1942, S. 323).

Wenn man diese Zeilen liest, kann man ermessen, wie sehr diese »chaotische« Personalität, als die sich Etty am Beginn ihres Tagebuchs erfährt, sich inzwischen strukturiert hat und die Wege ihrer eigenen Erfüllung unterscheidet. Sie bleibt sich jedoch bewusst: *»Um Menschen und Ideen zu begreifen, muss man auch die wirkliche Welt und die Hintergründe kennen, worin alles lebt und gewachsen ist«* (4. September 1941, S. 100). Die letzte Erprobung, deren Vorläufer immer deutlicher und häufiger werden, wird sie, wie wir sehen werden, gerade mit dieser Herausforderung konfrontieren.

Seit den ersten Monaten ihres Weges, den sie aufgrund ihrer Begegnung mit Spier eingeschlagen hat, gehört für sie die Idee einer gewissen Einsamkeit zu allem inneren Leben und insbesondere zum Erlernen der wahren Freiheit. Dies wird immer wieder im Tagebuch deutlich. So unterscheidet sie in aller Klarheit die Isolation, in der man sich in sich selber verschließt, von der Einsamkeit, die dem Geheimnis der Person zugehört:

> »Ich kenne zwei Arten der Einsamkeit. Die eine macht mich todunglücklich und gibt mir das Gefühl von Verlorensein und Umherirren, die andere macht mich stark und glücklich. Die erste besteht immer, wenn ich keinen Kontakt mit meinen Mitmenschen spüre, wenn ich überhaupt mit nichts mehr Kontakt spüre; dann stehe ich völlig abgeschnitten von jedermann und mir selbst und begreife nicht den Sinn des Lebens und sehe keinen Zusammenhang zwischen den Dingen und kenne meinen Platz in diesem Leben nicht. In der anderen Einsamkeit fühle ich mich ganz stark und sicher und fühle mich verbunden mit jedem und allem und mit Gott [...]. Ich fühle mich eingefügt in ein großes sinnvolles Ganzes und spüre, dass ich auch anderen noch viele Kräfte geben kann« (9. August 1941, S. 87).

Dies ist eine Entdeckung, die ihr Probleme bereitet und auf die sie ihr Nachdenken in den folgenden Wochen konzentriert.

> »Du musst wissen, dass du allein bist und dass dir niemand helfen kann. [...] Jeder Mensch muss seinen Weg gehen, immer mehr seinen Weg gehen. Diese einfache, alltägliche und verschlissene Formulierung hat eigentlich große Bedeutung, wenn man ihr in ihrem Ursprung nachgeht« (5. September, S. 102 f.).

»Und gestern wollte ich auf einmal bei diesem Schreiben aufschreien: Ich will einen Mann, einen einzigen für mich allein. Das sind solche Momente. Eigentlich will ich es überhaupt nicht. Ich habe das Gefühl, dass ich alles allein werde machen müssen. Ich verlange manchmal nach diesem Mann als Begrenzung, Umgrenzung meines eigenen Wesens, weil ich Angst habe, mich in einem Raum zu verlieren, dessen Mittelpunkt ich nicht kenne. Aber der Mittelpunkt muss in mir selber liegen, tief in mir selber; das ist das Einzige, worum es bei mir geht« (30. Oktober, S. 123).

Sie greift wieder zu den *Briefen an einen jungen Dichter,* die Rilke von 1903 bis 1908 an Franz Xaver Kappus, einen jungen Unteroffizier der kaiserlich-königlichen Armee von Österreich-Ungarn, richtete, der sich in der Einsamkeit der fernen Garnison langweilte. Sie findet darin die Bestätigung ihrer Ahnung:[50]

»Aber alles, was vielleicht einmal vielen möglich sein wird, kann der Einsame jetzt schon vorbereiten und bauen mit seinen Händen, die weniger irren. Darum, lieber Herr, lieben Sie Ihre Einsamkeit, und tragen Sie den Schmerz, den sie Ihnen verursacht mit schönklingender Klage« [Brief IV, Worpswede, 16. Juli 1903].

[50] Das längste Exzerpt Ettys aus den *Briefen an einen jungen Dichter* findet sich im Tagebucheintrag vom 20. Februar 1942 (S. 257f.). Dort sind drei Zitate aus Rilkes Briefen aufgeführt, die verdeutlichen, wie groß der Einfluss auf ihr Denken war, insbesondere zu den Themen »Einsamkeit« und »Liebe«.

»Sie sollen nicht ohne einen Gruß von mir sein, wenn es Weihnachten wird und wenn Sie, inmitten des Festes, Ihre Einsamkeit schwerer tragen als sonst. Aber wenn Sie dann merken, daß sie groß ist, so freuen Sie sich dessen; denn was (so fragen Sie sich) wäre eine Einsamkeit, welche nicht Größe hätte; es gibt nur eine Einsamkeit, und die ist groß und ist nicht leicht zu tragen, und es kommen fast allen die Stunden, da sie sie gerne vertauschen möchten gegen irgendeine noch so banale und billige Gemeinsamkeit, gegen den Schein einer geringen Übereinstimmung mit dem Nächstbesten, mit dem Unwürdigsten … Aber vielleicht sind das gerade die Stunden, wo die Einsamkeit wächst; denn ihr Wachsen ist schmerzhaft wie das Wachsen der Knaben und traurig wie der Anfang der Frühlinge. Aber das darf Sie nicht irre machen. Was not tut, ist doch nur dieses: Einsamkeit, große innere Einsamkeit. In-sich-Gehen und stundenlang niemanden begegnen, – das muß man erreichen können« [Brief VI, Rom, 23. Dezember 1903].

»Lieben ist zunächst nichts, was aufgehen, hingeben und sich mit einem Zweiten vereinen heißt […] es ist ein erhabener Anlaß für den einzelnen, zu reifen, in sich etwas zu werden, Welt zu werden, Welt zu werden für sich um eines anderen willen, […]. Und diese menschlichere Liebe (die unendlich rücksichtsvoll und leise, und gut und klar in Binden und Lösen sich vollziehen wird) wird jener ähneln, die wir ringend und mühsam vorbereiten, der Liebe, die darin besteht, daß zwei Einsamkeiten einander schützen, grenzen und grüßen« [Brief VII, Rom, 14. Mai 1904].

Man darf die Bedeutung der Beschäftigung mit den frühen Werken Rilkes für die geistliche Entwicklung Ettys nicht unterschätzen. Sie selbst ist von diesem Einfluss zutiefst überzeugt; ihre Auseinandersetzung mit Rilke ist stets reflektiert und sehr persönlich, weit über eine oberflächliche Begeisterung hinausgehend. So schreibt sie am 22. April 1942: *»Vorläufig geht mein Verlangen darauf hinaus: den ganzen Rilke, alles von ihm, jeden Buchstaben zu lesen und in mich aufzunehmen und ihn dann wieder abzustreifen, zu vergessen und wieder aus der eigenen Substanz zu leben. Wieder zu erfahren, wo ich unter starkem Einfluss von ihm lebe und wo Stimmungen von ihm so in mir in eins fallen, dass hier nicht von Einfluss die Rede ist«* (22. April 1942, S. 352). Und fünf Monate später wird sie feststellen: *»Ich merke immer mehr, wie Rilke einer meiner großen Erzieher des letzten Jahres gewesen ist«* (25. September 1942, S. 565). »Einer *meiner großen Erzieher«*– denn Rilke ist nicht der einzige. Es muss hier noch ein anderer Haupteinfluss benannt werden: der der Bibel. Am 8. Mai 1941 schreibt Etty nach anderthalbmonatiger Unterbrechung:

> »Ein paar Monate lang habe ich dieses Schreiben nicht nötig gehabt; das Leben war so klar und hell in mir und intensiv; Kontakt mit der Außen- und Innenwelt; Bereicherung des Lebens, Erweiterung der Persönlichkeit; in Leiden[51] der Kontakt mit den Studenten; Wils, Aimé, Jan; das Studium,

[51] In Leiden hatte Etty die Vorlesung von Prof. Nicolaas van Wijk über »Slawische Sprachen« gehört.

die Bibel, Jung, und dann wieder S. und immer wieder S.« (8. Mai 1941, S. 57).

Julius Spier hatte diese junge jüdische Frau in Kontakt mit der Bibel gebracht. Sie lebte bisher in völliger Unkenntnis des Buches, das die geistliche und geschichtliche Identität ihrer Vorfahren ausgebildet hatte. *»Eigentlich bin ich noch ein gewaltiger Analphabet«* (29. November 1941, S. 167).

Unter dem Einfluss seines Lehrers, des Zürcher Psychologen Carl Gustav Jung, war Julius Spier ausgehend von den »Archetypen« oder psychischen Strukturen, die Jung in jedem Menschen zu entdecken glaubte, auf das religiöse Universum aufmerksam geworden. Unter diesen von ihm entdeckten Strukturen bezeichnete er eine als die »religiöse Funktion«. Deren Bedeutung hatte er in einer Maxime zusammengefasst, die er über dem Eingang seines Hauses in Küssnacht in der Schweiz einmeißeln ließ: *Vocatus atque non vocatus Deus aderit* (Angerufen und nicht angerufen wird Gott anwesend sein).

Aber Julius Spier scheint in dieser Richtung weiter gegangen zu sein als sein Lehrer, der keiner geschichtlichen religiösen Tradition anhängen wollte. Er begann jeden Tag zu beten, die Bibel, vor allem das Neues Testament, zu lesen und zu meditieren und sich mit einigen großen Zeugen der katholischen Tradition zu befassen: Augustinus, Franz von Assisi, Thomas von Kempen.

Etty hatte mit Eifer diese geistliche Initiation aufgenommen. Sie nimmt die Gewohnheit an, den Tag allein oder zusammen mit Spier mit einer biblischen Lesung zu beginnen:

»Das waren gute Speisen auf den nüchternen Magen, diese paar Psalmen, die man jetzt in sein tägliches Leben hineinbringen kann. Wir haben jetzt zusammen einen Tagesbeginn gelebt, und das war sehr gut. Und es war sehr stärkende Nahrung. [...] So etwas Urstarkes geht vom Alten Testament aus; es liegt so etwas Volksmäßiges darin. Prächtige Menschen leben in ihm. Dichterisch und streng. Sie ist eigentlich ein urspannendes Buch, die Bibel, rau und zart, naiv und weise. Nicht allein aufgrund dessen fesselnd, was darin gesagt wird, sondern auch um diejenigen kennenzulernen, die es sagen. Ganze Stämme unentdeckter Gestalten leben darin. Durch das 10 Minuten mit ihm zusammen Lesen schlug mir plötzlich so schrecklich viel aus diesem Buch entgegen. Und alle Strömungen, die jetzt durch die Geister und Herzen der Menschen gehen, die sich in -ismen und verschiedenen Glaubensweisen und Parolen und Parteiungen auskristallisiert haben, die finden sich auch in der Bibel. Ich muss jetzt wieder zu meinen eigenen farblosen und noch kraftlosen Worten zurückkehren, nachdem ich mich an dieser farbigen und zarten Kraft gestärkt habe« (5. Juli 1942, S. 498 f.).

Es handelt sich dabei um etwas völlig anderes als rein literarische Eindrücke. *»In der letzten Zeit geht es mir so, dass mir ab und zu ein einzelner Satz aus der Bibel aufleuchtet in einer deutlichen, neuen, inhaltsreichen und durchlebten Bedeutung. Gott schuf den Menschen nach seinem Ebenbild – Liebe deinen Nächsten wie dich selbst, usw.«* (28. November 1941, S. 165).

Doch es ist vor allem das Matthäusevangelium, das sie anzieht – *»mein lieber Matthäus«*, wie sie es nennt (15. April 1942, S. 346) –, und sie fasst den Entschluss, *»jeden Tag nach dem Frühstück, systematisch«* darin zu lesen. Sie fügt hinzu, dass sie bei dieser Gelegenheit den Sinn eines Gemäldes entdeckt hat, in dem Rembrandt Matthäus dargestellt hat: Sein Gesicht, scheint ihr, ist *»die Gesichter von Tolstoj, Beethoven und Rembrandt übereinander geschoben; der starke, konzentrierte, auch sinnlich aufgeladene Mann, der auf die Stimme, die immaterielle Stimme hört. Ganz langsam beginne ich, Dinge zu begreifen«* (4. April 1942, S. 337).

An einem anderen Tag, an dem sie sich traurig und irgendwie eifersüchtig fühlt, nachdem ihr Spier einen Brief von Hertha, seiner Verlobten in London, vorgelesen hat, *»greift sie zur Bibel«* und öffnet sie *»zum soundsovielten Mal«* (27. Februar 1942, S. 266) beim 13. Kapitel des ersten Briefes von Paulus an die Korinther; sie schreibt die folgenden Verse ab (13,1–2.4–6), bevor sie sagt, was sie bei dieser Lektüre erfährt.

»›Wäre es, dass ich die Sprachen der Menschen und der Engel spräche und hätte die Liebe nicht, so wäre ich ein klingendes Metall oder eine läutende Schelle geworden.

Und wäre es, dass ich die Gabe der Prophetie hätte und alles Verborgene und alle Wissenschaft wüsste, und wäre es, dass ich allen Glauben hätte, so dass ich Berge versetzte, und die Liebe nicht hätte, so wäre ich nichts.

...

Die Liebe ist langmütig, sie ist barmherzig; die Liebe missgönnt nicht; die Liebe handelt nicht leichtfertig, sie ist nicht

> aufgeblasen; sie handelt nicht unschicklich, sie sucht sich selbst nicht, sie wird nicht verbittert, sie denkt kein Böses.‹ Und als ich diese Worte las, da war es, ja, wie war es da mit mir? Ich kann das noch nicht gut ausdrücken. Sie wirkten auf mich wie eine Wünschelrute, die den harten Grund meines Herzens anrührte und plötzlich verborgene Quellen aufbrechen ließ. Auf einmal lag ich auf den Knien bei meinem weißen Tischchen und es durchströmte mich wieder die erlöste Liebe; zugleich befreit von Begierde, Missgunst, Gehässigkeiten« (27. Februar 1942, S. 266).

Etwas später schreibt sie eine Seite aus einem Buch mit dem Titel *Europa und die Seele des Ostens*[52] ab, die sie beeindruckt hat. Der Autor äußert diese Meinung: *»Diese Kernidee des Christentums, die zur Zeit seiner Entstehung wie in unseren Tagen auf allerheftigste Widerstände stößt, ist gerade von der sittlichen Elite Russlands leichter aufgenommen und mit größerem Ernst gepflegt worden als im Europäischen Westen, der an der Überschätzung des Rechtsprinzips krankt [...].«* Und er fügt hinzu, was Etty anscheinend ohne Einschränkung[53] unterschreibt: *»Vielleicht ist es der Wille der Vorsehung, das Rechtsbewußtsein der Russen herabzudrücken, damit die Lehre Christi vom Primat der Liebe wenigstens an einer Stelle der Erde – dann und wann einmal – verwirklicht werden kann –«* (24. Juli 1942, S. 531).

[52] Europa und die Seele des Ostens, von Walter Schubart (1897–1943), Vita Nova Verlag, Luzern 1938. Der deutsche Jurist Schubart war 1933 aus politischen Gründen emigriert und unterrichtete Philosophie an der Universität Riga (Lettland).

[53] Was man auch von dieser Interpretation halten mag, sie wird jedenfalls von Etty nicht diskutiert.

Es ist jedenfalls der Einfluss des sogenannten *Hohenlieds der Liebe* (1 Korinther 13), das sie immer wieder erwähnt, durch den Etty ihre unguten Gefühle, die sie lange Zeit gegenüber ihren Eltern verspürte, überwinden wird. Sie spricht darüber mit Klarsicht ohne Kompromisse, in einer zugleich ergreifenden und kraftvollen Weise:

»Das Verhältnis zu meinem Vater werde ich nun endlich auch einmal mit Kraft und Liebe bearbeiten müssen.

Mischa [ihr jüngerer Bruder] hat mir dessen Ankunft für Samstagabend angekündigt. Erste Reaktion: Abscheulich! In meiner Freiheit bedroht! Lästig! Was soll ich mit ihm anfangen? Anstatt: Wie schön, dass der gute Mann ein paar Tage von seiner aufgedrehten Ehefrau und seinem behäbigen Provinznest weg ist. Wie kann ich versuchen, es ihm mit meinen geringen Kräften und Mitteln noch so schön wie möglich zu machen? Ich Schurke und Ekel und bequemes Luder! O ja, das sitzt! Immer erst an sich selber denken! An deine kostbare Zeit! Die du doch nur dazu brauchst, um noch etwas mehr Bücherweisheit in deinen ohnehin bereits wirren Kopf zu pumpen! ›Und was nützt mir alles, wenn ich die Liebe nicht habe.‹[54] Ein Schatz einer Theorie, um dir selbst ein angenehmes und edles Gefühl zu geben, aber vor der geringsten Tat der Liebe in der Praxis schreckst du zurück! Nein, das ist keine geringe Tat der Liebe! Es ist etwas ganz Grundsätzliches und Wichtiges und Mühsames. Innerlich deine Eltern lieb haben. Das

[54] Vgl. 1 Korinther 13,1–3.

bedeutet, ihnen für all die Mühseligkeiten, die sie dir bereits einfach durch ihre Existenz angetan haben, vergeben: an Bindung, an Abkehr, an Belastung durch ihr eigenes verkompliziertes Leben, deinem eigenen, doch bereits mühseligen Leben zugefügt. Ich denke, ich sitze und schreibe die idiotischsten Dinge auf. Enfin,[55] das macht nichts. Und jetzt muss ich das Bett von Pa Han aufdecken und die Lektion für den Schüler Levie vorbereiten, usw. Aber das ist auf alle Fälle der Programmpunkt für dieses Wochenende: Meinen Vater wirklich innerlich lieben und ihm vergeben, dass er kommt und mich aus meiner bequemen Ruhe aufscheucht. Ich halte schließlich viel von ihm, aber das ist oder besser war eine verkomplizierte Liebe: aufgedreht, verkrampft und so mit Mitleid vermischt, dass fast mein Herz brach. Aber ein Mitleid, das masochistisch wurde. Eine Liebe, die zu Exzessen des Mitleids und zu Verdruss führte, aber nicht zu einer einfachen Tat der Liebe. Wohl zu viel Herzlichkeit und Übertreibung, aber so heftig, dass jeder Tag, an dem er hier war, mich eine ganze Schachtel Aspirin kostete. Aber das ist jetzt doch lange her. Bei den letzten Malen war es bereits viel normaler. Aber doch noch immer ein Gefühl, aufgescheucht zu sein. Und damit hatte sicher das Gefühl zu tun, dass ich es ihm doch eigentlich übel nahm, wenn er hierher kam. Und genau das muss ich ihm jetzt innerlich vergeben. Und denken und auch wirklich meinen: Wie schön, dass er mal rauskommt. – Sieh mal, das war aber ein richtiges Morgengebet« (28. November 1941, S. 165).

[55] Französisch: »schließlich«.

Diese neue Haltung der Zuneigung und der Vergebung gilt auch gegenüber ihrer Mutter, obwohl doch diese Beziehung noch gespannter war als die zwischen Vater und Tochter:

> »Mutter. Auf einmal diese Woge von Liebe und Mitleid, die alle kleinen Gereiztheiten weggespült hat. Fünf Minuten später natürlich doch wieder gereizt. Aber später am Tag oder am Abend auch wieder dieses Gefühl: Vielleicht kommt einmal eine Zeit, wenn du ganz alt bist, dass ich einmal eine Zeit mit dir zusammen sein werde und dir dann erläutern werde, was in dir ist, und dadurch die Unruhe von dir nehmen werde; denn ganz langsam beginne ich zu begreifen, wie es bei dir zusammenhängt« (31. Dezember 1941, S. 218).

Und drei Monate später:

> »Ich gehe nicht mehr kaputt an einem selbstverzehrenden Mitleid, gepaart mit Schuldgefühlen, wenn ich meine Eltern sehe oder an sie denke. Ich schaue ihrem Leben zu, und es ist ihr Leben, wie es so in den Jahren gewachsen ist; ich kann daran nicht viel verändern. Ich kann sie nur lieben und weiterhin mein eigenes Leben leben. Es hat sich sehr wohl ganz viel in meiner inneren Haltung zu meinen Eltern verändert; viele drückende Bande sind weg, und dadurch sind mehr Kräfte frei, um sie wirklich zu lieben« (16. April 1942, S. 350).

Etty hatte Recht, wenn sie einige Monate zuvor bemerkte, sie habe innerhalb kurzer Zeit *»einen ständigen Wachstumsprozess* *von Jahren«* durchgemacht (14. Dezember 1941, S. 191). Die Einführung in die Bibel, die sie von Julius Spier erhielt, wobei er besonders auf das Neue Testament Wert legte, hat nach ihrer eigenen Aussage dazu beigetragen. Wäre dieser *»Geburtshelfer ihrer Seele«* (vgl. 24. September 1942, S. 562) nicht vorzeitig gestorben,[56] hätte sie vielleicht diese Gegenwart, die in den Evangelien und den Paulusbriefen aufleuchtet, noch ausdrücklicher erfahren können. Eines der letzten Worte von Julius Spier lässt wohl diese Möglichkeit ahnen. Jedenfalls schreibt Etty am 15. September 1942 um 13 Uhr, einige Stunden nach Spiers Tod, auf der dritten Seite des elften Heftes ihres Tagebuchs:

> »Wenn man einmal so weit gekommen ist, das Leben als sinnvoll und schön zu erfahren, auch in dieser Zeit, gerade in dieser Zeit, dann ist es so, als ob alles, was kommt, genau so kommen musste und nicht anders. [...] Und morgen kann ich nicht zurück nach Westerbork,[57] und ich werde noch einmal mit allen Freunden zusammen sein, wenn wir zusammen deine stofflichen Reste in die Erde stopfen.
>
> Ach ja, weißt du, solche Dinge müssen nun einmal geschehen, es ist eine hygienische Angewohnheit der Menschen. Aber wir werden alle zusammen sein, und dein Geist wird in unserer Mitte sein, und Tide wird für dich singen. Wenn du nur wüsstest, wie glücklich ich bin, dass ich dabei

[56] Wir kommen später auf die Umstände seines Todes zurück.

[57] Ein an der Drenthe gelegenes Durchgangslager, wohin die Juden fortschreitend zusammengezogen wurden, bevor sie mit der Bahn in die Vernichtungslager transportiert wurden. Etty übte dort eine Zeitlang die Funktion einer Sozialassistentin aus.

> sein kann. Ich bin genau rechtzeitig zurückgekommen, ich habe noch deinen verdorrten, sterbenden Mund geküsst; du hast noch einmal wieder meine Hand genommen und an deine Lippen geführt. Du hast einmal gesagt, als ich in das Zimmer kam: ›Das reisende Mädchen‹; Du sagtest auch einmal: ›Ich habe so merkwürdige Träume, ich habe geträumt, daß Christus mich getauft hat‹« (15. September 1942, S. 546).

Ohne die Bedeutung dieser Aussage überbewerten zu wollen, mag man vielleicht doch in ihr ein Anzeichen dafür sehen, dass die Beschäftigung mit dem Neuen Testament im Lauf von wenigstens zehn Jahren Julius Spier zwar noch nicht zur vollen Zustimmung zum christlichen Glauben, aber doch zu einer Art persönlicher Beziehung zu Christus gebracht hat.

Acht Monate nach ihrer ersten Begegnung hatte Etty in ihrem Tagebuch notiert, dass sie mit Spier in eine *»leidenschaftliche Debatte über die jüdische Frage«* (28. November 1941, S. 165) geraten sei. Leider teilt sie nichts über die in dieser Diskussion ausgetauschten Argumente mit, aber sie betont den tiefen Eindruck, den die Aussagen ihres Gesprächspartners auf sie gemacht haben: *»Und bei seinen vielen Worten war es wieder einmal, als tränke ich aus einer Kraft gebenden Quelle. Und ich sah wieder einmal deutlich dieses Leben, wie es sich von Tag zu Tag fruchtbar weiter entwickelt, sich vor mir abspielen, jetzt nicht durch meine Gereiztheit entstellt«*[58] (28. November

[58] Anspielung auf eine vorangehende sehr heftige Reaktion auf Äußerungen Spiers, *»wie man sie wahrscheinlich immer von Zeit zu Zeit gegen viel stärkere Persönlichkeiten spürt«* (28. November 1941, S. 165).

1941, S. 165). Von Seiten Julius Spiers handelte es sich offenbar um ein Lebenszeugnis, wohl über sein Verhältnis zu Christus.

Zwei Tage später hat Etty Gelegenheit, einer ähnlichen Diskussion – die sie vielleicht selber hervorgerufen hat – zwischen Spier und Werner Levie, einem seiner »Patienten«, einem militanten Zionisten, über »Christus[59] und die Juden« beizuwohnen. *»Zwei Lebensanschauungen, beide scharf umgrenzt, glänzend begründet, abgerundet, mit Leidenschaft und Aggressivität verteidigt«* (30. November 1941, S. 167). Es handelte sich also auf Seiten Spiers um eine Deutung Christi, die deutlich von der traditionellen jüdischen Position ihm gegenüber abwich. In ihrer gewohnten Klarsicht würdigt Etty die Bedeutung dieser Art von Debatte, nicht ohne auf deren Doppeldeutigkeit hinzuweisen.

> »Doch bei mir immer wieder das Gefühl, dass sich in jeder bewusst verteidigten Lebensanschauung eine Täuschung einschleicht. Dass immer wieder auf Kosten ›der Wahrheit‹ Gewalt ausgeübt wird. Und doch muss ich sogar und will ich sogar auch danach streben, nach einem Stück eigenen umhegten, erst blutig eroberten und später leidenschaftlich verteidigten Gebiet. Und dann doch wieder das Gefühl, dem Leben nicht ganz gerecht zu werden. Aber Angst, sonst im Vagen und in Unbestimmtheit und Chaos zu versinken.
>
> Jedenfalls ging ich nach dieser Debatte mit einem kräftigen und sehr angeregten Gefühl nach Hause. Aber immer

[59] »*Christus* und die Juden« ist das Thema der Debatte, nicht »das Christentum«; diese Nuance ist nicht unwichtig.

wieder bei mir diese Reaktion: Ist es nicht eigentlich einfach Unsinn? Warum regen sich die Menschen so lächerlich auf? Machen sie sich nicht selbst etwas vor? Das schimmert doch immer im Hintergrund« (30. November 1941, S. 167f.).

Die besagte Debatte endete im Übrigen friedlich; Etty schreibt: *»Resultat: S. ging mit ›Kastein‹*[60] *unter dem Arm nach Haus, und N. wird sich in das Neue Testament vertiefen.«* Und sie fügt hinzu, indem sie erneut auf den ersten Korintherbrief 12,2 verweist: *»War es nicht so? Was hilft mir alle Kenntnis, wenn ich die Liebe nicht habe?«* (29. November 1941, S. 166).

Unter den Autoren, die nach Ettys Formulierung *»in ihrem Leben sind«* (vgl. 9. März 1942, S. 401), findet sich auch, auf den ersten Blick erstaunlicherweise, ein berühmter Kirchenvater der Westkirche: Augustinus (354–430), Bischof von Hippo im heutigen Algerien. Spier besaß mehrere seiner Werke in seiner Bibliothek, von der er einen Teil in der Wohnung Ettys untergebracht hatte, und gewiss war er es, der sie zu dieser Lektüre ermutigt hatte. Die Lektüre scheint auf die *Confessiones* (Bekenntnisse) von Augustinus beschränkt geblieben zu sein – einem »Bestseller« der westeuropäischen Literatur. Sie erfasst den wahren Sinn dieses Werkes, wie er im biblischen Latein des Titels zum Ausdruck kommt: Die »Verkündigung (vom Verb *confiteri*) der Wunder Gottes« im Leben und in der Bekehrung von Augustinus – ein Vorhaben, das im Grunde dem Vorgehen

[60] Josef Kastein: *Eine Geschichte der Juden*, Ernst Rowohlt Verlag, Berlin 1931 (weitere Auflagen 1935 und 1938: Löwit, Wien). Levie hatte Spier das Buch geliehen, da er meinte, dieser solle sich mehr über das Judentum informieren.

Ettys in ihrem Tagebuch durchaus nahe ist. Wie sie es gerne auch bei anderen Autoren macht, überträgt Etty einen Auszug. Es mag erhellend sein, ihn hier wiederzugeben, gerade insofern Etty sich darin wiedererkennt:[61]

»›Gott der Mächte, lass uns umkehren und zeige dein Antlitz, und wir werden gerettet sein‹ [Psalm 79,4]. Denn wohin sich auch die Seele des Menschen wendet, wird sie woanders außer in dir an Schmerzen gebunden, auch wenn sie sich an schöne Dinge außerhalb deiner und außerhalb ihrer bindet. Und dennoch wären diese nicht, wären sie nicht von dir. Sie gehen auf und gehen unter, und indem sie aufgehen, beginnen sie gleichsam zu sein und wachsen, um vollkommen zu werden, und vollkommen geworden, werden sie alt und gehen zugrunde. [...] Das ist ihre Weise. Du hast ihnen so viel gegeben, weil sie Teile von den Dingen sind, welche nicht alle zugleich sind, sondern durch ihr Dahinschwinden und Aufeinanderfolgen bilden sie alle das All, dessen Teile sie sind. [...]

»*Meine Seele soll dich preisen in den Dingen, Gott, du Schöpfer des All, aber sie soll nicht an ihnen haften in sündiger Liebe mit den Sinnen des Leibes. Denn alles geht, wohin es immer ging, daß es nicht sei; und es zerreißt mit all den kranken Wünschen unsre Seele, denn die will sein und will drin in den Dingen ruhen, die sie liebt.*

In ihnen aber ist nicht, worin sie ruhten, denn sie bleiben

[61] *Confessiones,* IV, 10. Wir zitieren etwas ausführlicher [die oben nicht kursiv gedruckten Stellen] als Etty, um diesen Auszug, den sie selbst nach einer deutschen Übersetzung wiedergibt, in seinen Zusammenhang zu stellen.

> nicht. Sie scheiden, und wer vermag es, ihnen zu folgen mit den Sinnen des Fleisches, und wer kann sie fassen, auch wenn sie vor ihm liegen? Denn langsam sind die Sinne des Fleisches, und wer kann sie fassen, auch wenn sie vor ihm liegen? Denn langsam sind die Sinne des Fleisches –« (30. Mai 1942, S. 404).

Anscheinend hat Etty sich gern mit Augustinus befasst. Sie drückt sich jedenfalls in Bezug auf ihn mit Begeisterung und sogar einer Art Zärtlichkeit aus: *»Ich will nun wieder Augustinus lesen. Er ist so streng und voller Glut. Und so leidenschaftlich und voller regelrechter Hingabe in seinen Liebesbriefen an Gott. Eigentlich sind das die einzigen Liebesbriefe, die man schreiben sollte: die an Gott«* (9. Oktober 1942, S. 579). Und sie fährt mit dem Hinweis fort, dass diese Liebe zu Gott auf die Liebe zu allen Menschen hin öffnet:

> »Ist es ganz hochmütig von mir, wenn ich sage, dass ich viel zu viel Liebe in mir habe, um sie nur einem einzigen Menschen allein zuwenden zu können? Ich finde etwas so Kindisches in dem Gedanken, dass man sein ganzes Leben lang nur einen einzigen Menschen lieb haben soll und niemand anders. Darin liegt etwas Arm-Machendes und Dürftiges. Wird man auf die Dauer einmal lernen, dass die Liebe zum Menschen so viel glückbringender und fruchttragender ist als die Liebe zum Geschlecht, welche der Gemeinschaft den Saft entzieht?« (9. Oktober 1942, S. 579f.).

Als sie diese Zeilen schreibt, hat sie auf einmal das Gefühl, an Überzeugungen anzuschließen, die ihr ihr *»Erwecker«* beigebracht hatte, und sie wendet sich ihm im Geiste in einer Art Segensgestus zu: *»Ich falte meine beiden Hände in einer Gebärde, die mir lieb geworden ist, und sage törichte und ernste Dinge durch das Dunkel zu dir hin und erflehe einen Segen auf dein ehrliches und gutes Haupt. Alles zusammen in einem Wort könnte man es ›beten‹ nennen. Gute Nacht, Lieber«* (9. Oktober 1942, S. 580).

Dieses Thema einer Liebe ohne Grenzen kehrt bei Etty häufig wieder, sie greift es auf den 600 Seiten des Tagebuchs immer wieder auf. Sie findet Bestätigungen in dem, was sie ihren *»intensiven Umgang mit Rilke«* (8. März 1942, S. 286) nennt, aber auch in ihren Gesprächen mit Spier. Sie zitiert zum Beispiel – wie gewohnt auf Deutsch – eine seiner diesbezüglichen Überlegungen: *»Man soll für seine eine große Sehnsucht nicht hundert kleine Befriedigungen suchen, man soll sie heil und ganz bewahren, sozusagen auf eine höhere Ebene emporheben und Kräfte und Antrieb daraus schöpfen für Liebe zu vielen«* (8. März 1942, S. 286). Am selben Abend kommt ihr dies plötzlich in den Sinn, *»im Badezimmer«*, als sie gerade ihr Gesicht eingecremt hat: *»Es steht plötzlich wieder als eine stets größer gewordene Sicherheit in mir auf: Ich werde nicht heiraten. Das Große Verlangen nicht aufteilen auf viele kleine Befriedigungen. Vielleicht findet es ein einziges Mal, groß und unversehrt, einen sicheren Hafen, eine einzige Liebesnacht. Und dann muss man das Verlangen wieder groß und ungeteilt in sich tragen und Kräfte daraus schöpfen für eine Liebe zu allen und nicht immer aus sein auf die eigene kleine Befriedigung«* (ebd., S. 286f.).

Unter dem Einfluss Rilkes, *»aber doch wirklich aus mir selbst«*, wie sie hinzufügt, beschwört sie die Zukunft:

»Die fremden Länder, wohin ich noch ziehen will – ich weiß es immer sicherer – ein Verlangen von Jugend an, das zur Sicherheit wurde – und die vielen Menschengesichter, die ebenso viele Landschaften sein werden, die ich bereisen werde. Ich muss meine Sprachen noch viel besser lernen. Und dann zuhören, überall zuhören, bis auf den Grund der Dinge zuhören. Und lieben und Abschied nehmen und dadurch sterben, aber wiedergeboren werden, alles so schmerzlich und auch so voller Leben. – Ich bin 28 Jahre alt; manchmal denke ich, dass das alt ist, und ich beginne doch gerade erst« (8. März 1942, S. 286).

Dieses *»Verlangen von Jugend an«* sollte, wie wir sehen werden, bald erhört werden – wohl auf eine radikalere Weise als sie dies damals vor Augen hatte, obwohl sie es doch auch verspürte.

Noch ein weiterer Autor hat Ettys Aufmerksamkeit geweckt und sie mit seiner Botschaft persönlich betroffen, wie sich später sehr real erweisen sollte: Walter Rathenau. Der deutsche Industrielle, Schriftsteller und Politiker war seit Januar 1922 Außenminister der Weimarer Republik, dieser zerbrechlichen Verheißung eines humanistischen und demokratischen Deutschland nach dem ersten Weltkrieg. Rathenau hatte mit seinen Schriften und schöpferischen Überlegungen von hohem geistigem Anspruch Aufsehen erregt, bevor er im Juni 1922 in Berlin einem antisemitisch motivierten Attentat zum Opfer fiel.

Etty war tief beeindruckt von einer Passage aus einem seiner *Briefe an eine Liebende*,[62] die sie abschrieb. Wobei sie sich vor-

[62] Walther Rathenau, *Briefe an eine Liebende*, Carl Reißner, Dresden

warf, die Briefe nur zwischendurch an einem Arbeitstag gelesen zu haben: »*Es ist so edel und so rein und von solch hohem Niveau – es ist fast zu schön, um es in einem verlorenen Moment zu lesen*« (20. Oktober 1941, S. 139f.). Im von ihr kopierten Abschnitt geht es um eine selbstmordgefährdete Frau:

»›Ich sagte ihnen, was ich vom freiwilligen Sterben denke und will Ihnen sagen, was ich niemals aussprach: dann aber niemals mehr ein Wort hiervon reden und vernehmen.

Ich selbst habe um die Zeit, als Sie geboren wurden, jahrelang den Gedanken mit mir herumgetragen, den ich jetzt verwerfen muß.

Ich halte dies Ende für ein metaphysisches Unrecht, für ein Unrecht am Geiste. Es ist Mangel an Vertrauen zur ewigen Güte, Auflehnung gegen die innerste Pflicht, dem Weltgesetz zu gehorchen. Wer sich tötet, tötet; und nicht nur sich selbst, sondern ein anderes Wesen. Denn der Mensch ist keine Einheit. Dieser Tod, das ist meine tiefe Überzeugung, ist keine Befreiung wie das natürliche und unverschuldete Ende. Jede Gewalt in der Welt wirkt fort, wie jede Tat. Wir sind dazu da, um vom Leiden der Welt etwas auf uns zu nehmen, indem wir unsere Brust darbieten, nicht es zu vermehren, indem wir Gewalt tun.

Ich weiß, daß Sie leiden und fühle Ihr Leiden mit Ihnen. Seien Sie gütig gegen dieses Leiden, es wird gegen Sie gütig sein. Durch Wünsche mehrt es sich und durch Unwillen; durch Milde schläft es ein wie ein Kind.

1931, hier S. 19. Es handelt sich um Briefe Rathenaus an seine Freundin, die Journalistin Lore Karrenbrock (1895–1928).

Sie haben so viel Liebe in sich; wenden Sie alles den Menschen zu, den Kindern, den Dingen, selbst Ihnen und Ihren Schmerzen. Seien Sie nicht einsam; wollen Sie es nicht sein; überwinden Sie das Hemmnis, blicken Sie ihm ins Auge; es ist nichts.‹« (20. Oktober 1941, S. 139).

Dieser Text hat Etty so tief beeindruckt, dass sie ihn zwei Monate später, am 15. Dezember (S. 192), noch einmal abschreibt, einen Ausschnitt notiert sie sogar noch ein drittes Mal, als die neuen antijüdischen Maßnahmen das Schlimmste befürchten lassen. Diesem Abschrift fügt sie folgenden Kommentar hinzu: *»Der Westler nimmt das ›Leiden‹ nicht als zum Leben gehörig an. Und deshalb kann er niemals positive Kräfte aus dem Leiden schöpfen«* (14. Juli 1942, S. 520). Zwischenzeitlich hatte sie folgende Feststellung mit Blick auf Spier aufgeschrieben: *»So paradox es auch klingen mag: S. macht die Menschen gesund, indem er sie lehrt, das Leiden zu akzeptieren«* (14. Dezember 1941, S. 191). Am nächsten Tag führt sie den Gedanken weiter aus, dessen Bedeutung ihr offenbar mehr und mehr aufgeht:

»Gestern dachte ich: Es ist ein großer Unterschied zwischen der Wollust, das Leiden zu suchen, und der Annahme des Leidens. Das erste ist ein krankhafter Masochismus, das zweite ist eigentlich eine gesunde Hinnahme des Lebens. Wir müssen das ›Leiden‹ auch nicht suchen, aber dort, wo es sich uns aufdrängt, müssen wir ihm nicht aus dem Weg gehen. Und es drängt sich uns bei jedem Schritt auf, und doch ist das Leben schön. Man leidet am meisten, wenn man mit dem Leiden Versteck spielt und dagegen flucht. – Ich habe natürlich doch ganz anders gedacht, aber ich sollte doch wenigstens den Mut haben, ab und zu ein kleines Wort aufzuschreiben; vielleicht werden das später einmal ebenso viele Garderobenständer, an denen ich die gereifteren Gedanken aufhängen kann« (15. Dezember 1941, S. 191 f.).

Am selben Tag stößt sie zufällig auf diese Zeilen des französischen Essayisten André Suarès[63] und schreibt sie sogleich ab: *»›Der Schmerz ist nicht Ort unseres Verlangens, sondern Ort unserer Gewißheit … Ich behaupte nicht, daß wir aus dem Schmerz eine Auserwählung machen müssen. Man muß vielmehr alles nötige tun, sich von ihm zu befreien. Aber kennen muß man ihn. Der wahre Mensch ist nicht der Herr seines Schmerzes, nicht dessen Flüchtling, nicht dessen Sklave: er muß des Schmerzes Erlöser sein.‹«* (15. Dezember 1941, S. 192).

Wieder einmal erstaunt die intellektuelle und geistliche Kohärenz, die sich in dieser jungen Frau allmählich aufbaut. Gewiss hat dieser Prozess auch dazu beigetragen, dass sie sich ihrer Berufung als Schriftstellerin bewusst wurde.

[63] André Suarès, Pseudonym für Félix Scantrel (1868–1948). 1913 veröffentlichte er in einem einzigen Band die Biographien von Pascal, Ibsen und Dostojewski: *Trois Hommes* [Drei Männer]. Die deutsche Übersetzung der Lebensbeschreibung Dostojewskis von Franz Blei, die von Etty zitiert wird, erschien 1921 im Kurt Wolff Verlag in München. Von jüdischer Herkunft und als Verfasser antifaschistischer Veröffentlichungen musste Suarès während der deutschen Besatzung in den Untergrund gehen. Mit seiner ängstlichen Grundstimmung suchte er Ermutigung bei Paul Claudel, mit dem er eine bewegende Korrespondenz unterhielt, die nach seinem Tod veröffentlich wurde.

KAPITEL IV

»Meine langen Nächte, dass ich sitzen und schreiben werde, das werden meine schönsten Nächte sein«[64]

In einem bereits zitierten Abschnitt[65] wirft Etty ihren Eltern vor, ihren Kindern *»eine zu große Bewegungsfreiheit gelassen zu haben«* und dass sie ihnen niemals hatten *»Halt geben«* können. Sie bedauert dies an mehreren Stellen der ersten Hefte ihres Tagebuchs: *»Die Ambivalenz in mir ist wohl ganz schlimm«* (25. März 1941, S. 51) oder *»Ich fühle mich manchmal wie ein Mülleimer, es gibt so viel Durcheinander in mir, und Eitelkeit und Halbheit und Minderwertigkeit«* (4. August 1941, S. 75). Später bekennt sie ihre *»Angst, im Vagen, in Unbestimmtheit und Chaos zu versinken«* (30. November 1941, S. 168).

Dennoch verlangt sie danach, sich zu *»bilden«*, ihrer Personalität Form und Konsistenz zu verleihen: *»Aber – da gibt es auch so eine echte Ehrlichkeit und eine beinahe elementare Leidenschaft, etwas Sauberkeit hineinzubringen und die Harmonie zwischen innen und außen zu finden«* (4. August 1941, S. 75). Wie wir gesehen haben, wurde ihr die Begegnung mit Julius Spier in dieser Hinsicht zu einer wertvollen Hilfe. Aber sie ist klarsichtig genug, um zu erkennen, dass sie selbst ak-

64 26. Mai 1942, S. 394.

65 22. Dezember 1941, S. 207f.

tiv an diesem Prozess der inneren Strukturierung teilnehmen muss und dass das Schreiben dafür einen privilegierten Weg ausmacht. Ihre Mitbürgerin Maria Ter Steeg beobachtet mit gutem Urteil: *»Die Wörter sind die Steine, mit denen man sich seine eigene Wohnung baut.«*[66]

Gerade dies erfasst Etty immer deutlicher. *»Und darum muss ich mich«*, schreibt sie zu ihrer Beziehung zu Spier, *»mit allem ›auseinandersetzen‹. Aber das Leben ist durchaus ganz mühsam, und vor allem wenn man die Worte nicht finden kann«* (4. August 1941, S. 74 f.). Und sie fährt fort, indem sie sich selbst zutiefst in Frage stellt und dies mit einer Strenge, die uns überzogen erscheinen mag, auch wenn wir uns in etwa selbst betroffen fühlen können:

> »All dieses Bücher-Verschlingen, von Jugend an, ist bei mir nur Faulheit. Ich lasse andere formulieren, was ich selber tun muss. Ich suche überall die Bestätigung für alles, was in mir wühlt und arbeitet, aber ich muss mit meinen eigenen Worten zur Klarheit kommen. Ich muss eine Menge Faulheit und vor allem Gehemmtheit und Unsicherheit über Bord werfen, um auf die Dauer zu mir selbst zu kommen. Und über mich selbst zu den anderen. Ich muss zur Klarheit kommen und ich muss mich selber annehmen. [...] Es ist einfach alles so schwer in mir. Und ich würde so gerne so leicht sein wollen.
>
> Alles nehme ich in mich auf, seit Jahren schon, alles geht

[66] *De verlokking van de liefde* [Die Verlockung der Liebe, vgl. oben Anm. 27], S. 293.

nach innen in einen großen Behälter, aber es muss ja nun doch auch wieder herauskommen; sonst habe ich das Gefühl, als hätte ich umsonst gelebt, als ob ich die Menschheit nur beraubt und nichts zurückgegeben hätte. Ich habe manchmal das Gefühl, als wäre ich ein Parasit, von daher oft die große Deprimiertheit und die Frage, ob ich eigentlich ein nützliches Leben führe. Vielleicht ist es meine Aufgabe, mich auseinanderzusetzen, wirklich auseinanderzusetzen, mit allem, was mir zusetzt und mich quält und was in mir nach Auflösung und Formulierung schreit. Denn diese Probleme sind ja nicht nur die meinen, sondern auch die Probleme vieler anderer. Und wenn ich, am Ende eines langen Lebens, eine Form für das finde, was jetzt noch chaotisch in mir ist, habe ich vielleicht dann meine eigene kleine Aufgabe erfüllt. Während ich dies schreibe, wird mir, so scheint mir, in meinem Unterbewusstsein allmählich unwohl. Wegen der Worte: ›Lebensaufgabe‹, und ›Menschheit‹ und ›Auflösung von Problemen‹. Ich finde diese Worte angeberisch, und mich selbst empfinde ich als ein einfältiges ›bleiches Fräulein‹, aber das kommt daher, dass ich noch nicht den Mut zu mir selbst habe« (4. August 1941, S. 75).

Wir können aus dieser Attacke für uns selber Nutzen ziehen, aber es sei nicht der realistische Humor übersehen, mit dem sie abschließt: *»Ich glaube, ich sollte doch erst einmal die Melone kaufen gehen, um sie heute Abend den Nethes vorzusetzen. Das gehört ja auch zum Leben«* (ebd.).[67]

[67] Julius Spier wohnte bei der Familie Nethe, Courbetstraat 27, in einem

Mit diesem Realismus, der, was immer sie auch darüber sagen mag, mit ihren Zielsetzungen verbunden ist, gibt Etty sich selbst das Versprechen, dem Tagebuch treu zu bleiben, das sie zu verfassen begonnen hat: *»Ich muss dafür sorgen, dass ich in Kontakt mit diesem Schreiben bleibe, d. h. mit mir selbst, sonst geht es nicht gut mit mir. Ich bin sonst noch in jedem Augenblick in Gefahr, wieder in völlige Verlorenheit und Verirrung zu geraten; das fühle ich gegenwärtig ein wenig, aber es kann auch durch die Ermüdung kommen«* (22. März 1941, S. 43 f.). War sie sich dessen bewusst, dass dieser weise Entschluss der Überlieferung vieler christlicher Lehrer des geistlichen Lebens entsprach? Diese empfehlen, sich geistliche Aufzeichnungen zu machen, um den eigenen Weg und das Auf und Ab des Wachstums im geistlichen Leben besser zu erkennen. Auch hier besteht wie in anderen Punkten eine Entsprechung zur ignatianischen Spiritualität.

Dabei konnte Etty nicht unberührt bleiben von den dramatischen Ereignissen des Frühjahrs 1941. Ende Februar beginnen die Nazis nach Zusammenstößen im jüdischen Bezirk Amsterdams mit Massenverhaftungen. Auf einen dadurch ausgelösten Generalstreik antworteten die Besatzer mit einer Welle von Repressionen: Verhaftungen und Deportationen. Am 11. Juni gibt es erneut eine Razzia. Tief betroffen klagt Etty diese Entfesselung von Gewalt an: *»Wieder Verhaftungen, Terror, Konzentrationslager, willkürliches Abholen von Vätern, Geschwistern, Brüdern. Man sucht nach dem Sinn des Lebens und fragt, ob*

neuen Wohnbezirk in Amsterdam-Süd, wo sich seit 1933 viele deutsche Juden niedergelassen hatten.

es überhaupt noch einen Sinn hat« (14. Juni 1941, S. 65). Sie ahnt jedoch, dass die Anrufung Gottes – dieses Wort kommt hier zum dritten Mal im Tagebuch vor – Licht auf dieses Dunkel werfen kann: *»Aber dies ist eine Sache, die man allein mit sich selbst und Gott ausmachen muss«* (ebd.). Doch für den Augenblick hat sie den Eindruck: *»Jetzt bin ich zumindest allen Zusammenhang mit den Dingen und dem Leben los und habe das Gefühl, als ob alles zufällig ist und dass man sich innerlich von jedem losmachen und von allem Abstand nehmen muss«* (ebd.).

Doch dank ihrer Treue zu ihrem Tagebuch findet Etty die Kraft, in dieser Atmosphäre der Gewalt und der Angst durchzuhalten:

> »Gestern habe ich einen Augenblick gedacht, dass ich nicht mehr weiterleben kann, dass ich Hilfe brauche. Ich hatte den Sinn des Lebens und den Sinn des Leids verloren, ich hatte das Gefühl, unter einem gewaltigen Gewicht ›zusammen zu brechen‹. Aber auch hier habe ich etwas durchgefochten, wodurch ich auf einmal wieder weiter konnte, stärker als zuvor. Ich habe versucht, dem ›Leiden‹ der Menschheit gerade und ehrlich in die Augen zu schauen; ich habe mich damit auseinandergesetzt, oder eher: etwas in mir hat sich damit auseinandergesetzt. Auf viele verzweifelte Fragen sind Antworten gekommen. Die große Sinnlosigkeit hat wieder für etwas mehr Ordnung und Zusammenhang Platz gemacht, und ich kann wieder weiter. Es war eben wieder eine kurze, aber heftige Schlacht, aus der ich ein ganz klein wenig reifer hervorgegangen bin.

Ich sage, dass ich mich auseinandergesetzt habe ›mit dem Leiden der Menschheit‹ (mir gruselt noch immer bei den großen Worten). Aber das ist es eigentlich gar nicht. Ich fühle mich vielmehr wie ein kleines Schlachtfeld, wo die Fragen oder eine einzige Frage dieser Zeit ausgefochten wird. Das einzige, was man tun kann, ist, sich demütig zur Verfügung stellen und sich selber zum Schlachtfeld machen lassen. Die Fragen müssen doch eine Unterkunft finden, sie müssen doch einen Platz finden, wo sie streiten und zur Ruhe kommen können; und wir arme, kleine Menschen müssen unseren inneren Raum für sie öffnen und nicht weglaufen. Ich bin vielleicht diesbezüglich recht gastlich; manchmal ist es bei mir ein höchst blutiges Schlachtfeld, und ab und zu sind übergroße Müdigkeit und schwere Kopfschmerzen der Preis dafür. Aber jetzt bin ich doch wieder lediglich ich selber, Etty Hillesum, eine fleißige Studentin in einem freundlichen Zimmer mit Büchern und einer Vase Margeriten. Ich bin wieder in meinem engen Flussbett, und der Kontakt mit ›Menschheit‹, ›Weltgeschichte‹ und ›Leiden‹ ist wieder abgebrochen. […] Man kann sich nicht dauernd in den großen Fragen verlieren, man kann nicht dauernd Schlachtfeld sein, man muss immer wieder die eigenen Grenzen um sich hin verspüren, innerhalb derer man das eigene Leben gewissenhaft und bewusst weiter lebt, stets gereifter und vertiefter durch die Erfahrungen, die man in den beinahe ›unpersönlichen‹ Augenblicken des Kontakts mit der ganzen Menschheit macht. Vielleicht werde ich es später besser ausdrücken können oder werde ich eine Gestalt in einer Novelle oder in einem

Roman diese Dinge besser sagen lassen können, aber das wird erst ganz viel später sein« (15. Juni 1941, S. 66f.).

Aus diesem »*Vielleicht*« wird allmählich Gewissheit, und aus der Verzögerung ein unmittelbares Geschehen. Dies bewirkt in ihr, dass sie sich nicht nur auf Gott bezieht, sondern zu ihm betet:

> »Es gibt eine Unruhe in mir, eine bizarre und teuflische Unruhe, die produktiv sein könnte, wenn ich etwas mit ihr anzufangen wüsste. Eine ›schöpferische‹ Unruhe. Es ist keine Unruhe des Leibes, selbst ein Dutzend aufgewühlter Liebesnächte könnte sie nicht beendigen. Es ist beinahe eine ›heilige‹ Unruhe. O Gott, nimm mich in deine große Hand und mache mich zu deinem Instrument, lass mich schreiben. [...].
>
> Ich weiß nicht, wie das mit meinem Schreiben gehen soll. Dafür ist alles noch zu chaotisch, und es besteht noch kein Selbstvertrauen, oder besser gesagt, die zwingende Notwendigkeit, etwas sagen zu müssen. Ich warte immer noch, bis alles von selbst herauskommt und Form findet. Aber zuerst muss ich selber noch die Form, meine eigene Form, finden« (4. Juli 1941, S 71f.).

Die Weise, wie Etty hier ihre innere Erregung ausdrückt, der Eindruck, »besessen« zu sein (dies ist wohl die Bedeutung des Wortes »*duivels*«, des Teufels) durch eine nicht planbare Dynamik, entspricht einer recht allgemeinen Erfahrung literarischen Schaffens. Sie fügt hinzu, sie habe beim Bericht über bestimmte Analysen, die Spier durchgeführt hatte, gespürt, dass *»der Mensch durch keine einfache psychologische Formel zu greifen ist; nur der Künstler kann den tiefsten irrationalen Grund des Menschen wiedergeben«* (4. Juli 1941, S. 72).

Langsam wird ihr bewusst, dass dieser schöpferische Antrieb bereits beim Schreiben ihres Tagebuchs Gestalt annimmt. Zugleich erfasst sie, welchem literarischen Genre ihre Schriften werden entsprechen müssen: nicht dem der reinen Fiktion, sondern dem der *Chronik: »Ich will die Chronikschreiberin* [de kroniekschrijfster] *vieler Dinge aus dieser Zeit werden* […] *O ja, Chronikschreiberin«* (13. August 1941, S. 91). Und mit Klarsicht analysiert sie, worin diese Aufgabe besteht:

> »Ich nehme an mir selbst wahr, dass neben all dem subjektiven Leiden, das ich erfahre, immer wieder eine gleichsam objektive Neugier aufkommt, ein leidenschaftliches Interesse für alles, was diese Welt und ihre Menschen und meine eigenen Seelenbewegungen angeht. Ich glaube manchmal, dass ich eine Aufgabe habe. Alles, was um mich hin geschieht, muss in meinem Kopf zur Klarheit gedacht und später von mir beschrieben werden. […]
>
> Du wirst manchmal so durch die erschreckenden Ereignisse um dich hin abgelenkt, dass du dir danach nur mühsam den Weg zurück zu dir selbst bahnen kannst. Und doch ist das notwendig. Du darfst nicht aus einer Art Schuldgefühl in den Dingen um dich herum untergehen. Die Dinge müssen in dir zur Klarheit kommen, du darfst nicht selbst in den Dingen untergehen« (13. August 1941, S. 91 f.).

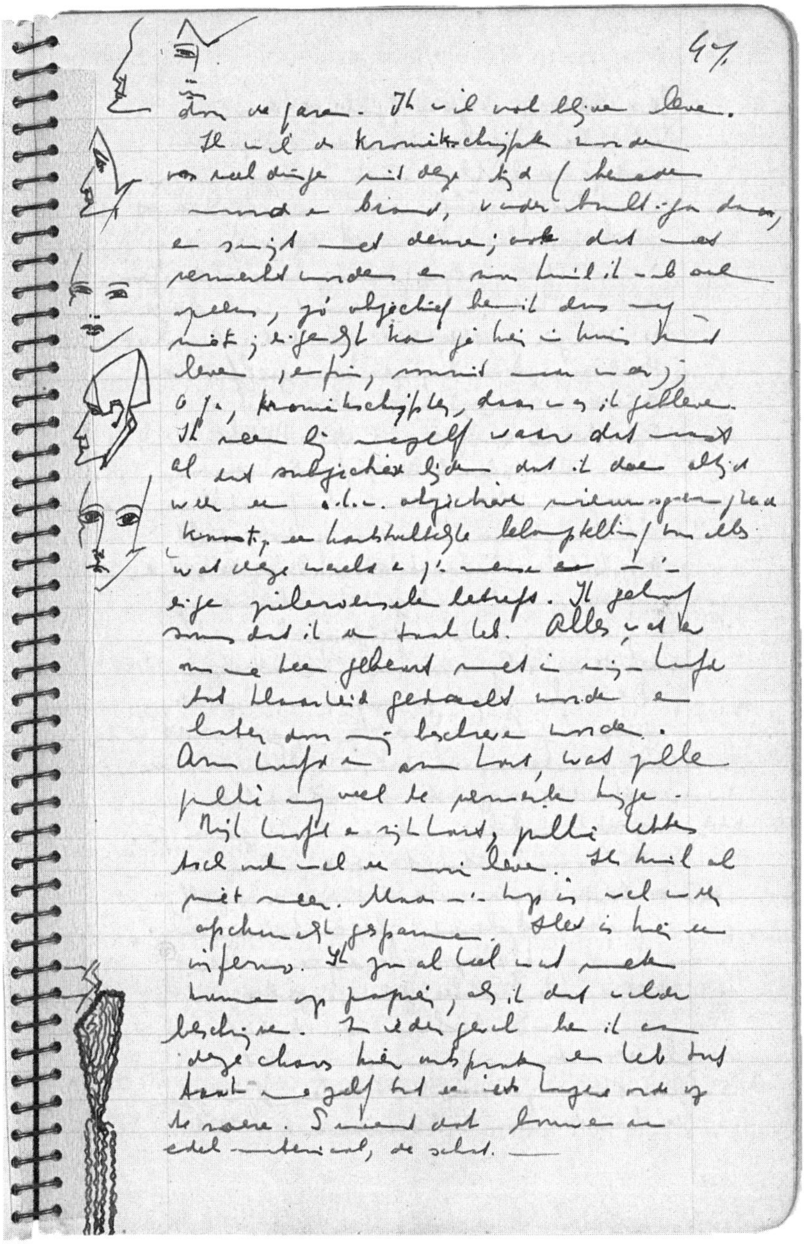

Eine Seite aus einem der Hefte des Tagebuchs (13. August 1941, S. 91). Es heißt (Zeilen 2–3): »*Ich will die Chronikschreiberin vieler Dinge aus dieser Zeit werden.*«

Sie kommt auf dieses Thema drei Monate später zurück und fragt sich an einem Novembersamstag, ob sie sich nicht auch an andere literarische Formen halten solle:

> »Ich hoffe und ich habe auch Angst davor, dass in meinem Leben einmal eine Zeit kommen wird, dass ich ganz mit mir selbst und einem Stück Papier allein bin. Dass ich dann nichts anderes tun werde als schreiben. Ich wage das noch nicht. Ich weiß nicht, wie es kommt. Als ich mit S. am Mittwoch in dem Konzert[68] war: Wenn ich viele Menschen beieinander sehe, will ich einen Roman schreiben. In der Pause hatte ich das Bedürfnis nach einem Stück Papier, um etwas zu schreiben. [...] Die eigenen Gedanken weiterspinnen. Sich selber Rechenschaft geben. Das Bedürfnis haben, immer zu schreiben, ohne es bereits zu wagen, dafür einzutreten. Ich stoße, glaube ich, überhaupt zu viel von mir weg. [...]
> Irgendwo ist Wehmut und Zartheit und auch etwas Weisheit in mir, die nach einer Form sucht. Manchmal laufen ganze Dialoge in mir ab. Bilder und Gestalten. Stimmungen. Plötzliches Durchbrechen auf etwas hin, was meine eigene Wahrheit wird werden müssen« (22. November 1941, S. 155f.).

Aber nach ihrer Gewohnheit verbessert sie sich und nuanciert ihren Gedanken, indem sie sich über ihre geheimen Motive be-

[68] Von öffentlichen Sälen ausgeschlossen, organisierten die Juden Amsterdams Konzerte und Theatervorstellungen in privaten Räumlichkeiten jüdischer Familien. Werner Levie, einer der oben bereits erwähnten Patienten Spiers, war einer der Initiatoren.

fragt: »*Es ist Unsinn. Ich habe natürlich sehr gut Zeit zum Schreiben. Wahrscheinlich mehr Zeit als irgendjemand anders. Aber es ist die innere Unsicherheit. Warum eigentlich? Weil du denkst, du müsstest geniale Sachen schreiben? Weil du doch nicht zu sagen vermagst, worum es eigentlich geht? Aber das kommt stufenweise. Das ›stehen zu sich‹. S. hat doch immer recht*« (22. November 1941, S. 156.).

Spier hatte jedenfalls Recht, wenn er in seinem etwas feierlichen Deutsch seiner *»russischen Sekretärin«* (17. Dezember 1941, S. 197) erklärte: *»Sie sind ja die geborene Schriftstellerin!«* (5. August 1941, S. 78). Und im Gegensatz zum Anschein bestätigt Etty dies gerade, indem sie ihrem Tagebuch ihre diesbezügliche Unzufriedenheit anvertraut:

> »Ich kann noch nicht schreiben. Ich will schreiben, was hinter den wirklichen Dingen liegt, und das kann ich noch nicht greifen. Mich interessiert eigentlich nur die Stimmung, die ›Seele‹, könnte man vielleicht sagen, aber das Substantielle entgeht mir. Aber darauf habe ich keinen Zugriff. Du musst das Konkrete, das Irdische beschreiben, und dies so mit deinen Worten durchleuchten, mit deinem Geist, so dass danach die Seele aufgerufen wird. Wenn du dich direkt auf die sogenannte Seele wirfst, dann wird alles zu vage, zu formlos. Wenn ich es mir wirklich immer fester in den Kopf setze, dass ich schreiben will, nichts als schreiben, dann wird das ein großer Leidensweg für mich werden, dann verspüre ich manchmal einen gewissen Schauder. Die Frage ist, ob überhaupt das Talent da ist« (5. August 1941, S. 77f.).

Und um ihr Verlangen danach auszudrücken, diese *»Form«* zu erreichen, die sie so sehr für notwendig hält, gebraucht sie den Vergleich mit einem Bildhauer: *»Doch musst du so allmählich beginnen, in dem großen Block von unbehauenem Granit, den du in dir trägst, die kleinen Gestalten zu modellieren, sonst wirst du auf die Dauer zermalmt werden. Wenn du nicht deine Form suchst und findest, wirst du in Nacht und Chaos zugrunde gehen, das fühle ich ab und zu sehr stark«* (5. August 1941, S. 78).

Dieser gewisse *»Schauder«*, den jeder, der das Schreiben erlernt, zuweilen erfährt, wenn er vor einem weißen Blatt sitzt oder vor einem erst in einer Skizze vorliegenden Werk, wird immer häufiger von blitzartiger Gewissheit begleitet. So an einem schönen Abend im Mai nach einem Spaziergang mit Spier entlang dem Stadionskade:

> »Als ich abends durch die laue Nacht nach Hause ging [...], war da wieder auf einmal genau die Sicherheit, die jetzt, mit einem Federhalter in meinen Fingern, wieder völlig weg ist: Ich werde später schreiben. Meine langen Nächte, dass ich sitzen und schreiben werde, das werden meine schönsten Nächte sein. Es wird dann aus mir strömen, langsam, unaufhaltbar, in einem nicht mehr endenden Strom, was ich jetzt in mir aufsammele« (26 Mai 1942, S. 393 f.).

Was sie so in sich selber aufsucht und worin sie später eine Quelle der Inspiration zu finden hofft, sind nicht so sehr ihre Lektüren, so erhellend sie gewesen sein mögen, sondern das große *»Buch des Lebens«*, dessen Seiten all die Gesichter sind,

Zeichnung von Han Wegerif (um 1942).
»Irgendwo ist Wehmut und Zartheit und auch etwas Weisheit in mir, die nach einer Form sucht« (22. November 1941, S. 156).

die manchmal anstrengenden Gespräche, die Geschichte derer, denen sie begegnet ist und die sie mit den Augen der Freundschaft und des Mitgefühls betrachten durfte:

> »Gott, du gibst mir so viel Kostbares zur Verwahrung, gib, dass ich gut darauf achte und gut damit umgehe.
>
> In diesem Augenblick ist all das Reden mit Freunden nicht gut für mich. Ich verschleiße mich damit bis zum Letzten. Ich bin noch nicht stark genug, um mich zurückzuziehen. Einmal das rechte Gleichgewicht zu finden zwischen meiner introvertierten und meiner extravertierten Seite, das ist meine große Aufgabe. Sie sind beide gleich stark in mir. Ich habe gerne Kontakt mit Menschen. Mir kommt vor, dass ich durch meine intensive Aufmerksamkeit das Beste und Tiefste von ihnen zum Vorschein bringe, sie öffnen sich mir, jeder Mensch ist für mich eine Geschichte, die mir vom Leben selbst erzählt wird. Und meine entzückten Augen lesen nur. Das Leben vertraut mir so viele Geschichten an, ich werde sie für Menschen weitererzählen und deutlich machen müssen, die nicht so regelrecht aus dem Leben selbst lesen können. Gott, du hast mir die Gabe gegeben, lesen zu können, willst du mir auch die Gabe geben, schreiben zu können?« (4. Oktober 1942, S. 577).

Zum ersten Mal formuliert sie so offen diese Intuition, die alle schöpferischen Menschen erfahren haben, jeder auf seine Weise: dass das, was an ihrem Werk das Beste, das Wertvollste ist, ihnen *»anvertraut«* worden ist, und dass diese *»Gabe«* ihren Ursprung in einer geheimnisvollen Großzügigkeit hat. Etty erfährt sie an diesem Abend so tief, dass sie mitten in der Nacht aufsteht, ihr Heft öffnet und ihr diesen Namen gibt:

»Nun einmal mitten in der Nacht. Gott und ich sind jetzt allein übergeblieben. Es gibt niemand anderen mehr, der mir helfen kann. Ich habe Verantwortlichkeiten, aber ich habe meine beiden Schultern noch nicht darunter. Ich spiele noch sehr viel und bin undiszipliniert. –

Es gibt mir durchaus kein verarmtes Gefühl, eher ein reiches und ruhiges: Gott und ich sind nun ganz allein übergeblieben. Gute Nacht!« (S. 577 f.).

In Erinnerung an Johannes vom Kreuz könnte man vielleicht diese Nacht als »mystische« bezeichnen. Wichtig ist, dass diese Erfahrung – und dies gilt traditionell als ein Indiz für spirituelle Authentizität – Etty in keiner Weise dazu bringt, die konkreten Bedingungen einer Schriftstellerberufung außer Acht zu lassen.

Was ihr Julius Spier seit ihrer ersten Begegnung nahegelegt hatte, sich eine Lebens- und Arbeitsdisziplin aufzuerlegen, wendet Etty nunmehr auf die Mühe des Schreibens an. Als sie eines Tages ein Buch anschaut, das mit japanischen Stempeldrucken illustriert ist, erkennt sie daran die Notwendigkeit einer fordernden Askese:

»Heute Mittag mit Glassner[69] japanische Bilder betrachtet. Und sogleich wusste ich es wieder: So will ich schreiben.

[69] Evaristos Edgar Glassner war ein deutscher Musiker und Organist. Als Organist einer Kirche in Berlin hatte er seine Stelle verloren (er war nach der

> Mit so viel Raum um einige wenige Worte. Ich hasse viele Worte. Allein Worte, die organisch in ein großes Schweigen eingefügt sind, werde ich schreiben wollen, nicht Worte, die nur dazu da sind, das Schweigen zu übertönen und auseinanderzurücken. Die Worte müssen eigentlich das Schweigen betonen. So wie auf dem einen japanischen Bild mit dem Blütendach unten in der Ecke. Ein paar zarte Pinselstriche – aber welch eine Wiedergabe der kleinsten Einzelheit – und darum herum der große Raum, aber nicht ein Raum, der Leere ist, sondern, sagen wir, ein beseelter Raum. [...] Es wird dann um das rechte Verhältnis von Worten und Wortlosigkeit gehen, eine Wortlosigkeit, in der mehr geschieht als in allen Worten, die man beieinander finden kann. [...] Es geht nicht um ein vages und unfassbares Schweigen, auch dieses Schweigen wird seine eigenen kantigen Umrisse und seine eigene Form haben« (5. Juni 1942, S. 413).

Ist dies nicht so etwas wie eine Voraussicht des großen, ein halbes Jahrhundert dauernden Schweigens, das ihre Schriften umhüllen wird und das ihnen heute eine literarische und geistliche Aura verleiht? Aber sie bemerkt mit dem Humor, der bei ihr eine Weise der Demut ist:

> »Es ist so etwas Komisches mit mir: Ich könnte ganze Bände schreiben, wie ich eigentlich gerne schreiben möchte,

Nazi-Klassifizierung »Halbjude«) und war nach Amsterdam ausgewandert. Dort nahm er an den Konzerten teil, die nach dem Ausschluss der Juden aus öffentlichen Räumen organisiert wurden. Dadurch lernte er Spier und Etty kennen.

> und es ist sehr gut möglich, dass ich außer den Rezepten nie einen Buchstaben aufs Papier bringe. Aber auf den japanischen Bildern sah ich auf einmal so anschaulich, wie ich eigentlich schreiben möchte. Und ich werde später einmal durch japanische Landschaften wandern, um es noch besser zu wissen. Wie ich überhaupt glaube, dass ich einmal in Richtung Osten ziehen werde, später, um dort täglich gelebt zu finden, womit man hier in Dissonanz allein zu stehen meint« (5. Juni 1942, S. 414).

Während im Lauf des Jahres 1942 *»die drohenden täglichen Sorgen«* schwerer werden, spürt Etty, *»plötzlich diese Sicherheit in mir aufsteigen: Später, wenn ich alles überlebt habe, dann werde ich über diese Zeit kleine Geschichten schreiben, die wie dünne Pinselstriche gegen einen großen, wortlosen Hintergrund sein werden; Gott, Leben, Tod und Ewigkeit«* (10. Juli 1942, S. 510f.).

Es handelte sich nicht um eine Flucht in die Vorstellung, sondern im Gegenteil um eine demütige, aktive und geduldige Treue gegenüber der alltäglichen Realität. Der Einfluss Rilkes ist in dieser Art »Deontologie« für das literarische Schaffen wiederzuerkennen, die Etty nun für sich übernimmt:

> »Dem treu sein, was man in einem spontanen Augenblick, manchmal einem allzu spontanen Augenblick begonnen hat. Jedem Gefühl, jedem Gedanken, der aufgekeimt ist, treu sein. Treu im allerumfassendsten Sinn des Wortes.
>
> Treu sich selbst, Gott gegenüber, treu den eigenen besten Augenblicken.

Und wo man ist, ganz sein, hundertprozentig sein. Mein ›Tun‹ besteht darin, zu ›sein‹. Und zwar da, wo meine Treue noch wachsen muss und wo ich am meisten dahinter zurückbleibe: gegenüber dem, was ich mein ›schaffendes Talent‹ nennen möchte, so klein es auch sein mag. Jedenfalls: Es gibt viel, was von mir gesagt und niedergeschrieben werden will. Ich werde es allmählich auch tun müssen. Ich vermeide es auf jede Weise; und hier bleibe ich zurück. Ich weiß wohl: Andererseits muss ich auch die Geduld haben, dass das, was von mir gesagt werden soll, gut in mir wachsen kann. Aber ich muss auch dazu helfen und dem entgegen kommen. Es ist immer wieder dasselbe: Man würde gerne direkt etwas ganz Besonderes und ›Geniales‹ aufschreiben wollen, man schämt sich vor den eigenen Banalitäten. Aber wenn ich überhaupt eine wirkliche Pflicht in diesem Leben habe, in dieser Zeit, in diesem Stadium, dann ist es: Schreiben, Notieren, Festhalten. [...] Ich lebe das Leben bis zum Grunde, aber immer stärker kommt mir das Gefühl: Ich beginne allmählich Verpflichtungen gegenüber dem zu bekommen, was ich meine Talente nennen möchte. [...] Wie ich dies alles erst noch werde ›bewältigen‹ können, weiß ich noch nicht. [...] Was ich weiß, ist: Ich werde alles allein tun müssen. Was ich auch weiß, ist: Ich habe Kraft und Geduld genug, um damit allein fertig zu werden. Aber ich muss auch treu sein; ich darf nicht mehr so sehr wie Sand im Wind verstäuben. Ich verteile mich selber und zerteile mich an die vielen Bewegungen und Eindrücke und Menschen und Betroffenheiten, die sich auf mich stürzen. Ich muss ihnen allen treu sein. Aber es muss noch eine neue

Treue hinzukommen, die gegenüber meinem Talent. Es genügt nicht mehr, dies alles zu leben; es muss noch etwas mehr dazukommen« (30. September 1942, S. 568 f.).

Zwei Monate zuvor, am 28. Juli, hatte sie am Nachmittag geschrieben: »*Ich werde die spätere Chronikschreiberin unserer Schicksale sein. Ich werde in mir eine neue Sprache schmieden*« (S. 540).

Es ist diese so konkrete und persönliche Sprache, die wir heute in ihrem Tagebuch wiederfinden und die uns so sehr eine gelebte und aktuelle Wirklichkeit verspüren lässt, dass darin ihre Hoffnung erfüllt worden ist: »*Und ich werde sie in mir aufheben, wenn ich nicht die Gelegenheit haben werde, etwas niederzuschreiben. [...] Ich werde wieder zum Leben kommen [...] und vielleicht bekomme ich dann ganz viel später noch einmal einen ruhigen Raum um mich hin, der für mich allein ist, und dann werde ich so lange sitzen bleiben, selbst wenn es ein Jahr lang wäre, bis das Leben wieder in mir sprudelt und bis mir die Worte kommen, die von dem Zeugnis geben, wovon Zeugnis gegeben werden muss*« (ebd.).

Aber mit dem Realismus, der sie nie verlässt, vergisst sie nicht, dass die Eingebung sich in den Besonderheiten der Sprache verleiblichen muss. Als sie einmal um sechs Uhr morgens erwacht, kommt ihr dieser Gedanke: »*Ich muss doch erst noch richtig Niederländisch studieren und mir aus der Sprache ein Werkzeug bauen. Ich vertraue vielleicht zu sehr darauf, dass die Worte richtig von selbst kommen werden, wenn die Zeit reif ist. Aber vielleicht täuschst du dich da sehr. Ich bin nichts und ich kann nichts. [...] Ich denke, dass ich doch noch ganz ›verstopft‹*

bin, trotz der ganz großen inneren Freiheit, die ich manchmal spüre« (24. April 1942, S. 358).

Diese Bewusstwerdung hatte sich bereits auf einer der ersten Seiten des Tagebuchs ausgedrückt:

> »Theoretisch wusste ich es schon lange. Vor einigen Jahren schrieb ich einmal auf einen Fetzen Papier: Die Gnade muss bei ihren seltenen Besuchen eine gut geschulte / bereitete Technik antreffen. Aber das war ein Satz, der aus meinem Kopf kam und sich noch immer nicht in Fleisch und Blut umgesetzt hat. Wird jetzt wirklich eine neue Phase in meinem Leben beginnen? Aber bereits dieses Fragezeichen ist falsch. Es beginnt eine neue Phase! Der Streit ist bereits in vollem Gang, Streit ist gegenwärtig auch nicht zutreffend; gegenwärtig fühle ich mich von innen so gut und harmonisch, so ganz und gar gesund, besser also: die Bewusstwerdung ist in vollem Gang, und alles was ich bis jetzt als schön ausgearbeitete Formeln im Kopf hatte, wird dann auch ins Herz kommen und zu Fleisch und Blut werden« (12. März 1941, S. 14).

Aber mit der anspruchsvollen Klarsicht, für die sich in ihrem Tagebuch so viele Beispiele finden, fügt Etty hinzu, sie müsse noch einfacher werden. Auch dies erfährt jeder früher oder später, der das Schreiben erlernt:

> »Und dann muss noch die allzu große Bewusstheit verschwinden; jetzt genieße ich noch zu sehr den Übergangszustand. Alles muss noch selbstverständlicher und einfacher

werden. Und zum Schluss wird man vielleicht noch einmal ein erwachsener Mensch, imstande, wiederum anderen Sterblichen auf dieser Erde in ihren Mühsalen ein wenig beizustehen und durch sein Werk etwas Klarheit für andere zu schaffen, denn darum geht es doch« (12. März 1941, S. 14).

Sie erfasst allmählich, dass es sich um nicht mehr und nicht weniger handelt als um eine »Bekehrung« ihres Bedürfnisses zu schreiben, analog derjenigen, der sie in ihrem Verhältnis zu Spier hatte zustimmen müssen.

»Ich wollte ihn ›haben‹; Ich wollte, dass er auch mir gehörte. [...] Ich wollte ihn also auf die eine oder andere Weise besitzen; und all die Frauen, von denen er mir erzählte, hasste ich und war auf sie eifersüchtig, und ich dachte vielleicht, wenn auch nicht bewusst: Was bleibt noch für mich über, und ich spürte, dass er mir doch entging. Es waren eigentlich völlig kleinmenschliche Gefühlchen, auf keinem hohen Niveau. Aber dessen werde ich mir jetzt erst bewusst. [...]

Dieses ›Schreiben‹ begreife ich nun, glaube ich, auch. Es ist ein ›Besitzen‹ auf eine andere Weise, es ist ein die Dinge mit Worten und Bildern zu sich Ziehen und sie so doch Besitzen. Und das war, glaube ich, bis jetzt das Wesen meines Schreibdrangs: heimlich von jedermann mit den Schätzen, die ich gesammelt habe, wegkriechen, und dann alles aufschreiben und für mich selbst festhalten und es genießen« (16. März 1941, S. 26).

Mehr als ein Jahr später entsteht nach inneren Kämpfen und ermüdenden Selbstzweifeln in ihr von Neuem diese Überzeugung:

> »Manchmal ist mir, als ob alles, was ich innerlich erfahre, nicht allein mir gehört, als ob ich kein Recht darauf habe, es allein zu behalten [...]
>
> Als ob ich in diesem kleinen Stück Geschichte der Menschheit eine der vielen Empfangsstellen bin, die dann weitersenden müssen. Aber was, das weiß ich noch nicht« (4. Juni 1942, S. 412).

Zu uns ist diese Botschaft wie durch ein Wunder nach Jahrzehnten des Schweigens durchgedrungen. Aber wir müssen sie noch weiter hören.

KAPITEL V

»Das Mädchen, das nicht knien konnte und es doch lernte …«[70]

Acht Monate, nachdem sie mit der Niederschrift ihres Tagebuchs begonnen hatte, spielt Etty kurz auf ihre Berufung als Schriftstellerin an: *»In der letzten Zeit sitze ich voller Schöpferdrang und möchte eine Novelle schreiben: ›Das Mädchen, das nicht knien konnte‹ […]«* (21. November 1941, S. 153). Von dieser Novelle, die sie nie hat verfassen können, hatte Etty uns zwei Monate früher gesagt, sie müsse der Widerhall einer gelebten und entscheidenden Erfahrung sein:

> »Heute Nachmittag fand ich mich plötzlich kniend auf der braunen Kokosmatte im Badezimmer, den Kopf in meinen Bademantel gehüllt, der auf dem kaputten Baststuhl herumhing. Ich kann überhaupt nicht gut knien, ich geniere mich irgendwie. Warum? Wahrscheinlich, weil es in mir auch eine kritische, rationale, atheistische Seite gibt. Und doch ist ab und zu ein großer Drang in mir, mich niederzuknien, mit den Händen vor dem Gesicht, und auf diese Weise Frieden zu finden und nach einer verborgenen Quelle in mir zu lauschen« (24. September 1941, S. 109).

[70] 22. November 1941, S. 156.

Vielleicht ist ihr dies durch ein Wort ihrer Freundin Tide, einer Christin, nahegelegt worden: »*Auch darin bin ich wie ein Kind; wenn ich nicht weiß, was ich tun soll, kniee ich mitten in meinem Zimmer und frage Gott danach*« (25. September 1941, S. 113). Langsam wird ihr ein solches schweigendes und einsames Niederknien zur Gewohnheit und mehr und mehr lebenswichtig. So schreibt sie:

> »Gestern Abend, gerade vor dem Zubettgehen, lag ich auf einmal mitten in diesem großen Zimmer auf den Knien, zwischen den Stahlstühlen und der hellen Matte. So einfach von selbst. Auf den Boden gezwungen durch etwas, das stärker als ich selbst bin. Vor einiger Zeit habe ich zu mir selber gesagt: Ich übe mich im Knien. Ich genierte mich noch zu sehr vor dieser Gebärde, die ebenso intim wie die Gebärden der Liebe ist, worüber man auch nicht sprechen kann, wenn man kein Dichter ist« (14. Dezember 1941, S. 190).

Etty fährt fort mit der Erwähnung des Wortes eines Patienten von Julius Spier: »*Manchmal habe ich das Gefühl, dass ich Gott in mir habe, zum Beispiel wenn ich die Matthäus-Passion höre*« (ebd.). Darauf, so berichtet Etty, habe Spier ungefähr mit diesen Worten geantwortet: »*In solchen Augenblicken hatte er eine absolute Verbundenheit mit den in jedem Menschen wirksamen schöpferischen und kosmischen Kräften. – Und das Schöpferische sei doch schließlich ein Teil von Gott, man müsste nur den Mut haben, das auch auszusprechen*« (ebd.). Diese Überlegung hat Etty sehr beeindruckt. Sie wurde zum Anlass eines weiteren Gesprächs mit Spier, das Etty so wiedergibt:

»Diese Worte begleiten mich schon wochenlang. ›Man muss auch den Mut haben, es auszusprechen.‹ Den Mut haben, den Namen ›Gott‹ auszusprechen. S. sagte mir einmal, dass es sehr lange gedauert hat, bis er den Namen ›Gott‹ auszusprechen wagte. Gerade als würde er noch immer etwas daran lächerlich finden. Während er doch glaubte. ›Und abends bete ich auch. Ich bete für Menschen‹ Und ich fragte, unverschämt und kaltblütig wie immer, da ich nun einmal alles wissen wollte: ›Was beten sie denn?‹ Und da kam eine Schüchternheit über ihn, und dieser Mann, der doch auf meine subtilsten und intimsten Fragen immer eine glasklare und deutliche Antwort findet, sagte ganz verlegen: ›Das sage ich Ihnen nicht. Jetzt noch nicht. Später. –‹« (13. Dezember 1941, S. 190).

Etty interessiert sich weiter für die Weise, wie Spier das Gebet praktiziert, mit fast vorwitziger Neugierde:

»Seine intimen Gebärden gegenüber Frauen kenne ich; und nun würde ich gerne noch die Gebärden kennenlernen, mit denen er mit Gott umgeht. Er betet jeden Abend. Kniet er mitten in dem kleinen Zimmer? Und verbirgt er seinen schweren Kopf hinter den großen, guten Händen? Und was sagt er dann? Und kniet er, bevor er sein Gebiss aus dem Mund genommen hat oder danach? Damals in Arnhem: ›Ich werde Ihnen mal zeigen, wie ich aussehe ohne Zähne. Dann sehe ich so alt und so ›wissend‹ aus.‹« (22. Dezember 1941, S. 207).

Ihre Neugierde wird bald befriedigt, und Etty sieht darin einen Unterricht im Gebet: *»Sieh mal, jetzt weiß ich es: Er betet, nachdem er seine Zähne ›abgelegt‹ hat. Eigentlich recht logisch: Man muss erst alle irdischen Handlungen abgeschlossen haben«* (11. Januar 1942, S. 234).

In ihrem Tagebuch begegnet das Wort »Gott« zum ersten Mal am 9. März 1941; es handelt sich um eine poetische Erinnerung, die bei Etty auf eine für sie erhellende Resonanz gestoßen ist:

> »›Melodisch rollt die Welt aus Gottes Hand‹, diese Worte von Verwey[71] gingen mir den ganzen Tag nicht aus dem Kopf. Ich wollte, dass ich selber melodisch aus Gottes Hand rollte« (9. März 1941, S. 7)

Dieses Zitat lässt an ein schönes Wort des hl. Augustinus denken, wonach die Geschichte ein »großer Gesang eines unbeschreiblichen Tonsetzers« ist, *velut magnum carmen ineffabilis modulatoris.*[72] Etty wird immer aufnahmebereiter für diese Gegenwart Gottes in allen Dingen werden. Sogar die Angst bezeugt sie auf ihre Weise, so wie es ihr diese Hinweise Spiers nahelegen, die er einer seiner Patienten aufgeschrieben hatte:

[71] Die Zeile ist, nicht wörtlich, dem 1937 entstandenen Lied »Honestum petimus usque« des niederländischen Dichters Albert Verwey (1865–1937) entnommen. In: Ders., *Oorspronkelijk Dichtwerk* [Ursprüngliche Dichtung], 2. Teil (1914–1937), Querido, Amsterdam 1938, S. 567.

[72] Corpus Scriptorum Ecclesiasticorum Latinorum (CSEL) 44, S. 130, Epistolae 138,5.

»In der Angst liegt die Ahnung des Göttlichen, der schöpferischen Allmacht. Man soll diese Angst erleben, ›die Gottesfurcht‹. Aus dieser Erlebung soll man schöpferische Kraft ziehen; die Gottesfurcht soll den Menschen, der sie erlebt, beleben. Man muß die Angst umsetzen; Primitive und Kinder verspüren Angst; die Angst wird überwunden durch den Glauben. –« (12. März 1941, S. 14).

Tatsächlich ist die Angst für manche und in ihrer eigenen Weise das Symptom eines »Entmachtetwerdens« gegenüber der Wirklichkeit. Das Selbstgenügen des Menschen wird erschüttert, und dies kann ihn für die vertrauende Selbsthingabe an Gott bereiten, die den Glauben ausmacht.

Die Aufmerksamkeit, die Etty von jetzt an der religiösen Dimension des Menschlichen widmet, ist vor allem an den Zitaten zu erkennen, die sie in ihr Tagebuch aufnimmt. So dieser Abschnitt aus einem Werk des amerikanischen Philosophen Will Durant,[73] der Ähnlichkeiten aufweist mit manch einer Diagnose der heutigen Zeit:

»Wissen ist Macht, aber allein Weisheit ist Freiheit.

Die Kultur in unseren Tagen ist oberflächlich, und das Wissen ist gefährlich, weil wir reich an Mechanismen und arm an Zielsetzungen sind. Das Gleichgewicht des Geistes,

[73] William James »Will« Durant: *The Mansions of Philosophy. A Survey of Human Life and Destiny*, Simon and Schuster, New York 1929. Etty zitiert die Niederländische Übersetzung: *In den Hof der Wijsbegeerte* [Im Hof der Philosophie. Eine kritische Darlegung der großen Fragen dieser Zeit], Boucher, Den Haag 1940, S. 7 und 9.

> das früher aus einem warmen religiösen Glauben hervorging, ist verschwunden. Die Wissenschaft hat die übernatürlichen Grundlagen unserer Sittenlehre weggenommen, und die ganze Welt scheint in einem unordentlichen Individualismus aufgegangen zu sein, welcher das chaotische Zerbrechen unseres Charakters widerspiegelt« (15. März 1941, S. 24).

Obwohl Etty diesen kritischen Zwischenruf zur Kenntnis nimmt, übernimmt sie die einseitige, umfassend pessimistische Sicht Durants auf die zeitgenössische Welt nicht. Seit sie begonnen hat, ihren geistlichen Weg zu gehen, angeregt und unterstützt von Julius Spier, entdeckt sie das, was man als *Kon-templation* bezeichnet: Das Wort hängt mit dem Begriff »Tempel« (lat. *templum*) zusammen, abgeleitet vom Griechischen *témenos* – ein umgrenzter, abgeschiedener Ort –, und bezeichnet einen Raum jenseits aller »Nützlichkeit«, allein der Aufnahme und der Offenbarung einer Gegenwart vorbehalten. Ein kontemplativer Blick ist frei von Besitzinstinkt und Beherrschen-Wollen und erfasst intuitiv die Schönheit der Welt, den tiefen und geschenkten Sinn des Seienden und der Dinge. Etty berichtet auf einer der ersten Seiten ihres Tagebuchs von einem inneren Ereignis, das ihr den Zugang eröffnete zu einer kontemplativen Offenheit.

> »Und hier bin ich zu etwas Wesentlichem gelangt. Wenn ich eine Blume schön fand, dann hätte ich sie am liebsten ans Herz gedrückt oder aufgegessen. Mit einem ganzen Stück Naturschönheit ging das weniger leicht, aber das Gefühl

war dasselbe. Ich war zu sinnlich, fast sollte ich sagen ›habsüchtig‹ eingestellt. Nach dem, was ich schön fand, verlangte ich viel zu stark leiblich, ich wollte es haben. Darum immer das peinvolle Gefühl eines Verlangens, das nie zu befriedigen war, dieses Heimweh nach etwas, von dem ich meinte, es sei unerreichbar; und ich nannte es dann ›Schöpfungsdrang‹. Ich glaube, dass es diese starken Gefühle waren, die mich denken ließen, ich sei geboren, um Kunstwerke zu schaffen. Es ist auf einmal anders geworden, ich weiß nicht, durch welchen inneren Prozess, aber es ist anders.

Das wurde mir erst heute Morgen deutlich, als ich an einen kleinen Lauf um den Ijsclub[74] vor einigen Abenden zurückdachte. Ich lief dort in der Dämmerung: zarte Farbtöne in der Luft, geheimnisvolle Silhouetten der Häuser, die lebendigen Bäume mit ihrem durchsichtigem Gezweig, mit einem Wort: verrückt. Und ich weiß genau, wie es mir ›früher‹ erging. Dann fand ich es so schön, dass es mir im Herzen wehtat. Dann litt ich unter der Schönheit und wusste nicht, wohin ich mich wenden sollte. Dann kam mir das Bedürfnis zu schreiben, zu dichten, aber die Worte wollten doch nicht kommen. Dann fühlte ich mich todunglücklich. Ich schwelgte eigentlich in einer solchen Landschaft und erschöpfte mich dadurch. Es kostete mich unendlich viel Energie. Ich würde das heute Selbstbefriedigung nennen wollen.

[74] Hier fanden auch politische Versammlungen statt. Heute ein Teil des *Museumsplein*.

Aber an diesem Abend, gerade vor Kurzem, reagierte ich anders. Ich erfasste mit Freude, wie Gottes Welt doch trotz allem schön war. Ich wollte nicht länger ›haben‹« (16. März 1941, S. 25 f.).

Die Freude daran, die Schönheit der von Gott geschaffenen Welt aufzunehmen, wird sie nicht mehr verlassen, obwohl ihr nur wenig Zeit zum Aufatmen bleibt zwischen Phasen körperlichen Unwohlseins und der wachsenden Angst um diejenigen in ihrer Umgebung, die sich mehr und mehr bedroht fühlen. Elf Monate nach der beglückenden Entdeckung schreibt sie mit dieser erstaunlichen Sensibilität gegenüber der kruden Realität, die so charakteristisch für sie ist:

> »Ich bin so dankbar für dieses Leben, ich spüre mein Wachsen, ich weiß um meine Fehler und Kleinheiten, jeden Tag neu, aber ich weiß auch um meine Möglichkeiten. Und ich liebe so sehr, ich liebe ein paar gute Freunde, aber diese Liebe schirmt nicht von den Mitmenschen ab, ich liebe so ganz weit und umfassend und ausgedehnt, ganz viele, auch Menschen, die ich eigentlich persönlich gar nicht gerne mag; darauf muss es auch hinauslaufen. […] Han schläft wieder oben bei seinem etwas wehleidigen Sohn, der eine Lungenentzündung hat, und ich krieche dankbar in mein schmales und einsames Bett. So bezeichnend: Wenn ich da ausgestreckt auf meinem Rücken liege, dann ist es mir, als schmiege ich mich an die gute alte Erde selbst, während ich doch in Wirklichkeit nur auf einer weichen Matratze liege. Aber während ich da so liege, so intensiv und ausgestreckt

> und voller Dankbarkeit für alles, dann ist es gerade so, als sei ich verbunden mit – ja, womit eigentlich? Mit der Erde, mit dem Himmel, mit Gott, mit allem« (22. Februar 1942, S. 263 f.).

Das Gebet durchdringt Etty von jetzt an in ihrer ganzen Persönlichkeit: Geist, Gefühl und Leib. Ihre Schlussfolgerung lässt an Aussagen von Mystikern denken, etwa an diesen Vers aus dem ersten Brief von Paulus an die Korinther (3,21–23): *»Welt, Leben, Tod, Gegenwart und Zukunft: alles gehört euch«;* gewiss fügt Paulus hinzu: *»ihr aber gehört Christus und Christus gehört Gott«* – was Etty, soweit wir wissen, nicht sagen wird. Aber ist sie so weit davon entfernt?

Sie beginnt auch den Rahmen ihres Lebens und insbesondere ihr Zimmer mit einem neuen Blick zu betrachten; das Zimmer, in dem sie Tag für Tag ihr Studium der russischen Sprache fortsetzt und das Tagebuch ihres inneren Wegs führt. Dafür ein Beispiel, das sie – doch erstaunlicherweise – mit »Karfreitagmorgen« *(Goede-Vrijdagochtend)* datiert:

> »Als ich gestern Abend um 11 Uhr in mein kleines Zimmer kam, wo der Vorhang vor dem einen großen Fenster immer zur Seite geschoben ist, stand dort wieder mein geplünderter einsamer Baum. Ein zögerlicher Stern stieg längs seinem asketischen Leib hoch, ruhte einen Augenblick in der Höhlung eines seiner Glieder (?! schön!) und verlor sich dann im weiten Himmel, nicht mehr in den Zweigen aufgefangen. Das Reichsmuseum mit seinen paar Türmen schien wie eine Stadt mit Türmen in der Ferne. Zwischen dem Bücher-

schrank von S.,[75] der groß und tief noch immer dort wie ein geheimnisvoller Tempel voller Weisheit steht, und meinem engen, klösterlichen Bett ist noch so viel Platz, dass man dort manchmal niederknien kann. Etwas, was ich schon tage- oder wochenlang aufschreiben will, aber was ich aus einer Art Schüchternheit – oder noch immer falscher Scham? – nicht formulieren kann: Durch meinen ganzen Leib geht manchmal eine natürliche Bewegung, knien zu wollen. Nein, es ist noch anders: Es ist, als ob die Gebärde des Kniens über meinen ganzen Leib hin modelliert ist, ich spüre es manchmal über meinen ganzen Leib hin. Manchmal, in Augenblicken großer Dankbarkeit, ist es für mich ein unwiderstehliches Bedürfnis, niederzuknien, mit tief gebeugtem Haupt, die Hände vor dem Gesicht. Es ist eine Gebärde geworden, die tief in meinem Leib liegt, und diese Gebärde will manchmal verwirklicht werden. Und ich erinnere mich: ›Das Mädchen, das nicht knien konnte‹[76] und die grobe Kokosmatte im Badezimmer. Und beim Scheiben dieser Dinge spüre ich doch eine gewisse Scham, als ob man über das Intimste des Intimsten schreibt. Viel mehr Schüchternheit und Scham, als wenn ich über mein Liebesleben schriebe. Gibt es denn noch etwas so Intimes, als eines Menschen Verhältnis zu Gott?« (3. April 1942, S. 334).

[75] Spier hatte wegen der Enge seiner Zweizimmerwohnung Etty darum gebeten, einstweilen dieses Möbel mit den darin enthaltenen Büchern bei sich aufzunehmen.

[76] Titel der Novelle, die zu schreiben sie sich einige Monate zuvor vorgenommen hatte.

Dieses Schamgefühl gibt Etty eine Abneigung gegen zu deutliche Manifestationen der Frömmigkeit ein. Wie es der folgende Beleg zeigt, hatte sie einmal zu einer nicht näher bestimmten Zeit Kontakt mit der »Oxford-Gruppe«.[77] Es handelte sich um eine »Erweckungs«-Bewegung, gegründet auf Initiative des amerikanischen Evangelisten Frank Buchman; sie war im Holland der Dreißigerjahre auf einiges Echo gestoßen. Die Treffen *(house parties)* oder Wochenenden, die stattfanden, waren durch leidenschaftliche Predigten, Lobgesänge und ein starkes Zusammengehörigkeitsgefühl der Teilnehmer geprägt. Die weitere Entwicklung führte diese Bewegung dazu, sich mit der »Moralischen Aufrüstung« zu verbinden. Der Kontakt mit der Begeisterung dieser religiösen »Erweckung«, wie so vieles davor und danach, konnte Etty nicht überzeugen, obwohl sie auf ihre Weise ihr Interesse an der christlichen Spiritualität bezeugt:

> »Und deshalb auch ein gewisser Abscheu gegen die kürzliche Oxford-Versammlung. So exhibitionistisch! So öffentlich mit Gott knutschen! So bacchanalienartig, und dann die braven Kleinbürger und suchenden alten Fräulein! Nein! Ja nicht wieder so etwas! Um der Sensation willen vielleicht ein einziges Mal nett« (3. April 1942, S. 334).

[77] Die Oxford-Gruppe (auch Oxford-Gruppenbewegung) ist nicht zu verwechseln mit der Oxford-Bewegung, die in der zweiten Hälfte des 19. Jahrhunderts innerhalb des Anglikanismus die katholische Tradition wieder zu Ehren bringen wollte; führend in ihr waren Keble, Pusey und Newman. Letzterer ging zur katholischen Kirche über und wurde später Kardinal.

Dies ist vielleicht etwas streng und kontrastiert mit dem tiefen Wohlwollen, das Etty immer mehr gegenüber allem Menschlichen zeigen wird, einschließlich der *»Kleinbürger«* und der *»alten Fräulein«*. Aber man kann darin vor allem die Tiefe und Reinheit ihres Sinns für Gott sehen. In dem Maß, als sie die letzte Wahrheit ihres Lebens erkennt, wird sich dieser Sinn vertiefen und zu größerer Klarheit gelangen.

Gott erkennen ist etwas ganz Persönliches. Die Schrift selbst bezeugt dies. Diese Erfahrung ist anders bei Abraham (Genesis 12) als bei Mose (Exodus 3) und dem ersten Jesaja (Jesaja 6). Im Neuen Testament geschieht die Berufung des Andreas (Johannes 1) gewiss verschieden von der des Matthäus (Matthäus 9) oder der Bekehrung von Paulus (Apostelgeschichte 9). Doch verweisen diese Erfahrungen immer auf dasselbe Geheimnis, dessen Tiefe und unausschöpflicher Reichtum sich in einer jeden von ihnen widerspiegeln.

Worin besteht die Besonderheit und eigene Tönung der Erfahrung Ettys, und worin kann sie die unsere bereichern, bestätigen und nuancieren? Wir wollen versuchen, sie im Licht der vielfachen Erfahrungen, Anspielungen und Überlegungen zu entdecken, die uns Etty in ihrem Tagebuch anvertraut.

Etty ist sich auf dem Weg der Erfahrung allmählich der Gegenwart Gottes bewusst geworden. Wie es die Überschrift dieses Kapitels andeutet und wie sie selber es mehrfach in Erinnerung ruft, ist sie *›das Mädchen, das zu knien gelernt hat‹* und welches die tiefe Bedeutung einer solchen Geste zu erfassen begonnen hat. Auch hier war es Julius Spier, der sie eingeführt hat. Wie bereits erwähnt, erfährt sie, dass dieser Mensch, dessen zugleich sinnliche, intellektuelle und intuitive Ausstrahlung sie mehr und mehr beeindruckt, sich jeden Abend niederkniet und betet. So erwacht sie ganz natürlich trotz mancher Vorbehalte zu dem Verlangen, aus dieser Quelle zu trinken:

> »Du musst nicht aus deinem Hirn leben, sondern aus tieferen und ewigeren Quellen, aber du kannst dein Hirn dankbar annehmen als kostbares Werkzeug, um in die Probleme einzudringen, die deine Seele aufwirft. Etwas nüchterner wiedergegeben, bedeutet das für mich vielleicht, dass ich mehr auf meine Intuition vertrauen muss.
>
> Es bedeutet eigentlich auch, an Gott zu glauben, ohne dass du dadurch schwächer wirst, es gibt im Gegenteil mehr Kräfte« (7. Oktober 1941, S. 133 f.).

Bewundernswert ist die Ausgeglichenheit dieser im Grunde »katholischen«[78] Überlegung: Sie vernachlässigt weder noch lehnt sie irgendeinen der fundamentalen Aspekte des menschlichen Zugangs zur Wirklichkeit ab. Ein vager Mystizismus könnte ihr nicht genügen. Die Sprache dem Wirklichen zu unterwerfen, ist für sie ein bleibendes Grundanliegen. Sie kommt acht Monate später darauf noch einmal zu sprechen, wenn sie an sich selbst mit ihrer Leidenschaft für die Wahrheit die Aufforderung richtet:

[78] Im etymologischen Sinn des Wortes. Das Adjektiv »katholisch« ist von dem griechischen adverbialen Ausdruck καθ' ὅλον (kat' hólon) abgeleitet, der »dem Ganzen entsprechend« oder »unter dem Gesichtspunkt des Ganzen« meint.

»Weißt du, was mir bei dir missfällt, Kind? Die halbe Offenherzigkeit und die halbe Großspurigkeit! Gestern Abend wollte ich noch ein paar Worte schreiben, aber eigentlich war das so ein vager Unsinn. Ich habe manchmal Angst, die Dinge beim Namen zu nennen. Weil dann vielleicht nichts überbleibt? Die Dinge müssen es ertragen können, dass man sie genau beim Namen ruft. Können sie das nicht bestehen, haben sie kein Existenzrecht. Man versucht viel im Leben mit einer Art vager Mystik zu retten. Mystik muss auf einer kristallklaren Ehrlichkeit beruhen« (19. Juni 1942, S. 448).

Nach wie vor unter dem Einfluss von Spier, entdeckt sie die Bedeutung der Meditation und entschließt sich, sich darin zu üben:

»Sonntagmorgen, halb zehn.

Ich glaube, dass ich es einfach so machen werde: Am Morgen, bevor ich zu arbeiten beginne, eine halbe Stunde ›sich nach innen begeben‹, lauschen, was in meinem Inneren ist. ›Sich versenken‹. Man kann es auch meditieren nennen. Aber das Wort lässt mich noch ein wenig schaudern. Aber warum eigentlich nicht? Eine stille halbe Stunde in dir selber. Es genügt nicht, morgens im Badezimmer deine Arme und Beine und alle Muskeln zu bewegen. Der Mensch ist Leib und Seele. Und so eine halbe Stunde Gymnastik und eine halbe Stunde ›Meditation‹ können zusammen ein breites Fundament der Ruhe und Konzentration für den ganzen Tag legen.

Aber es ist nicht so einfach, so eine ›stille Stunde‹. Das will gelernt werden. Aller kleinmenschliche Kram und alles Beiwerk muss dann von innen her weggefegt werden. Es ist letztlich immer so ein Haufen Unruhe für nichts in so einem kleinen Kopf. Gewiss gibt es auch Raum gebende und befreiende Gefühle und Gedanken, aber dazwischen immer der Kram. Und so mag dann das Ziel des Meditierens sein: Dass man von innen eine große, weite Ebene wird, ohne das tückische Unterholz, das die Aussicht behindert. Dass also etwas von ›Gott‹ in einen kommt, so wie in der Neunten von Beethoven etwas von ›Gott‹ ist. Dass auch etwas ›Liebe‹ in einen kommt, nicht so eine Luxus-Liebe für eine halbe Stunde, worin man herrlich schwelgt, stolz auf die eigenen gehobenen Gefühle, sondern Liebe, womit man etwas in der kleinen täglichen Praxis tun kann« (8. Juni 1941, S. 59f.).

Eine Weisheit und Klarsicht, von der viele Menschen, die älter sind, lernen könnten! Etty hat auch den Gedanken, jeden Morgen in der Bibel zu lesen, doch bekennt sie: *»[...] ich glaube, dass ich dafür noch nicht reif bin, dass die innere Ruhe dafür noch nicht groß genug ist; und ich grabe auch noch zu viel mit meinem Hirn nach den Zielsetzungen dieses Buchs, so dass es noch keine Vertiefung wird«* (8. Juni 1941, S. 60). Bereits im vorausgehenden Kapitel hatten wir gesehen, dass ihre kluge Demut reich belohnt wird, wenn die jüdischen und christlichen Schriften zu ihrer täglichen Nahrung geworden sein werden.

Doch sei versucht, noch genauer zu sehen, wie Etty sich immer mehr dessen bewusst wird, was das Wort »Gott«[79] bedeutet. Entscheidend mag das Verständnis von Gott und Mensch und Welt sein, wie es im Gebet und im Verhalten der Glaubenden sich ausdrückt.

Zuerst ist deutlich, dass dieses Erwachen des Bewusstseins von einer transzendenten Gegenwart bei Etty keinerlei morbide oder exaltierte Züge hat. Es entsteht vielmehr im Lauf einer *Therapie,* eines inneren Heilungsprozesses, einer »Selbstverwirklichung«,[80] in deren Verlauf Etty mit der Hilfe von Julius Spier lernt, mit sich selbst und ihren Mitmenschen versöhnt zu sein. Auch darin liegt ein Hinweis auf das psychologische und geistliche Gleichgewicht: Dieses Erwachen zur ihrer Beziehung zu Gott hat, wie sie selber feststellt, einen positiven Einfluss auf ihre Beziehungen zu ihrer Umgebung. Wir haben dies bereits für ihre Beziehung zu den Eltern und zu Spier selbst gesehen. Aber sie stellt es auch gegenüber demjenigen fest, mit dem sie am meisten Schwierigkeiten zu einer friedlichen Kommunikation verspürte: Hans Wegerif, dem Sohn von *»Pa Han«*, der, wie man leicht verstehen kann, mit der Liaison Ettys mit seinem Vater nicht sehr einverstanden war. Etty schreibt dazu:

> »Hans sollte heute Abend nach Hause kommen, und dieser Gedanke beunruhigte mich. Sobald Widerwillen gegen

[79] Etymologisch verweist dieses Wort in mehreren europäischen Sprachen (darunter Griechisch, Latein und die romanischen Sprachen), aber auch im Chinesischen auf das Wort »Himmel«, diese zugleich allgegenwärtige und unzugängliche Wirklichkeit, die dadurch zu einem sprechenden Symbol der Transzendenz wird.

[80] *»Selfverwerkelijking«* lautet der niederländische Titel des Beitrags des Psychologen J. Bedien in *Reacties* (vgl. Anm. 3).

> die Menschen in mir hochkommt, fällt er direkt darunter, gewiss, weil er zu meiner nächsten Umgebung gehört. Ich wehrte mich dagegen, dass er kommt, dachte, dass ich ihn einen todlangweiligen, trägen, schwer zu behandelnden Jungen fand. Und dann kam er herein, frisch und stramm vom Segellager, und dann nehme ich plötzlich an mir selber wahr, dass ich ganz munter und vergnügt mit ihm zusammensitze und rede, dass ich Vergnügen und Interesse habe für sein verbranntes Gesicht mit den treuherzigen, noch etwas unbestimmten blauen Augen, dass ich aufspringe, für ihn Suppe kochen gehe, mich begeistert mit ihm unterhalte, und dass ich ihn eigentlich recht mag, *so wie ich eigentlich jedes Geschöpf Gottes mag*« (23. August 1941, S. 96; Hervorhebung P. L.).

Diese Erfahrung wird sich in ihr immer mehr vertiefen. Dies zeigt sich in dem Gebet, das sie an einem Abend, als sie auf dem Fahrrad *»in der kalten, dunklen Lairessestraat«* (S. 161) – einer Straße in der Nähe ihrer Wohnung – heimkehrt, gesprochen hat und das sie am Tag darauf ihrem Tagebuch anvertraut:

> »Gott, nimm mich an deine Hand. Ich werde brav mitgehen, ohne viel Widerstand. Ich werde mich nichts von dem entziehen, was in diesem Leben auf mich anstürmt, ich werde es mit besten Kräften bearbeiten. Aber gib mir ab und zu einen kurzen Augenblick Ruhe. Ich werde auch nicht mehr in meiner Einfalt denken, dass der Friede, der über mich kommt, ewig ist. Ich werde auch die Unruhe und den Streit annehmen, die dann wieder kommen. Ich

bin gerne in der Wärme und in der Sicherheit, aber ich werde mich auch nicht widersetzen, wenn ich in die Kälte gehe, solange es nur an deiner Hand ist. Ich werde überallhin an deiner Hand mitgehen und werde versuchen, nicht bange zu sein. Ich werde versuchen, etwas Liebe, etwas wahre Menschenliebe, die in mir ist, auszustrahlen, wo ich auch bin« (25. November 1941, S. 162).

Am Anfang des letzten Heftes ihres Tagebuchs, beginnend am 15. September 1942, wird sie auf dieses Thema noch einmal zurückkommen: *»Ich habe die Menschen so schrecklich lieb, weil ich in jedem Menschen etwas von dir lieb habe, mein Gott!«* (S. 544).

Die Propheten aller großen monotheistischen Religionen warnen vor jeder Form von Weltvergötterung. Dieser Warnung ist sich Etty bewusst. In ihrer leidenschaftlichen Natur hätte sie den Geliebten und erotischen Partner verabsolutieren können. Diese Tendenz besteht ihr zufolge für das gesamte weibliche Geschlecht, wiewohl natürlich – Literatur und Erfahrung weisen darauf hin – dasselbe auch vom anderen Geschlecht gilt:

»Ja, wir Frauen, wir dumme, idiotische, unlogische Frauen, wir suchen das Paradies und das Absolute. Und ich weiß doch mit meinem Hirn, mit meinem vortrefflich funktionierenden Hirn, dass es nichts Absolutes gibt, dass alles relativ ist und endlos nuanciert und in ewiger Bewegung, und gerade darum so fesselnd und verführerisch, aber auch so sehr schmerzlich. Wir Frauen wollen uns im Mann verewigen. […] Aber das bisschen Sinnlichkeit will ich dann auf

> ein ganzes Leben projizieren, und es verdunkelt den Rest. Und ich will, dass es dann geweiht wird durch Sprüche wie: ›Du bist die Ewige und die Einzige!‹ […] Man muss die Dinge nun einmal sein lassen, was sie sind und sie nicht zu unmöglicher Höhe hochschrauben; und wenn man sie das sein lässt, was sie wirklich sind, entfalten sie dann erst ihren wirklichen Wert« (25. September 1941, S. 111 f.).

Etty entdeckt, dass die Erfahrung ihrer persönlichen Beziehung zu Gott, den einzig Absoluten, den Gott, der Liebe ist, allein ein unbedingtes Ja rechtfertigt und sie so vor der Versuchung einer »Anbetung, die sich im Gegenstand täuscht«[81] schützt:

> »Irgendwo ist Wehmut und Zartheit und auch etwas Weisheit in mir, die nach einer Form sucht. […] Plötzliches Durchbrechen auf etwas hin, was meine eigene Wahrheit wird werden müssen. Liebe zu den Menschen, wofür man kämpfen muss – aber nicht in der Politik oder in einer Partei, sondern in dir selbst. Aber noch falsche Scham, dafür einzutreten. Und dann Gott. ›Das Mädchen, das nicht knien konnte‹ und es doch auf der groben Kokosmatte in einem gammeligen Badezimmer lernte. Aber diese Dinge sind fast noch intimer als die sexuellen. Diesen Prozess in mir, des Mädchens, das zu knien lernte, möchte ich in al-

[81] Vgl. Marguerite Yourcenar, *Les yeux ouverts. Entretiens avec Matthieu Galey* [Die offenen Augen – Gespräche mit Matthieu Galey], Centurion, Paris 1980, S. 79.

len seinen Nuancierungen weiterverfolgen« (22. November 1941, S. 156).

Diese wachsende Vertrautheit mit der Gegenwart Gottes in ihrem Leben ermöglicht es Etty, gegenüber den Personen, die sie anziehen, jenen *»Abstand«* zu wahren, der ihr erlaubt, ohne sich von ihnen zu isolieren oder abzuwenden, jeder vergötternden Faszination zu entgehen. Wir haben bereits im vorangehenden Kapitel über ihre Beziehung zu Spier gesehen, wie sie sich eher in Richtung auf eine Ehelosigkeit orientiert:

»Und die ›russische Sekretärin‹ [...] sagt noch stets ›Sie‹. Aber das stellt vielleicht jedes Mal wieder den rechten Abstand her, um das Ganze im Blick zu behalten. Das törichte und leidenschaftliche Gefühl, in ihm ›aufgehen‹ zu wollen, hat sich längst zurückgezogen, ist ›vernünftig‹ geworden. ›Aufgehen‹ in einem Menschen ist aus meinem Leben verschwunden; übrig geblieben ist vielleicht ein ›vergehen‹ wollen in Gott oder in einem Gedicht. –« (17. Dezember 1941, S. 197).

»Und dann zuhören, überall zuhören, bis auf den Grund der Dinge zuhören. Und lieb haben und Abschied nehmen und dadurch sterben, aber wiedergeboren werden, alles so schmerzlich und auch so voller Leben« (8. März 1942, S. 286).

Etty selbst stellt sich ausdrücklich die Frage nach der Interpretation des Wortes »Gott«; mit einer beachtlichen Klarsicht erkennt sie die archaische Unbestimmtheit dieses Wortes:

> »Es ist ein Leben in Gott und mit Gott und Gott in mir (ich finde das Wort ›Gott‹ manchmal so primitiv, es ist doch nur ein Gleichnis, eine Annäherung an unser größtes und ununterbrochenes inneres Abenteuer; ich glaube, dass ich das Wort ›Gott‹ nicht einmal brauche, es kommt mir manchmal vor wie ein primitiver Ur-Klang. Eine Hilfskonstruktion). Und wenn ich manchmal abends die Neigung spüre, zu Gott zu sprechen und ganz kindlich sage: ›Gott, so geht es doch nicht länger mit mir‹ – und manchmal können meine Gebete sehr verzweifelt und hilfesuchend sein – dann ist es doch durchaus so, als ob ich zu etwas spreche, was in mir selber ist, als ob ich versuche, etwas in mir selbst zu beschwören« (22. Juni 1942, S. 463).

Eine erstaunlich »moderne« Analyse! Sie bringt sich mit Leib und Seele in dieses *»größte innere Abenteuer ihres Lebens«* ein und bleibt doch zu diesem reflexiven Abstand fähig, der es ihr erlaubt, sich grundlegende Fragen zu stellen. Man kann ihr nur darin Recht geben, wenn sie beobachtet, dass das Wort »Gott« unklar sein kann, dass sein Gebrauch infantil und entfremdend sein kann; sein wirklicher Sinn ist an eine zugleich persönliche und gemeinschaftliche (in christlicher Sprache: »kirchliche«) Erfahrung gebunden: die Erfahrung einer absoluten Liebe, die, anstatt sich in der eigenen Transzendenz einzuschließen, sich dem Menschen auf seinen Wegen zuwendet und seine Würde und Freiheit wahrt und heiligt. Etty hätte vermutlich ohne Zögern folgendem Wort des hl. Irenäus von Lyon zugestimmt, des großen Theologen, der zu Anfang des 3. Jahrhunderts der Kirche geholfen hat, sich gegen die gnostische Ideologie zu schützen: *»Die Ehre Gottes ist der lebendige Mensch, und das Leben des Menschen ist die Schau Gottes.«*[82] Wie der Mensch betet, ist im Hinblick darauf aufschlussreich:

> »Wenn ich bete, bete ich nie für mich selber, sondern immer für die anderen. Oder ich halte einen wahnsinnigen, kindischen oder todernsten Dialog mit dem Allertiefsten in mir, das ich der Einfachheit halber ›Gott‹ nenne. Für sich selbst um etwas zu bitten, finde ich so kindisch […]« (15. Juli 1942, S. 523).

Sie bezieht sich jedoch auf die Erfahrung Julius Spiers, und wohl auch auf die des Augustinus, wenn sie erkennt, dass man auch für sich beten kann, und dass dies nicht grundlegend davon verschieden ist, für die anderen zu beten: *»Ich muss ihn morgen doch noch fragen, ob er wohl einmal für sich selbst betet. Aber ja, wenn ich für ihn bete, dann bete ich doch eigentlich auch für mich selbst«* (15. Juli 1942, S. 523.). Dies setzt natürlich die beide verbindende Beziehung voraus.

Der reformierte Theologe K. Smelik, dem wir die wertvolle Ausgabe von *De nagelaten geschriften* verdanken, stellt fest, dass die Weise, wie Etty von Gott spricht, auf ein Beziehungs-

[82] Irenäus von Lyon, *Adversus haereses* [Gegen die Häresien] IV, 20, 7.

geschehen verweist: den Dialog zweier Freiheiten.[83] Wahrscheinlich hat, wie Smelik zugleich bemerkt, ihre regelmäßige Beschäftigung mit der Bibel sie in diese Richtung orientiert, wohl zugleich damit, wie ihr Julius Spier seine eigene Weise zu beten anvertraut hat.

Einer der Berichterstatter im Symposium E. Hillesum, das im Dezember 1988 in Rom stattfand, K. J. Hahn, schreibt ganz ähnlich:[84] *»Ihre Subjektivität […] drückt sich in Entsprechung dazu aus, wie sie Gott erfahren hat: im tiefsten Inneren ihrer selbst, und auch in ihren Mitmenschen, in allen Menschen. Um diese Erfahrung wiederzugeben, gebraucht sie das deutsche Wort hineinhorchen, hinhören auf den Grund ihrer selbst«:*

> »›Hineinhorchen‹, ich wollte, dass ich dafür einen guten holländischen Ausdruck finden könnte. Eigentlich ist mein Leben ein andauerndes ›Hineinhorchen‹ in mich selbst, in andere, in Gott. Und wenn ich sage, ich ›horch hinein‹, dann ist es eigentlich Gott in mir, der ›hineinhorcht‹. Das Wesentlichste und Tiefste in mir, das auf das Wesentlichste und Tiefste in dem anderen hört, Gott auf Gott« (17. September 1942, S. 549).

Etty hatte keinen persönlichen Kontakt mit einem Zeugen der christlichen Tradition, Annäherungen ergaben sich allein durch die Vermittlung von Julius Spier und manche Lektüre, insbe-

83 Vgl. seinen Beitrag zu dem Band *Reacties* (vgl. Anm. 3), S. 213, der selber diese Überschrift trägt: »*Reacties op Etty Hillesum*«.

84 *Richtsnoer voor menselijkheid*, in *Reacties* (vgl. Anm. 3), S. 59.

sondere die der *Bekenntnisse* des hl. Augustinus. Gleichwohl entdeckt sie, dass Gott zugleich transzendent ist (ohne gemeinsames Maß mit dem Geschaffenen, dem Kontingenten), und gerade aufgrund dieser Transzendenz immanent ist, *intimior intimo meo*,[85] wie Augustinus sagt, innerlicher als die tiefste Innerlichkeit des Geschöpfes. Und dies spiegelt sich wider in ihrem Nachdenken und vor allem in ihrem Gebet, worin sich beide Aspekte ausdrücken, ohne sich zu widersprechen. Wie jedoch K. J. Hahn[86] zu Recht bemerkt, ist es das dialogische Moment, das mehr und mehr deutlich wird, in dem Maß, wie Etty an geistlicher Reife zunimmt und die Wahrheit ihrer persönlichen Berufung unterscheidet. Das immer häufigere Vorkommen des Wortes »mein Gott« in ihrem Tagebuch ist dafür besonders kennzeichnend. Wir werden Gelegenheit haben, dies noch deutlicher in der letzten, zugleich tragischen und von Licht erfüllten Phase ihres geistlichen Wachstums zu erkennen.

[85] *Confessiones* 3, 6, 11.

[86] In *Reacties* (vgl. Anm. 3), S. 59.

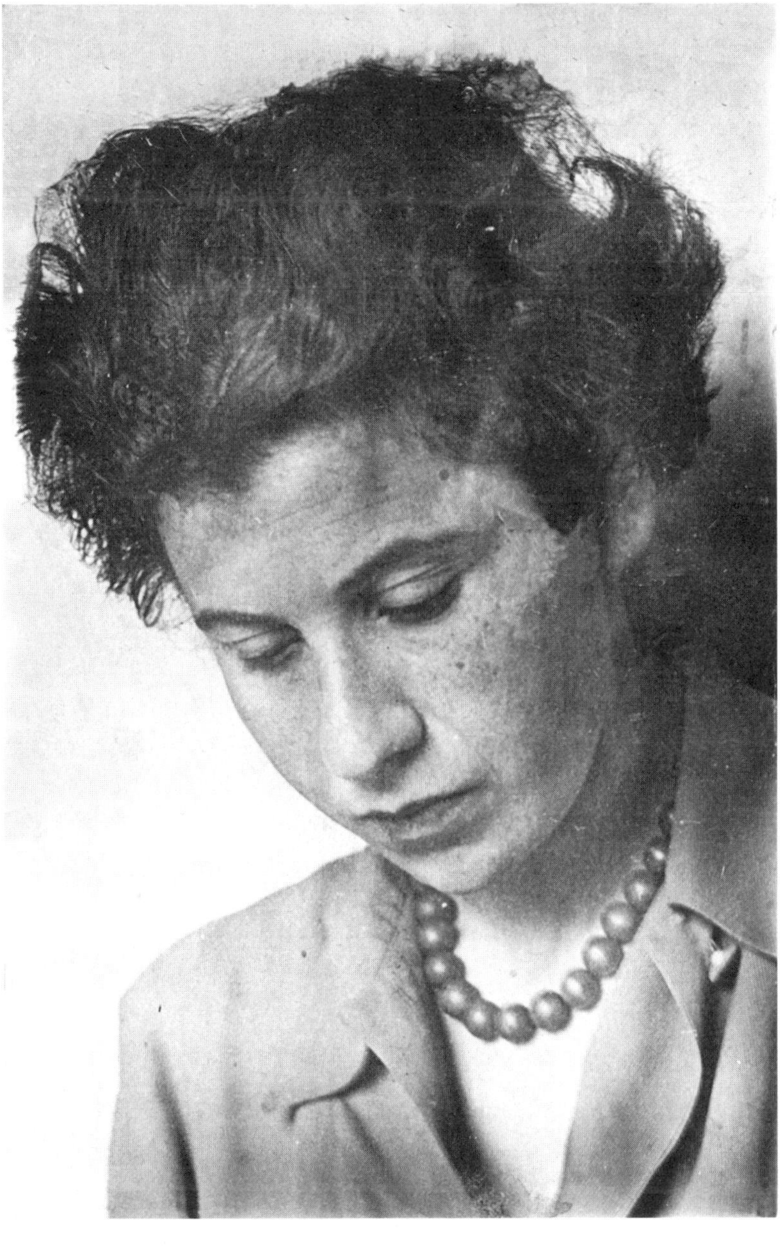

»Mein Leben ist ein andauerndes ›Hineinhorchen‹ in mich selbst, in andere, in Gott« (17. September 1942, S. 549).

KAPITEL VI

»Ich werde dir helfen, Gott, dass du in mir nicht schwindest ...«[87]

Es soll nun ein weiterer Aspekt der Seiten des Tagebuchs untersucht werden, wo Etty sich als *»religiös«* bezeichnet. Denn sie verwendet den Begriff, um damit die entscheidende Etappe ihrer Entwicklung zu bezeichnen. Da sie kein traditionelles jüdisches oder christliches Vokabular geerbt hatte, erarbeitet sie ihre eigene symbolische und mystische Sprache. Diese weist gelegentlich Analogien mit derjenigen von Denkern oder geistlichen Verfassern auf, die sie selber gar nicht gekannt hat.[88] Der Philosoph, Theologe und Kierkegaard-Kenner Wim R. Scholtens macht insbesondere auf einen Text zu Beginn des zweiten Heftes des Tagebuchs aufmerksam und bezeichnet ihn als *»eine der eigenständigsten Ausdrucksweisen für die religiöse Erfahrung im zwanzigsten Jahrhundert«:*[89]

> »Es gibt in mir einen tiefen Brunnen, und darin ist Gott. Manchmal erreiche ich ihn. Aber öfter liegen Steine und

[87] 12. Juli 1942, S. 516.

[88] Vgl. insbesondere Loet Swart, *Etty Hillesum en de mystieke tradities* [Etty Hillesum und die mystischen Traditionen], in *Reacties* (vgl. Anm. 3), S. 133–145, der auf Analogien zu Meister Eckhart, Jan Ruusbroec, Kierkegaard und Martin Buber verweist.

[89] Wim R. Scholtens, *S. Kierkegaard en Etty Hillesum, een vergelijking* [S. Kierkegaard und Etty Hillesum – Ein Vergleich], in: *Reacties* (vgl. Anm. 3), S. 78.

Schutt vor dem Brunnen, dann ist Gott vergraben. Dann muss er wieder aufgegraben werden« (25. August 1941, S. 97).

Dies ist nur die erste Manifestation einer Weise der Beziehung zu Gott, die sich bis zum Ende ihres jungen Lebens fortsetzen und vertiefen wird und die sie wohl bis zur letzten Selbstentäußerung im tragischen Anonymat von Auschwitz gelebt haben mag. Elf Monate später heißt es an einem Sonntagmorgen in Form eines Gebets:

»Sonntagmorgengebet.

Es sind bange Zeiten, mein Gott. Heute Nacht war es zum ersten Mal, dass ich mit brennenden Augen schlaflos im Dunkel lag und viele Bilder menschlichen Leidens an mir vorbeizogen. Ich muss dir eines versprechen, Gott, nur etwas Geringes: Ich werde meine Sorgen um die Zukunft nicht wie eben so viele schwere Gewichte an den heutigen Tag hängen, aber das fordert eine gewisse Übung, Jeder Tag hat jetzt genug an sich selber. Ich werde dir helfen, Gott, dass du in mir nicht schwindest, aber ich kann für nichts im Vorhinein einstehen. Aber dieses eine wird mir ständig deutlicher: dass nicht du uns helfen kannst, sondern dass wir dir helfen müssen und durch dieses Letztere uns selber helfen. Und das ist das Einzige, was wir in dieser Zeit retten können, und auch das Einzige, worauf es ankommt: Etwas von dir in uns selbst, Gott. Und vielleicht können wir auch daran mitwirken, dich in den heimgesuchten Herzen anderer aufzugraben« (12. Juli 1942, S. 516f.)

Kurz darauf kommt sie auf dieses Thema mit großer Zartheit und einer wunderbaren dichterischen Kreativität zurück, die an manche Sätze von Thérèse von Lisieux denken lässt:

> »Der Jasmin hinter meinem Haus ist nun ganz durch den Regen und die Stürme der letzten Tage verwüstet. Seine weißen Blüten treiben verstreut in den schmutzigen schwarzen Pfützen auf dem niedrigen Dach der Garage. Aber irgendwo in mir blüht der Jasmin ungestört weiter, ganz so überschwänglich und zart, wie er immer geblüht hat. Und er verbreitet seine Düfte rund um die Wohnung, wo du zu Hause bist, mein Gott. Du siehst, ich sorge gut für dich. Ich bringe dir nicht allein meine Tränen und meine bangen Ahnungen, ich bringe dir an diesem stürmischen grauen Sonntagmorgen sogar duftenden Jasmin. Und ich werde dir alle Blumen bringen, denen ich auf meinen Wegen begegne, mein Gott, und wirklich, das sind sehr viele. Du sollst es wirklich so gut wie möglich bei mir haben. Und um nun nur ein beliebiges Beispiel zu nennen: Wenn ich eingeschlossen in meiner enge Zelle sitze und eine Wolke am kleinen Gitterfenster vorbeitreibt, dann werde ich dir die Wolke bringen kommen, zumindest wenn ich dafür noch die Kraft habe« (12. Juli 1942, S. 517f.).

»Es handelt sich«, bemerkt Scholtens, *»um eine in hohem Maße nicht-konformistische Weise des Betens, die sich an einen Gott richtet, der für Etty nichts gemeinsam hat mit der ›Allmacht‹, welche man ihm gewöhnlich zuschreibt. Eine solche Sprache zeugt von einer erstaunlich modernen Auffassung*

von Gott.«[90] Es empfiehlt sich, der Frage nachzugehen, worin diese »Modernität« besteht.

Nach der Offenbarung des absoluten Schreckens der *Shoah* und der Vernichtungslager wird das Gewissen vieler westlicher Christen von der Frage der sogenannten »Theologie nach Auschwitz« bedrängt. Wie kann man die überlieferte Auffassung von einem »allmächtigen« Gott, der der Herr der Geschichte ist, und die Tatsache miteinander vereinbaren, dass Gott in tragischer Weise schweigt und anscheinend wehrlos ist, während Millionen von Männern, Frauen und Kindern sich ohne Verteidigung einer Vernichtung ausgeliefert sehen, die bewusst und bis in alle Details geplant ist?

Diese Frage hatte Etty in der Vorahnung dessen, was sie erwartete, gewissermaßen vorweggenommen. Sie hatte sie einmal Julius Spier gestellt: *»Ist es nicht beinahe gottlos, in einer Zeit wie dieser noch* so sehr *an Gott zu glauben?«* (2. Juli 1942, S. 484). Sie teilt uns nicht die Antwort Spiers mit, aber wir werden weiter unten sehen, wie sie selbst ihre Antwort »ausgearbeitet« hat, nicht in theoretischer und abstrakter Weise, sondern indem sie sie mit vieler Mühe gelebt und aus dem Eigentlichen ihres Lebens und ihres Dialogs mit Gott gewonnen hat.

Auch jetzt wieder ist unser Weg mit Etty ganz und gar aktuell. Auch nach dem Ende des Zweiten Weltkriegs haben noch immer neue Dramen und Leiden Unschuldiger die gleiche drängende Frage für den Glauben und unser Vertrauen auf Gott entstehen lassen. »Ist der liebe Gott taub geworden?«, rief vor Jahren ein Priester in Belgien, der den im Fernsehen übertrage-

[90] Ebd., S. 106.

nen Begräbnisgottesdienst für zwei kleine Mädchen hielt, die Opfer eines Kinderschänders geworden waren. Tausende hatten sich während der langen Wochen nach ihrem Verschwinden mit den Eltern im Gebet verbunden, bis man ihren Mörder verhaften konnte und die beiden Leichname fand.

Wenig mit der Heiligen Schrift vertraut und unter dem Einfluss der archaischen Vorstellung von einem Eingreifen Gottes, das man durch Riten und Gebete auslösen könne, mögen viele vergessen haben, dass bereits die inspirierten Dichter, welche die Psalmen verfasst haben, lange vor Auschwitz diese radikale Frage gestellt haben:

> »Sei mir gnädig, Herr, ich sieche dahin;
> heile mich, Herr, denn meine Glieder zerfallen!
> Meine Seele ist tief verstört.
> Du aber, Herr, wie lange säumst du noch?« (Psalm 6,3–4).

> »Herr, warum bleibst du so fern, verbirgst dich in Zeiten der Not?
> In seinem Hochmut quält der Frevler die Armen. …
> Überheblich sagt der Frevler:
> ›Gott straft nicht. Es gibt keinen Gott‹« (Psalm 10,1–4).

Diese Psalmen enden dennoch mit einem Ruf des Glaubens und der Hoffnung, der von einer tieferen Entdeckung der Treue Gottes für sein Volk Zeugnis gibt. Vielleicht in einer noch radikaleren Weise war ein solches Gebet des Nach-Auschwitz für viele Gläubige der Anlass, die »kopernikanische« Wende wiederzuentdecken oder sich ihrer existentieller bewusst zu werden, welche die »christ«-liche Offenbarung an der spontanen Religiosität der Menschen bewirkt. Gewiss ging diese »herkömmliche« Religiosität von einer grundlegend zutreffenden Intuition aus: Es existiert eine absolute Wirklichkeit, deren Anerkennung in der Dynamik des Denkens und Fühlens der Menschen eingeschrieben ist und der jeder Mensch, wie es die großen Philosophen erläutert haben, bereits dadurch implizit zustimmt, dass er sich selber als begrenzt und kontingent erfährt. Pater François Varillon, dem wir noch mehrfach begegnen werden, erklärt: *»Die Kontingenz bekennen und das Absolute anerkennen ist ein und derselbe unteilbare Akt der Vernunft und der Freiheit.«*[91]

Von sich aus und spontan sucht der Mensch seinen Gott in der Richtung der Macht. Es ist für ihn schwierig, auf Gott nicht diejenige Macht zu projizieren, die er selber nicht besitzt, aber die doch seine Vorstellung und seine Träume fasziniert. In dem Maß jedoch, in dem er Christ wird, begegnet er dem Paradox der Offenbarung in der Person Christi. In Jesus offenbart Gott seine »Herrlichkeit« (Johannes 1,14), die leuchtende Wahrheit seiner Wirklichkeit. Und diese Herrlichkeit – er beansprucht keine andere – ist die Herrlichkeit der Liebe; denn – so betont Varillon – Gott ist nicht nur die Liebe (1 Johannes 4,8), sondern er ist nichts als Liebe. Wir sehen also in Jesus, wie es Charles Peguy ausgedrückt hat, dass Gott sich *»in Abhän-*

[91] P. François Varillon, *L'humilité de Dieu* [Die Demut Gottes], Le Centurion, Paris 1974, S. 37. Dieses Buch verweist insbesondere auf den Philosophen Jean Nabert, die Theologen Romano Guardini und Hans Urs von Balthasar sowie auf die Dichter Georges Bernanos, Charles Peguy und Paul Claudel.

gigkeit vom Menschen begibt«.[92] Die wahre Liebe ist demütig. Hier ist nur auf das Evangelium zu verweisen, das uns Jesus sowohl als kleines Kind vor Augen stellt, das völlig von den Menschen in seiner Umgebung abhängig ist, wie auch im Erwachsenenalter als jemanden, der eine fremde Frau um Wasser bittet (Johannes 4,10) und später in der Angst seines Todesleidens seine Freunde und am meisten ihm nahestehenden Jünger darum bittet, ihn durch ihre Gegenwart an seiner Seite und ihr Gebet zu tragen (Matthäus 26,38).

Pater Varillon schreibt: *»Gott offenbart sich durch das, was er tut. Sein Plan für den Menschen, den er in Christus verwirklicht, offenbart sein innerstes Wesen. Wenn die Menschwerdung ein demütiges Handeln ist, so bedeutet dies, dass Gott selbst demütig ist.«* Gott wendet gegenüber dem Menschen keine Gewalt an, mag dieser auch noch so entsetzlich gewalttätig sein. Denn er ist nur Liebe. *»Gott respektiert die Freiheit des Menschen in absoluter Weise. Er hat sie geschaffen, nicht um sie zu versteinern oder sie zu vergewaltigen. Deshalb schreit er niemals und drängt sich nicht auf. […] Er bleibt verborgen, um nicht unwiderstehlich zu sein. […] Seine Unsichtbarkeit ist schamhaft. […] Die Stimme Gottes unterscheidet sich fast nicht von einem Stillschweigen.«*[93]

Bezeichnend ist in dieser Hinsicht, wie Etty selbst nach dem Zeugnis ihrer nächsten Freunde diese respektvolle Zurückhaltung gegenüber der Freiheit des anderen wahrte, welche den

[92] Zitiert ebd., S. 68.

[93] Ebd., S. 91. Man müsste natürlich ausführlicher zitieren, um der Tiefe und durchaus nuancierten Ausdrucksweise des Autors gerecht zu werden.

Zeitpunkt abzuwarten weiß, wo das Wort genügend demütig und liebevoll ist, um auf das WORT hin transparent zu werden. So schreibt Hanneke Starreveld-Stolte:

> »Ich erinnere mich noch, dass Julius [Spier] in einem meiner letzten Gespräche mit ihm über Etty sagte: ›In ihr hat sich etwas Wesentliches geändert.‹ In ihrem Tagebuch erklärt Etty, sie verspüre das Bedürfnis, allein zu sein, sie verlange nach einem Kontakt in der Tiefe mit sich selbst und mit Gott. Sie beschreibt mit Naivität und zugleich Größe, was von jetzt an der Sinn ihres Lebens ist: um sich herum auszustrahlen, was sie selbst empfangen hat. Aber wir, die wir zu dieser Zeit häufig mit ihr umgingen, ahnten nichts von dem, was sie in diesen Augenblicken schweigender Zurückgezogenheit lebte. Sie sprach nicht von ihrem inneren Leben. Erst viel später, als ich ihr Tagebuch las, habe ich wahrgenommen, dass diese Tiefe, die sie erfuhr, mir fast völlig entgangen war.«[94]

Die diese Zeugnisse gesammelt haben, sagen: *»Dass vierzig Jahre nach dem Krieg die Auszüge aus dem Tagebuch von Etty Hillesum, Het verstoorde leven, veröffentlicht wurden, war ein Ereignis in den Niederlanden und anderen Ländern. So sehr dieses Dokument in ihnen die Erinnerung an eine gemeinsam gelebte Vergangenheit weckte, war es für sie zugleich wie eine Offenbarung.«*[95]

[94] Zitiert von Ben Kroon und Corine Spoor, in: *Reacties* (vgl. Anm. 3), S. 34.
[95] Vgl. ebd., S. 25 f.

Varillon weist darauf hin: *»Es bedarf langer Erfahrung, vielleicht eines ganzen Lebens, um ein wenig zu verstehen, dass in der Ordnung der Liebe der Reichtum Armut ist, die Macht Schwäche.«*[96] Umso überraschender ist es, dass Etty nur wenige Monate gebraucht hat, um dies zu erahnen. Angesichts der wachsenden Gefahren und der immer schlimmeren Gerüchte, die in der jüdischen Bevölkerung umgingen, vertraut Etty dies ihrem Tagebuch an:

> »Und wenn Gott mir nicht weiterhilft, dann werde doch ich ihm helfen. –
>
> Über die ganze Erdoberfläche allmählich ein großes Lager, und fast niemand kann mehr draußen bleiben. Das ist eine Phase, durch die wir hindurch müssen. Die Juden hier erzählen einander nette Dinge: dass sie in D.land eingemauert oder mit Giftgasen ausgerottet werden. […]
>
> Gestern war es ein schwerer, ein ganz schwerer Tag, an dem innerlich vieles durchlitten und verarbeitet werden musste. Und ich habe wieder alles, was auf mich eingestürmt ist, verarbeitet, und ich kann schon wieder etwas mehr tragen als gestern. Und das gibt mir wahrscheinlich die innere Heiterkeit und Ruhe: Wie ich jedes Mal wieder merke, wie ich mit den Dingen klarkomme, ganz allein klarkommc und wic mein Herz dabei nicht in Verbitterung austrocknet und wie auch meine Augenblicke tiefster Trau-

[96] P. François Varillon, *L'humilité de Dieu* [Die Demut Gottes], Le Centurion, Paris 1974, S. 84. Die Erfahrung wahrer Liebe ermöglicht eine Ahnung davon, dass »mit Stolz oder im Gebrauch zwingender Macht lieben nicht wahrhaft lieben heißt. Wenn Gott Liebe ist, dann ist er demütig.« (S. 59).

> rigkeit und auch Verzweiflung in mir ihre fruchtbaren Spuren hinterlassen und mich stärker machen. Ich mache mir nicht viel vor über den wirklichen Stand der Dinge, und selbst den Anspruch, anderen zu helfen, lasse ich fahren. Ich werde immer davon ausgehen, Gott so viel möglich zu helfen; und wenn mir das gelingt, gut, dann bin ich auch für andere da« (11. Juli 1942, S. 512).

Sie fügt in ihrer Klarsicht hinzu: *»Aber heroische Illusionen darüber soll man auch nicht haben«* (ebd.). Wir werden jedoch sehen, wie sie zur gegebenen Zeit für diesen inneren Ruf bereit sein wird. Doch am nächsten Morgen kommt sie darauf zurück, *»Gott helfen«* zu müssen:

> »Ja, mein Gott, an den Umständen scheinst du nicht allzu viel tun zu können, sie gehören nun einmal auch zu diesem Leben. Ich rufe dich auch nicht zur Verantwortung dafür; du magst da uns später zur Verantwortung rufen. Und fast mit jedem Herzschlag wird mir deutlicher: Dass du uns nicht helfen kannst, aber dass wir dir helfen müssen und dass wir die Wohnung in uns, wo du zu Hause bist, bis zum Letzten verteidigen müssen. Es gibt Menschen, das ist tatsächlich wahr, die noch im letzten Augenblick Staubsauger in Sicherheit bringen und silberne Gabeln und Löffel anstatt dich, mein Gott. Und es gibt Menschen, die ihren Leib in Sicherheit bringen wollen, der doch nur mehr die Behausung für tausend Ängste und Verbitterungen ist. Und sie sagen: ›Mich werden sie nicht in ihre Klauen bekommen!‹ Und sie vergessen, dass man in niemandes Klauen ist,

wenn man in deinen Armen ist. Ich beginne wieder etwas ruhiger zu werden, mein Gott, durch dieses Gespräch mit dir. Ich werde in der nächsten Zukunft noch viele Gespräche mit dir halten und dich auf diese Weise daran hindern, von mir wegzuflüchten. Gewiss wirst du auch manchmal karge Zeiten in mir erleben, mein Gott, nicht so kräftig durch mein Vertrauen genährt, aber glaube mir, ich werde weiter für dich arbeiten und dich nicht von meinem Gebiet verjagen« (12. Juli 1942, S. 517).

»Was gibt es Schwächeres und Wehrloseres als Gott, wenn er nichts ohne uns vermag«, erklärt in Paul Claudels Drama *L'otage (Die Geisel)*[97] ein Landpfarrer der Adligen Sygne de Coûfontaine, die sich dem Opfer, das von ihr verlangt wird, entziehen will. In 30 Jahren Abstand haben der geniale Dichter in einer Zeit des triumphierenden Rationalismus und die junge Jüdin in einer der tragischsten Stunden der europäischen Geschichte, ohne einander je begegnet zu sein, die gleiche umwerfende Intuition.

Weiter oben wurde bereits darauf hingewiesen, dass, soweit wir sehen, der Name Jesus oder Christus in den Abschnitten, in denen Etty von ihrer Beziehung und ihrem Dialog mit Gott spricht, so nicht vorkommt. Dennoch sind Texte wie die gerade zitierten voll von der Inspiration der Evangelien und verweisen implizit auf die Person Christi. So schreibt sie an einem Tag, an dem Spier ihr erzählt, er habe *»einen schönen Brief«* von seiner Freundin erhalten, die ihn in London erwartet: *»Wenn ich*

[97] Paul Claudel, *L'otage*, Éditions Gallimard, Paris 1911, S. 108.

eine anständige Christin wäre, müsste ich mich darüber freuen. Aber ich bin noch viel mehr Frau denn Christin, und gewiss Frau im engsten und dümmsten Sinn des Wortes« (5. September 1941, S. 101).

Für sie ist von nun an die Gegenwart dieses Gottes, mit dem sie immer spontaner im Dialog steht, entscheidend. Anders als die Pharisäer im Evangelium (Matthäus 16,1 ff.) verlangt sie nach keinem äußeren oder auffälligen Zeichen. In ihren Augen ist nur die Gemeinschaft mit dem geheimnisvollen Gast wertvoll, der ihr nahe ist und dessen Gegenwart im Herzen jedes Menschen zu entdecken und zu bezeugen sie sich berufen fühlt. Am Tag nach dem Tod Julius Spiers wird sie sich an die drei Wörter erinnern, mit denen er sie auf diese innere Gegenwart aufmerksam gemacht hatte: *»ruhen in sich«:*

> »Das Lebensgefühl ist so groß und stark und ruhig und dankbar in mir, dass ich überhaupt nicht mehr versuchen werde, es in einem Wort auszudrücken. Es ist ein so wunschloses und vollkommenes Glück in mir, mein Gott. Es lässt sich doch am besten wieder mit seinen Worten ausdrücken: ›ruhen in sich‹. Und damit ist vielleicht mein Lebensgefühl am vollkommensten ausgedrückt: Ich ruhe in mir selber. Und dieses Ich-selbst, das Allertiefste und Allerreichste in mir, worin ich ruhe, das nenne ich ›Gott‹« (17. September 1942, S. 549).

Wie das dann Folgende erweist und so viele andere Hinweise im Tagebuch zeigen, handelt es sich nicht um eine Art Identifikation Gottes mit der menschlichen Innerlichkeit, sondern um die Wahrnehmung Gottes im Inneren dieser Innerlichkeit selbst, wie sie die Mystiker auf verschiedene Weisen ausgedrückt haben. Die christlichen Theologen haben von »trinitarischer Einwohnung« gesprochen. Es handelt sich nach dem Johannesevangelium um eine wechselseitige Gegenwart: *»An jenem Tag werdet ihr erkennen, dass ich in meinem Vater bin und dass ihr in mir und ich in euch bin«* (Johannes 14,20). Dieses Wort wird nirgends im Tagebuch angeführt, aber der Sache nach steht es in dem auf das obige Zitat folgenden Abschnitt, den man geradezu als »theresianisch« bezeichnen könnte:

> »In Tides[98] Tagebuch bin ich dem oft begegnet: ›Nimm ihn sanft in deine Arme, Vater.‹ Und so fühle ich mich, immer und ununterbrochen, als liege ich in deinen Armen, mein Gott, so beschützt und so geborgen und so von Ewigkeitsgefühl durchdrungen. Und es ist gerade so, als sei jeder kleinste Atemzug von mir von Ewigkeitsgefühl durchdrungen, und die kleinste Handlung und die geringste Rede hat ihren so großen Hintergrund und ihren tieferen Sinn« (17. September 1942, S. 549).

»Wisst ihr nicht«, schreibt Paulus an die Korinther, *»dass euer Leib der Tempel des Heiligen Geistes ist, der in euch ist und euch von Gott kommt, und dass ihr euch nicht selbst gehört?«* (1 Korinther 6,19). Dieses »tempelartige« Geheimnis der Gegenwart Gottes inmitten der menschlichen Innerlichkeit hat Etty in einer intensiv persönlichen Weise gelebt, jedoch nicht

[98] Ihre Freundin Henny Tideman, eine Christin.

in Einsamkeit. Sie ahnte, dass es in jedem Menschen eine Hinordnung darauf gibt, es zu leben und zu entdecken. Dies gibt sie bei einem ersten Aufenthalt im Lager Westerbork an der Drenthe zu erkennen. Sie war vom Jüdischen Rat dorthin gesandt worden, den die deutsche Behörde eingesetzt hatte; sie sollte die neu Eintreffenden registrieren und sie sozial und humanitär begleiten. Diese Aufgabe hat sie weit über das hinaus erfüllt, was in der Vorschrift vorgesehen war:

> »Was ist die innere Not deiner Geschöpfe auf dieser Erde groß, mein Gott! Ich danke dir dafür, dass du so viele Menschen mit ihren inneren Nöten zu mir kommen lässt. Sie sitzen und sprechen ruhig und unaufgeregt mit mir, und plötzlich bricht sie dann nackt heraus, ihre Not. Und auf einmal sitzt da ein armer Mensch, der verzweifelt ist und nicht weiß, wie er noch leben kann.
>
> Und jetzt beginnen für mich erst die Mühen. Es genügt nicht, dich nur zu predigen, mein Gott, um dich zu den anderen zu tragen, um dich in den Herzen anderer aufzugraben. Man muss den Weg zu dir in den anderen frei machen, mein Gott, und dafür muss man ein großer Kenner des menschlichen Gemüts sein. Ein geschulter Psychologe muss man sein. Beziehungen zu Vater und Mutter, Jugenderinnerungen, Träume, Schuldgefühle, Minderwertigkeitskomplexe, nun ja, und der ganze Krimskram. Bei jedem, der zu mir kommt, beginne ich eine behutsame, suchende Reise. Das Werkzeug, um in den anderen den Weg zu dir zu bahnen, ist noch sehr gering. Aber es gibt doch schon Werkzeug, und ich werde es langsam und mit Geduld ver-

bessern. Und ich danke dir, dass du mir die Gabe geschenkt hast, in anderen lesen zu können und den Weg in ihnen zu finden. Menschen sind oft für mich genauso wie Häuser, deren Türen offen stehen. Ich gehe hinein und irre durch die Gänge und Zimmer, und jedes Haus ist wieder anders eingerichtet, und doch sind sie allemal wieder dasselbe, und jedes Haus könnte man zu einer geweihten Wohnung für dich machen, mein Gott. Und ich verspreche dir, ich verspreche dir, dass ich in so vielen Häusern wie möglich Wohnung und Unterkunft für dich suchen will, mein Gott. Das ist eigentlich ein lustiges Bild. Ich mache mich auf den Weg und gehe Unterkunft für dich suchen. Es gibt so viele leer stehende Häuser, und ich bringe ihnen dich als den wichtigsten Tischgenossen« (17. Dezember 1942, S. 449f.).

So erhellend und in so vieler Hinsicht erfüllend diese geistliche Erfahrung gewesen sein mag, so hörten doch die gesundheitlichen Beschwerden höchstens zeitweise auf, die Etty seit ihrer Jugend begleitet hatten und wohl eine Folge ihrer *»chaotischen«* Zeit waren. Wie Thérèse von Lisieux,[99] die 40 Jahre vor ihr gelebt hatte und wie sie im Frühling ihres Erwachsenenalters gestorben ist und erst später durch die Veröffentlichung ihres geistlichen Tagebuchs unerwartet bekannt wurde, schreibt Etty in ihrem Tagebuch mit einer Schlichtheit von ihrer Schwä-

[99] Thérèse von Lisieux, eigentlich *Thérèse de l'Enfant Jésus et de la Sainte Face* (1873–1897), Nonne im Orden der Unbeschuhten Karmelitinnen, Heilige und Kirchenlehrerin.

che, welche die Tiefe dessen erreicht, was sie selbst die *»letzten Rätsel«* nennt:

> »Da steht der Baum[100] wieder, der Baum, der meine Biographie schreiben könnte. Es ist doch nicht mehr derselbe Baum, oder liegt es daran, dass ich nicht mehr dieselbe bin? Und sein Bücherschrank[101] steht da, in einem Meter Abstand von meinem Bett. Ich brauche nur meinen linken Arm auszustrecken, und dann habe ich Dostojewski in meinen Händen oder Shakespeare oder Kierkegaard. Aber ich strecke meine Hand nicht aus. Mir ist so schwindelig. Du stellst mich vor deine letzten Rätsel, mein Gott; ich bin dankbar, dass du mich vor sie stellst. Und ich habe auch die Kraft, vor sie gestellt zu stehen und zu wissen, dass es keine Antwort gibt. Man muss deine Rätsel tragen können« (15. September 1942, S. 544).

Erschöpft sehnt sie sich nach der Erholung im Schlaf. Aber dieser ist für sie nicht eine Art Ausflucht, ein Sich-in-die-Unbewusstheit-fallen-Lassen. Er ist eine Gnade, eine Weise körperlichen Betens, die zu einem Loslassen einlädt, zur Hingabe im Vertrauen. Kurze Zeit zuvor hatte sie dies so ausgedrückt: *»Man muss sozusagen mit leeren, offenen Händen in der Nacht liegen, Händen, aus denen man den Tag freiwillig hat herausgleiten lassen. Und dann erst kann man wirklich ausruhen.*

[100] Vor ihrem Fenster.

[101] Julius Spier hatte aufgrund seiner beengten Wohnverhältnisse seinen Bücherschrank in Ettys Zimmer untergebracht.

Und in die ausgeruhten und leeren Hände, die nichts haben festhalten wollen und in denen keinerlei Begierde mehr war, empfängt man beim Wachwerden einen neuen Tag« (17. Juni 1942, S. 443). Als Kranke setzt sie ihre Meditation, die sie zu den letzten Existenzfragen führt, so fort:

> »Ich glaube, dass ich schlafen gehen muss, tagelang. Und ich muss alles in meinem Geist loslassen. Der Doktor sagte gestern, dass ich ein zu starkes inneres Leben führe, dass ich zu wenig auf der Erde lebe und schon beinahe an der Grenze des Himmels und dass mein Körper das alles nicht tragen kann. Vielleicht hat er doch recht. Diese letzten anderthalb Jahre, mein Gott! Und die letzten zwei Monate, die für sich bereits ein ganzes Leben waren!
>
> Und habe ich nicht Stunden gehabt, von denen ich sagen konnte: Diese eine Stunde ist ein ganzes Leben gewesen; und wenn ich sogleich umkommen müsste, dann ist diese eine Stunde das ganze Leben wert gewesen? Und ich habe oft solche Stunden gehabt. Warum auch soll ich nicht im Himmel leben? Der Himmel ist doch da, und warum soll man dann nicht auch darin leben? Aber eigentlich ist es doch eher so: Der Himmel lebt in mir. Ich muss an ein Wort aus einem Gedicht von Rilke denken: ›Weltinnenraum‹.[102]
>
> Ich muss wirklich schlafen und alles das lassen. Mir ist so schwindlig. Und es ist etwas mit meinem Körper nicht in Ordnung. Ich würde gerne bald wieder gesund werden.

[102] Zu Ettys Auseinandersetzung mit Rilke siehe oben (S. 83 ff.).

> Aber ich nehme alles an aus deinen Händen, mein Gott, so wie es kommt. Ich weiß, dass es immer gut ist. Ich habe erfahren, dass man, indem man alles Schwere trägt, es in das Gute verwandeln kann« (15. September 1942, S. 544f.).

In diesem letzten Satz könnte man ein implizites Zitat eines Verses aus dem Römerbrief des hl. Paulus erkennen: *»Wir wissen, dass Gott bei denen, die ihn lieben, alles zum Guten führt«* (Römer 8,28). Hatte Etty dies *»erfahren«*, weil sie es selbst im Neuen Testament gelesen hatte? Oder in den *Bekenntnissen* von Augustinus, der diesen Vers gern zitiert? Entscheidend ist, dass er ihrem Leben in einem entscheidenden Augenblick Klarheit schenkte. Es sei auch auf diesen in seiner Inspiration so bezeichnend christlichen Gedanken hingewiesen, dass zwischen dem Himmel und der gegenwärtigen Situation des Glaubenden dieser Zusammenhang besteht: *»In der alltäglichen Wirklichkeit, die wir durch deine Gnade empfangen, hat das ewige Leben bereits begonnen.«*[103]

An einem anderen Tag, an dem sie Lendenschmerzen hat, findet sie Worte, die eine dichterische Umschreibung dieser paradoxen Erfahrung sind: *»Ja, dieser mein Körper. Auf einmal sehe ich ein Bild vor mir: eine alte, verfallene Ruine, aber durch die vielen Öffnungen fliegen weiße Tauben, [...] und zwischen den Spalten wachsen junge und neue Blumen, so bewegend frisch und jung zwischen den verwitterten Mauern! Das ist mein Gefühl«* (30. Mai 1942, S. 405).

[103] Römisches Messbuch, 6. Präfation für die Sonntage [Anm. des Übersetzers: nach der eher freien französischen Fassung].

Später kommt sie noch einmal auf ihre Berufung als Schriftstellerin zurück:

> »Für alles, das in mir ist, für dieses übervolle und überreiche Lebensgefühl möchte ich dann das eine Wort finden. Warum hast du mich nicht zu einem Dichter gemacht, mein Gott? Du hast mich ja zu einem Dichter gemacht, und ich werde geduldig warten, bis die Worte in mir gewachsen sind, die von allem zeugen, wovon ich meine, dass ich davon Zeugnis geben muss, mein Gott: Dass es gut und schön ist, in deiner Welt zu leben, trotz allem, was wir Menschen einander antun.
>
> Das denkende Herz der Baracke«
>
> (15. September 1942, S. 545).

Diese letzten Worte, die Etty abgesetzt geschrieben hat, haben als Titel für die Sammlung ihrer Briefe gedient, welche der Herausgeber J. G. Gaarlandt 40 Jahre danach zusammengestellt hat.[104] Sie erinnern an ihren Aufenthalt im Durchgangslager Westerbork, von dem aus die Deportationen nach Auschwitz stattfanden. Im Folgenden befassen wir uns mit ihrem Zeugnis von dieser letzten Prüfung für sie und fast die gesamte jüdische Bevölkerung der Niederlande.

[104] *Het denkende hart van de barak. Brieven van Etty Hillesum. Ingeleid door J. G. Gaarlandt.* [Das denkende Herz der Baracke. Briefe von Etty Hillesum. Eingeleitet von J. G. Gaarlandt], Weesp, Den Haag 1982. 1984 (Uitgeverij Balans).

KAPITEL VII

»Von allen Seiten schleicht unsere Vernichtung heran …«[105]

Für diejenigen, die den Krieg und die Besatzungszeit nicht mehr erlebt haben, muss es schwer sein, sich die Bedingungen vorzustellen, unter denen damals zig Millionen Europäer leben mussten, vor allem aber Millionen unserer jüdischen Mitbürger, die durch den perversen Größenwahn einiger antisemitischer Ideologen dem entgegensehen mussten, was Letztere zynisch als die »Endlösung« bezeichneten.

Seit der Veröffentlichung der ersten Auszüge aus ihrem Tagebuch erschien Etty als eine der klarsichtigsten und zutiefst menschlichen Zeuginnen dieser tragischen Periode, wie sie selber es voraussah: *»Es wird doch jemand überleben müssen, um später bezeugen zu können, dass Gott auch in dieser Zeit noch gelebt hat. Und warum sollte ich nicht dieser Zeuge sein?«* (27. Juli 1942, S. 536). Dieses Zeugnis, das sie regelmäßig ihren schlichten Schulheften anvertraut, berichtet uns nicht nur auf genaue und einzigartig konkrete Weise von der Alltagsatmosphäre und den entscheidenden Ereignissen dieser Zeit. Es lässt uns auch die Entwicklung ihrer Persönlichkeit im Lauf der letzten Monate ihres Lebens erkennen. Begleiten wir sie also geschwisterlich, indem wir uns ihren Eintragungen über

[105] 6. Juli 1942, S. 503.

diese letzte Etappe ihres geschichtlichen und geistlichen Wegs zuwenden.

Wie es viele Familien und Gruppierungen damals erfahren haben, mussten Krieg und Besatzung sich auch auf die häuslichen Beziehungen auswirken. Dies betraf ebenfalls die Gabriel Metsustraat 6. Unser Haushalt, schreibt Etty, ist *»eine kleine turbulente Welt, durch die Politik von außen bedroht, von innen zerstört zu werden«* (15. März 1941, S. 20). Sie erklärt dies, indem sie sich in ihrer gewohnten Aufrichtigkeit selber in Frage stellt:

> »Aber es scheint mir eine Aufgabe zu sein, diese kleine Gemeinschaft aufrechtzuerhalten als Beweis gegen alle diese verkrampften und gezwungenen Theorien von Rasse, Volk usw. Als Beweis, dass man das Leben nicht in ein bestimmtes Schema einfangen kann. Aber es kostet vielen inneren Streit und Verdruss – und man muss ab und zu einander wehtun – und Überwindung und Reue. Manchmal werde ich plötzlich von Hass erfüllt, nach dem Zeitunglesen oder durch einen Bericht von draußen; dann kann ich plötzlich außer mir sein mit Schimpfworten gegen die Deutschen. Und ich weiß, dass ich es absichtlich tue, um Käthe[106] zu kränken, um irgendwo den Hass abzureagieren, und sei es auf diesen einzigen Menschen, von dem ich weiß, dass sie ihr Geburtsland liebt, was vollkommen natürlich und zulässig ist. Aber ich kann es dann nicht vertragen, dass sie in diesem Augenblick nicht genauso sehr hasst wie ich. Ich

[106] Käthe Fransen, die deutsche Haushälterin von Han Wegerif.

suche gleichsam Harmonie mit allen meinen Mitmenschen im Hass. Und dabei weiß ich doch, dass sie die neue Mentalität ebenso schlimm findet wie ich und unter den Ausschreitungen ihres Volkes gebeugt geht. Aber in der Tiefe ist sie natürlich an dieses Volk gebunden, und das spüre ich, aber ich vertrage das in diesem Augenblick nicht. Das ganze Volk muss und wird ausgerottet werden mit Wurzeln und allem, und dann kann ich so von Herzen sagen: ›Es ist ein Pack!‹, und zugleich schäme ich mich tot und fühle mich danach tief unglücklich und kann nicht zur Ruhe kommen und habe das Gefühl, dass es allemal verkehrt ist.

Und dann ist es wirklich sehr berührend, wenn wir nach einiger Zeit sehr freundlich und ermutigend zu Käthe sagen: ›Ja, natürlich, es gibt wirklich auch noch anständige Deutsche, die Soldaten können schließlich auch allemal nichts dagegen tun, es gibt manche gute Kerle unter ihnen.‹ Aber das ist nur eine Theorie, um wenigstens noch ein bisschen Menschlichkeit in ein paar freundlichen Worten zu retten. Aber wenn dies wirklich Fleisch und Blut wäre, wenn wir dies wirklich so fühlten, dann bräuchten wir es auch nicht so nachdrücklich zu formulieren« (15. März 1941, S. 20f.).

Sie ist daher sehr glücklich, als sie entdeckt, dass Julius Spier, den sie erst seit kaum acht Tagen kennt, Gründe nennt für die Notwendigkeit, gegen diese Anwandlungen instinktiver Gewalt anzugehen. Sie schreibt am selben Tag:

»Gestern Nachmittag lasen wir die Aufzeichnungen durch, die er mir mitgegeben hatte. Und als wir zu diesen Worten kamen: ›Es würde aber schon genügend sein, wenn es nur einen Menschen gäbe, der wert ist, ›Mensch‹ zu heißen, um an den Menschen, an die Menschheit zu glauben‹, da schlug ich in einer spontanen Aufwallung die Arme um ihn. Dieses Problem liegt in unserer Zeit. Der große Hass gegen die Deutschen, der das eigene Gemüt vergiftet. ›Lass sie alle miteinander ersaufen, Pack, vergasen muss man sie!‹ Diese Äußerungen gehören zum täglichen Gespräch und geben einem manchmal das Gefühl, dass es nicht mehr möglich ist, in dieser Zeit zu leben. Bis vor einigen Wochen auf einmal der erlösende Gedanke kam, der wie ein zögerlicher ganz frischer Grashalm in einer Wüstenei von Unkraut auftauchte: Und sollte es auch nur einen anständigen Deutschen geben, dann wäre er es wert, in Schutz genommen zu werden gegen die ganze barbarische Bande, und wegen dieses einen anständigen Deutschen soll man dann nicht seinen Hass über ein ganzes Volk ausgießen« (15. März 1941, S. 19).

Etty ist sich wohl bewusst: Während sie gegen diesen *»undifferenzierten Hass«* (15. März 1941, S. 19) protestiert, geht es keineswegs darum, sich dem Unannehmbaren zu fügen: *»Das bedeutet nicht, dass man gegenüber bestimmten Strömungen klein beigibt; man nimmt Stellung, man ist zu bestimmten Zeiten empört über verschiedene Dinge«* (ebd.).

Etwas mehr als ein Jahr danach wird sie folgenden Auszug aus einem Werk des methodistischen Missionars E. Stanley Jones (1884–1973)[107] in ihr Tagebuch übertragen:

[107] E. Stanley Jones, Gründer christlicher *Ashrams* in Indien und entschie-

»Zuallererst müssen wir feststellen, dass es eine Weise des Zornes gibt, die biologische Bedeutung hat. Zorn ist oft eine Absicherung gegen das Böse. Die Seele steht auf und widersteht dem Bösen mit tiefer Empörung. Wahrscheinlich hatte Nietzsche recht, als er sagte: ›Eure Tugend hat wenig zu bedeuten, wenn sie sich nicht zur Wut aufpeitschen lässt.‹ […] Jesus selbst konnte voller Zorn sein. ›Er blickte zornig um sich, betrübt über die Verhärtung ihres Herzens.‹[108] Aber aufgepasst: Es war Zorn, mit Schmerz vermischt. Er war ›betrübt‹. Das ist der Unterschied zwischen berechtigtem und unberechtigtem Zorn. Wenn in unserem Zorn ein sittliches Verwundetsein zugrunde liegt, sittlicher Schmerz, nicht persönliche Rache, dann ist der Zorn gut und wertvoll und gesund […]« (8. Juni 1942, S. 417).

Seit dem Beginn des Krieges und der Besatzung erfährt Etty immer wieder vom Verschwinden oder der Verhaftung von Intellektuellen, die aufgrund ihrer Kompetenz und moralischen Integrität angesehen waren. An einem Abend im März 1941 wird sie sich plötzlich dessen bewusst, welche Verarmung diese Verluste für die jungen Menschen ihrer Generation ausmachen, und sie verfasst diese bewegende Seite, die so bezeichnend für ihre Warmherzigkeit und Mitmenschlichkeit ist:

dener Anhänger der Gewaltlosigkeit Ghandis. Wahrscheinlich hat Etty die Werke von Jones durch ihre Freundin Johanna Kuiper kennengelernt, welche einige davon ins Niederländische übersetzt hatte. Eines dieser Werke, das Etty beeinflusst haben kann, trägt den Titel: *Die Antwort Christi auf den Kommunismus.* Der hier von Etty zitierte Auszug konnte jedoch nicht identifiziert werden (vgl. *De nagelaten geschriften,* S. 767, Anmerkung zu S. 417).

[108] E. Stanley Jones zitiert hier Markus 3,5.

»Weil ich selber noch so jung bin und voll unverwüstlichen Willens, mich nicht unterkriegen zu lassen, und mit dem Gefühl, dass ich auch mithelfen kann, entstandene Lücken zu füllen, und dazu auch die Kraft verspüre, kommt man kaum dazu, zu erfassen, wie verarmt und wie einsam wir Jüngeren, die zurückbleiben, sein werden. Oder ist es eine Art Betäubung? Bonger tot, Ter Braak, du Perron, Marsman, Pos und v. d. Bergh und viele andere in einem Konzentrationslager usw.[109]

Auch Bonger ist für mich unvergesslich. (Seltsam, durch den Tod von v. Wijk kommt dies plötzlich wieder alles in mir hoch.) Einige Stunden vor der Kapitulation,[110] und plötzlich die schwere, plumpe, gut erkennbare Gestalt von Bonger, der sich am Ijsclub entlangschob, mit einer blauen Brille, den schweren originellen Kopf zur Seite auf die Rauchwolken gerichtet, die aus der Ferne über die Stadt zogen und von dem in Brand gesteckten Petroleumhafen herrührten. Und dieses Bild, die plumpe Gestalt mit dem Kopf schief nach den Rauchwolken in der Ferne gehoben, werde ich nie vergessen. Und in einer spontanen Anwandlung rannte ich ohne Jacke aus der Tür ihm hinter-

[109] Willem A. Bonger, international anerkannter Soziologe und Kriminologe, dessen Vorlesungen Etty gehört hatte; Menno ter Braak, Edgar du Perron, Hendrik Marsman waren drei in der jungen Generation geschätzte Schriftsteller, die im Mai/Juni 1940 tragisch ums Leben kamen; Hendrik J. Pos, Professor der Philosophie, Vorsitzender des Wachsamkeitskomitees gegen den Faschismus; George van den Bergh, Professor für Staats- und Verwaltungsrecht, Sozialdemokrat und aktiver Nazigegner.

[110] Nach dem Angriff der Deutschen am 10. Mai und der Bombardierung Rotterdams am 14. Mai kapitulierte die niederländische Armee am 15. Mai 1940.

her, holte ihn ein und sagte: ›Tag, Prof. Bonger, ich habe in diesen letzten Tagen viel an Sie gedacht; ich komme ein Stück mit Ihnen mit.‹ Und er schaute mich von der Seite an durch die blaue Brille und hatte keine Idee davon, wer ich bin, trotz der zwei Prüfungen und einem Jahr Kolleg. Aber in diesen Tagen waren die Menschen so vertraut miteinander, dass ich da voller Freundschaft neben ihm mitging. An das Gespräch erinnere ich mich nicht genau. Es war an diesem Mittag gerade die Fluchtmanie nach England, und ich fragte: ›Finden Sie, dass es Sinn hat zu flüchten?‹ Und dann sagte er: ›Die Jugend muss hier bleiben.‹ Und ich: ›Glauben Sie, dass die Demokratie gewinnen wird?‹ Und er: ›Sie wird sicher gewinnen, aber das wird auf Kosten einiger Generationen gehen.‹ Und er, der grimmige Bonger, war so wehrlos wie ein Kind, beinahe mild, und ich bekam plötzlich das unwiderstehliche Bedürfnis, meinen Arm um ihn zu schlagen und ihn wie ein Kind zu führen; und so, mit meinem Arm um ihn, liefen wir am Ijsclub entlang. Er schien irgendwie gebrochen und durch und durch gütig. Alle Leidenschaft und Grimmigkeit schienen wie weggeblasen. Das Herz geht einem über, wenn ich daran denke, wie er einst war; der Bullenbeißer des Kollegs. Und beim Jan Willem Brouwer-Platz nahm ich Abschied, und ich stellte mich plötzlich vor ihn, nahm eine seiner beiden Hände in meine zwei Hände, und er ließ den schweren Kopf so gutmütig etwas sacken und guckte mich durch die blauen Gläser an, durch die ich seine Augen nicht sehen konnte, und sagte dann: ›Gerne wieder!‹« (Dienstag, 25. März 1941, S. 54f.).

Am Abend des folgenden Tages, als Etty zu Professor Becker kommt, an dessen Russisch-Kurs sie teilnimmt, erfährt sie, dass Bonger sich am Vorabend eine Kugel in den Kopf geschossen hatte, eine Stunde, nachdem sie ihn verlassen hatte. Es handelte sich, wie Etty schreibt, nicht um einen Einzelfall. Dennoch will sie sich nicht dem Schlimmsten überlassen:

> »Eine Welt ist daran, zerbrochen zu werden. Aber die Welt wird weiter gehen, und ich gehe vorläufig noch mit, voll guten Mutes und guten Willens. Aber wir bleiben doch ein wenig hilflos zurück, aber ich fühle mich von innen her noch so reich, dass die Hilflosigkeit noch nicht vollständig zu mir durchdringt. Doch muss man guten Kontakt halten mit der gegenwärtigen wirklichen Welt und darin seinen Platz zu bestimmen suchen; man kann nicht allein mit den Ewigkeitswerten leben, das könnte auch zu einer Vogelstraußpolitik entarten. Vollständig leben, nach außen und nach innen, nichts von der äußeren Realität aufopfern um des Innerlichen willen, aber auch nicht umgekehrt: Das ist eine schöne Aufgabe« (25. März 1941, S. 56).

Ein anspruchsvolles Programm, gewiss in höherem Maß, als Etty es sich vorgestellt hat, als sie diese Zeilen in etwas martialischem Ton niederschrieb. Aber die sich überstürzenden Ereignisse sollten sie bald in die demütige und geschwisterliche Wahrheit ihres Schicksals einführen. Dieses Wort wird sich ihr aufdrängen, wenn sie später angesichts des Unausweichlichen schreiben wird:

»Ein schwerer, ein ganz schwerer Tag! … Ein ›Massenschicksal‹, das man allmählich mitzutragen lernen muss, unter Weglassung aller persönlichen Kindereien. […] Es ist nun ein ›Massenschicksal‹ geworden, und das muss man wissen. Ein ganz schwerer Tag! […] Und das, was ich von diesem ›Massenschicksal‹ tragen kann, das schnalle ich mir als Bündel immer straffer und fester auf meinen Rücken, und ich wachse damit mit und ich gehe damit bereits auf den Straßen« (10. Juli 1942, S. 511).

Ab Mai 1941 vervielfachen sich die Vorzeichen dieses *»Schicksals«*. Es handelt sich im Wesentlichen um schwere Schikanen mit dem Ziel, die Juden zu isolieren. Der »Jüdische Rat«, den die Nazis geschaffen hatten, um der israelitischen Gemeinschaft den Eindruck einer Art offizieller Anerkennung zu geben, hatte auf Anordnung der Besatzungsmacht eingewilligt, eine Kartei aller Juden in den Niederlanden zu erstellen. Am 24. Oktober erließ Arthur Seyß-Inquart, der österreichische Nazi, den die Deutschen an die Spitze der Verwaltung des Landes gestellt hatten, Verordnungen, die den Juden die Mitgliedschaft in »nichtwirtschaftlichen« oder kulturellen Vereinigungen verbot, sofern diesen nicht-jüdische Mitglieder angehörten. Eine weitere Verordnung vom selben Tag verbot Nicht-Juden die Beschäftigung in jüdischen Haushalten. An diesem Tag schreibt Ettty als Echo darauf in ihrem Tagebuch mit bitteren Worten: *»Ich habe mir erlaubt, darüber eine halbe Stunde depressiv und unruhig zu sein«* (24. Oktober 1941, S. 145). In der Folge fährt sie dennoch mit der Abfassung des Berichts über die Analyse ihres jüngeren Bruders Mischa fort, eines hochbegabten, aber psychisch gefährdeten Pianisten, die gerade bei Spier läuft:

> »Früher hätte ich mich damit getröstet, einen Roman zu lesen und meine Arbeit sausen zu lassen. Aber jetzt die Analyse von Mischa ausarbeiten. Es ist viel zu wichtig, dass er am Telefon so gut reagierte. Man darf nicht zu optimistisch sein, aber er verdient es, dass man ihm hilft. Solange man durch die kleinste Tür einen Zugang zu ihm bekommen kann, muss man das nutzen. Vielleicht kann es ihm später im Leben ein wenig helfen« (24. Oktober 1941, S. 145.)

Sie erwähnt am selben Tag auch ein Gespräch mit ihrem anderen Bruder Jaap (Jakob). Der Dialog bleibt schwierig, aber ihr liegt daran, ihn in diesen Zeiten der Prüfung fortzusetzen: *»Nach einem Gespräch mit Jaap. Wir werfen einander ab und zu einmal Bruchstücke voneinander zu, aber ich glaube nicht, dass wir einander verstehen«* (ebd., S. 146). Fünf Tage später sieht sie ihn in Begleitung ihrer Mutter wieder. Dies ist für sie der Anlass, sich Gedanken über ihre Beziehung zu machen. Sie zeigt dabei die demütige Klarsicht, für die ihr Tagebuch so viele Beispiele bietet:

> »Am Mittag auf einmal Jaap und Mutter zusammen in meinem kalten Wohnzimmer. Jaap wirkt, glaube ich, gewissermaßen tödlich auf mich mit seiner eiskalten und unsicheren Verkrampftheit, mit seiner Arroganz, hinter der sich aber doch eine Unsicherheit verbirgt. Ich habe schreckliches Mitleid mit ihm, und er stößt mich ab. Letzteres wird wohl

davon kommen, dass er mich, zumindest für mein Gefühl, ein bisschen verachtet. Er hat mir irgendwann einmal aus einer Zeit der Krankheit obenan in einem Brief geschrieben: Cogito, ergo sum. Credis, ergo non es.[111]

Und ich glaube, dass dies auch heute noch der Gegensatz zwischen uns ist, der wahrscheinlich auch nicht zu überbrücken ist. Und ich muss ihn doch jedes Mal hereinlassen, weil er ja nun einmal mein Bruder ist, wenngleich ich es ziemlich sinnlos finde, dass das ein Grund sein soll. Er hat etwas Feindliches mir gegenüber, unbewusst – er wird es selbst nicht wissen –, und vielleicht kommt dies auch davon, dass ich gegenüber ihm nicht offenherzig genug bin. Das liegt natürlich auch an mir. Und wenn ich jedes Mal wieder von seiner Kritik und seinem Skeptizismus so getroffen werde, dann ist dies lediglich ein Beweis dafür, dass es in mir noch unsichere Flecken gibt, sonst würde mich seine kritische und herablassende Haltung nicht treffen« (30. Oktober 1941, S. 149 f.).

Die mystischen Erhebungen und die weiten geschichtlichen und kulturellen Perspektiven, von denen Etty in ihrem Tagebuch schreibt, hängen offenbar nicht von ihren nächsten Beziehungen ab, und auch nicht von den mit ihnen gegebenen Forderungen. Man kann an einen Vers aus dem ersten Johannesbrief denken: *»Wer seinen Bruder nicht liebt, den er sieht, kann Gott nicht lieben, den er nicht sieht«* (1 Johannes 4,20).

[111] »Ich denke, also bin ich. Du glaubst, also bist du nicht« (vgl. S. 21 in diesem Buch, Anmerkung 14).

Allerdings ist dies alles sehr schwer zu tragen. Etty bekennt am selben Tag wieder einmal, dass ihr Mut im Schwinden begriffen ist: »*Lebensangst auf der ganzen Linie. Völliges Einsinken. Mangel an Selbstvertrauen. Abscheu. Angst*« (30. Oktober 1941, S. 148). Aber voller Unwillen wendet sie sich mit leidenschaftlicher Schärfe gegen sich selbst:

> »Das ist feige und widerlich von dir, und es stammt aus deiner schlimmsten Zeit: Du flüchtest wieder in Bücher und Gedichtsammlungen, du hängst wieder deine rührende Selbstbeschreibung hoch, dass dich niemand versteht, dass du gerne dichten möchtest, aber dass du darunter leidest, dass du es nicht kannst; du rollst dich auf dem Sofa zusammen und lässt Käthe, die sich die letzte Zeit ganz schlecht fühlt, zum Einkaufen gegen den Regen anrennen; du denkst wieder stolz an Selbstmord, was reine Bequemlichkeit und Feigheit wäre; du bist ein großes Scheusal. Und du entschuldigst dich vor dir selbst mit einem: ›Ich fühle mich doch so angegriffen, ich kann einfach nicht.‹ Und den Unterricht hast du heute auch versäumt. Ich schäme mich deiner« (30. Oktober 1941, S. 149).

In diesen Augenblicken körperlicher und seelischer Erschöpfung lernt Etty den Wert wahrer Freundschaft zu schätzen. Sie war gegenüber ihrer treuen Henny (Henriette) Tideman sehr gereizt gewesen – wie es unter Freunden oder Ehegatten vorkommt – und erinnert sich dankbar an eine liebvolle Geste von deren Seite:

»Vor ein paar Tagen hatte ich gedacht: Geist habe ich ja bei mir selber, den muss ich nicht bei anderen suchen. Bei anderen suche ich ein wenig Seele und menschliche Wärme und wirkliche menschliche Liebe. Und dann musste ich an die Geste denken, mit der Tideman an Mischas Musikabend ihre Hand auf die meine legte und danach auf das Programm schrieb: ›Ich bete für dich.‹ Und in mutlosen Augenblicken später drängte es mich manchmal, zu ihr zu laufen und zu sagen: ›Ja, bete bitte für mich, ich habe es so nötig.‹« (28. Oktober 1941, S. 146).

Wer würde sich nicht dieser von solcher Wärme erfüllten Natur nahe fühlen, in der sich offenbart, was in uns selbst das am meisten Fordernde, das am meisten Geschwisterliche, aber auch am meisten Verwundbare ist.

Inzwischen wird die auf der jüdischen Gemeinschaft von Amsterdam lastende Bedrohung immer schwerer. Am 12. Juni 1942 nennt Etty in ihrem Tagebuch neue antijüdische Maßnahmen: das Verbot, Obst, verschiedene frische Gemüse und Fisch außerhalb spezieller, den Juden vorbehaltener Läden zu kaufen – welche im Übrigen kaum mit frischem Gemüse beliefert wurden –, die Straßenbahn zu benutzen, ein nicht-jüdisches Haus zu betreten und – höchste Schikane in einer holländischen Stadt – mit dem Fahrrad zu fahren.[112] Etty zitiert dazu einige Zeilen aus einem Brief ihres Vaters in *»seinem unnachahmlichen Humor«* (25. Juni 1942, S. 469):

[112] Diese Maßnahmen wurden in den Niederlanden infolge der antijüdischen Nürnberger Rassengesetze eingeführt.

»Heute ist hier die fahrradfreie Zeit eingetreten. Ich habe Mischas Fahrrad eigenhändig abgeliefert. In Amsterdam, so lese ich in der Zeitung, dürfen die Jehudim noch Rad fahren. Welch ein Vorrecht! Wir brauchen jetzt nicht mehr ständig Angst zu haben, dass unsere Räder gestohlen werden. Ein Vorteil für unsere Nerven ist das bestimmt. In der Wüste haben wir seinerzeit auch vierzig Jahre[113] ohne Fahrräder auskommen müssen« (25. Juni 1942, S. 469).

Diese bösartigen und schikanösen Maßnahmen bringen Etty ihren Eltern näher, während es ihr zugleich verboten ist, sie zu besuchen:

»Ich weiß, was alles wir noch erwarten können. Ich sitze nun getrennt von meinen Eltern und kann sie nicht erreichen, obwohl es nur zwei Stunden Fahrt von mir zu ihnen ist.[114] Aber ich weiß noch genau, in was für einem Haus sie wohnen und dass sie keinen Hunger leiden und dass viele gutwillige Menschen um sie sind. Und sie wissen auch, wo ich bin. Aber ich weiß, dass eine Zeit kommen kann, dass ich nicht weiß, wo sie sind, dass sie Gott weiß wohin deportiert sind und dass sie irgendwo elend umkommen, so wie bereits jetzt so viele elendig umkommen. Ich weiß, dass das kommen kann. Der letzte Bericht lautet, dass alle Juden

[113] Louis Hillesum spielt an auf Numeri 14,33: »*Eure Söhne müssen vierzig Jahre lang ihr Vieh in der Wüste weiden lassen; sie haben so lange unter eurer Untreue zu leiden, bis ihr alle tot in der Wüste liegt.*«

[114] Die Juden durften die Stadt oder das Stadtviertel, in dem sie wohnten, nicht verlassen. So konnten die Besatzer sie leichter ausfindig machen.

> aus Holland abtransportiert werden sollen, über Drenthe nach Polen.[115] Und der englische Sender sagte, dass seit April vergangenen Jahres in Deutschland und in den besetzten Gebieten 700.000 Juden umgekommen sind. Und selbst wenn wir am Leben bleiben, sind dies doch ebenso viele Wunden, die wir unser ganzes Leben lang werden mit uns tragen müssen« (29. Juni 1942, S. 480).

Diese erdrückenden Feststellungen hindern sie nicht, sich an die geheimnisvolle Quelle des Sinns der Geschichte zu wenden und hinzuzufügen: *»Und doch finde ich das Leben nicht sinnlos, Gott; dagegen kann ich nichts tun. Und Gott schuldet uns auch keine Rechenschaft für die Sinnlosigkeiten, die wir selber verursachen; Rechenschaft schuldig sind wir. Ich bin schon in tausend Konzentrationslagern tausend Tode gestorben, ich weiß es nun einmal und bin auch über neue Berichte nicht mehr beunruhigt. Auf die eine oder andere Weise weiß ich alles bereits. Und doch finde ich dieses Leben schön und sinnvoll. Von Minute zu Minute«* (ebd., S. 481).

Sie lässt sich auch nicht auf die täglichen Demütigungen ein, die einer ganzen Bevölkerungsgruppe zugefügt werden. In einer Nacht steht sie um ein Uhr auf, um sich in diesem Sinn in ihrem Tagebuch zu erklären:

[115] Dieses Programm wurde genau ausgeführt. Ungefähr 80 Prozent der niederländischen Juden wurden nach Polen deportiert (nach Auschwitz und Sobibor) und vernichtet. Einigen Tausend Juden erging es in Bergen-Belsen und in Theresienstadt weniger schlimm, doch auch dort wurden viele ermordet.

»Zum Erniedrigen braucht es zwei: den, der erniedrigen will, und den, welchen man erniedrigen will und vor allem, der sich erniedrigen lässt. Fehlt der Letztere, ist also die passive Seite immun gegen jede Erniedrigung, dann verdampfen die Erniedrigungen in der Luft. Was übrig bleibt, sind nur lästige Maßnahmen, die das tägliche Leben stören, aber keine Erniedrigungen und Bedrückungen, welche die Seele beklemmen. Dazu muss man die Juden erziehen. Heute Morgen radelte ich entlang dem Stadionskade und genoss den weiten Himmel am Rand der Stadt und atmete die frische unrationierte Luft ein. Und überall Schilder, welche Wege in die freie Natur hinein für Juden abgesperrt hielten.[116] Aber über dem einen Stück Weg, das uns bleibt, ist auch der ganze Himmel. Man kann uns nichts antun, man kann uns wirklich nichts antun. Man kann es uns ein bisschen lästig machen, man kann uns mancher materieller Güter berauben, mancher äußeren Bewegungsfreiheit, aber wir selber berauben uns am allermeisten, wir rauben uns die besten Kräfte durch unsere Einstellung. Indem wir uns verfolgt, erniedrigt und unterdrückt fühlen. Durch unseren Hass. Durch Draufgängerei, die Angst verbirgt. Man mag durchaus über das uns Angetane traurig und niedergeschlagen sein, das ist menschlich und verständlich. Aber doch: den größten Raub an uns begehen wir selber. Ich finde das Leben schön, und ich fühle mich frei. Die Himmel in mei-

[116] Die Besatzung begründete diese Verordnung, die es den Juden verbot, Parks oder kleine Wälder zu betreten, mit der Notwendigkeit, »die Gesundheit der Arier zu schützen« (!).

nem Inneren sind genauso weit ausgespannt wie über mir. Ich glaube an Gott und ich glaube an die Menschen, und allmählich wage ich es ohne falsche Scham ehrlich zu sagen. Das Leben ist mühsam, aber das ist nicht schlimm. Man muss beginnen, seinen Ernst ernst zu nehmen, und der Rest kommt von selber. Und ›an sich selber arbeiten‹ ist wahrlich kein krankhafter Individualismus. Und ein Friede kann nur dann später ein wahrer Friede werden, wenn ein jeder Einzelne in sich selber Frieden stiftet und Hass gegen Mitmenschen welcher Rasse und welchen Volkes auch immer ausreißt und überwindet und in etwas verändert, das kein Hass mehr ist, vielleicht auf die Dauer sogar Liebe; oder ist das vielleicht zu viel gefordert? Und doch ist es die einzige Lösung.

Und so könnte ich seitenlang weitermachen. Ich kann auch aufhören. Das Stückchen Ewigkeit, das man in sich trägt, kann man sowohl mit einem einzigen Wort als auch in zehn dicken Standardwerken abhandeln. Ich bin ein glücklicher Mensch, jawohl, im Jahr des Herrn – noch immer des Herrn! – 1942. Im wievielten Kriegsjahr?« (20. Juni 1942, S. 457 f.).

Wäre es übertrieben, eine solche Seite als einen der schönsten Texte in der Geschichte anzusehen, in denen der menschliche Widerstand gegen jede Form der Missachtung zum Ausdruck kommt?

Diese Fähigkeit, die radikalste Prüfung in ihren existentiellen, zugleich philosophischen und religiösen Kontext zu stellen, schließt keineswegs aus, dass Etty von den Leiden in ihrer Umgebung zutiefst mitgetroffen ist, ohne sich jedoch erdrücken zu lassen oder sich die Befriedigung über einen unerwarteten Besuch, der im Übrigen einer Verordnung der Besatzung widerspricht, zu versagen:

> »Jetzt bin ich kaputt. Heute Morgen ungefähr um sieben hatte ich die Hölle von Unruhe und Angst in mir wegen aller neuen Verordnungen, und das ist gut: Ich kann dadurch etwas von der Angst der anderen nachfühlen, denn diese Angst ist mir immer mehr fremd geworden.
>
> Und um acht Uhr war ich wieder die ›Frömmigkeit‹ und die Ruhe selbst. Und ich war beinahe stolz darauf, dass ich in meinem geräderten körperlichen Zustand doch noch die anderthalb Stunden russischen Konversationsunterricht genommen habe; früher würde ich so etwas mit Berufung auf meinem Zustand abgesagt haben.
>
> Und heute Abend ist es wieder ein neuer Tag: Dann kommt wieder jemand mit Schwierigkeiten, ein katholisches Mädchen. Gegenwärtig als Jude einem Nichtjuden in seinen Schwierigkeiten helfen zu können, gibt einem ein eigenartiges Kraftgefühl« (1. Juli 1942, S. 483).

Natürlich fühlt sich Etty am meisten beeinträchtigt, wenn die diskriminierenden Maßnahmen gegen die Juden ihre eigenen Lieben betreffen:

> »Heute überkam mich zum ersten Mal eine große Mutlosigkeit, und damit muss ich nun erst noch fertig werden. […] Warum erst jetzt dieses Gefühl? Weil ich eine Blase

an meinem Fuß wegen des langen Weges durch die heiße Stadt habe, weil so viele kaputtgelaufene Füße haben, seit sie nicht mehr in die Straßenbahn dürfen; wegen Renates[117] bleichem Gesichtlein, weil sie mit ihren kurzen Beinen durch die Hitze zur Schule laufen muss, eine Stunde hin und eine Stunde zurück. Weil Liesl stundenlang ansteht und trotzdem kein Gemüse bekommt. Wegen so schrecklich vielem, in sich alles Kleinigkeiten, aber alles im Rahmen des großen Vernichtungskampfes gegen uns. Und alles andere ist vorläufig nur noch grotesk und kaum zu begreifen: Dass S. dieses Haus nicht mehr betreten darf, nicht zu seinem Flügel und zu seinen Büchern kann, dass ich nicht zu Tide[118] gehen kann usw.« (3. Juli 1942, S. 486).

Ihr geht der plötzliche Schrecken Spiers nahe: *»Sein Mund bebte, als er sagte: Dann werden Adri oder Dicky mir auch kein Essen mehr bringen dürfen«*[119] (10. Juli 1942, S. 511). Sie zitiert auch mit Bewegung den ergreifenden Brief, den er ihr an dem Tag *»durch den arischen Stafetten-Dienst«* (14. Juli 1942, S. 518) zusendet, als er feststellt, dass sein Telefon wie das der übrigen jüdischen Abonnenten abgeschaltet worden ist (seit

117 Die Tochter von Liesl und Werner Levie.

118 Henriette Tideman.

119 Adri(enne) Holm und Dicky de Jonge, zwei christliche junge Frauen, die zum *Spier-Club* gehörten. Dicky war infolge ihrer Analyse bei Spier vollkommen von einem Ekzem befreit worden und »betete ihn an«, wie Etty schreibt (9. März 1941, S. 5). Sie wohnte im selben Haus wie Spier, ein Stockwerk höher. Spier, der mit seinen Patienten sehr ausgelastet war, hatte weder die Zeit und wohl auch nicht die erforderliche Ausrüstung, um seine Mahlzeiten zu bereiten. Da den Juden der Besuch von Restaurants verboten war, war er auf den Essen-Bringdienst angewiesen.

dem 30. Juni 1942): *»[...] statt des wohlvertrauten, wohllautenden Getüte ist eine düstere Stille darin. Das ist traurig und ich bin auch tottraurig: es ist in mir, als würde ich all das Leid, all das Weh, all die Angst der Tausenden mitfühlen und tragen! Ich hätte gerne deine liebe, zarte, sonore Stimme noch einmal gehört, sie ist mir so unendlich vertraut [...]«* (14. Juli 1942, S. 518).

Etty antwortet ihm am selben Tag und lässt die Nachricht ebenfalls durch den *»arischen«* Kurierdienst überbringen, den eine ihrer gemeinsamen Freundinnen übernahm, und der, wie sie sagt, *»trotz aller Razzien vortrefflich funktioniert«* (ebd.). Sie wendet sich an ihn in geradezu mütterliche Weise – bisher war das in ihrem Tagebuch noch nie vorgekommen –, wobei sie Bezug nimmt auf ihre eigene Erfahrung, die – abgebrochene – Schwangerschaft im vergangenen Jahr.

> »Ich schrieb ihm heute Morgen u. a.: Meine Ohrmuschel ist wüst und leer[120] ohne deine vibrierende und zärtliche Stimme am Morgen.
>
> Und dann schrieb ich noch:
>
> Ich trage dich in mir herum wie mein ungeborenes Baby, nur nicht im Bauch trage ich dich sondern in meinem Herzen, das ist auch ein anständigerer Platz« (14. Juli 1942, S. 518).

Gegen Mittag gelingt es Spier, sie von einer Telefonzelle aus zu erreichen, und er sagt ihr insbesondere: *»Wir müssen heute Abend schwer beten«* (14. Juli 1942, S. 518). Woraufhin Etty ihm

[120] Vgl. Genesis 1,2: »Und die Erde war wüst und leer, und es war finster auf der Tiefe.«

durch ihre Freundin Gera Bongers diese kurze Notiz zukommen lässt: *»[...] jede Minute müssen wir jetzt beten, nicht nur heute Abend. Es ist [als] ob etwas sich in mir verdichtet hat zu einem ständigen Gebet, es betet immer weiter in mir, auch wenn ich lache oder Witze mache.«* Und sie schließt mit den Worten: *»Und auch: es ist so eine große Zuversicht in mir«* (ebd.).[121]

Am selben Tag ermutigt sie ihre Eltern mit diesen Worten:

> »Auch einen Gruß von Jaap und mir, und die Nachricht, dass wir den heutigen Tag überlebt haben, was man ein Glück nennen kann. Und ich sage es euch zum sovielsten Mal: Um mich müsst Ihr euch keine Sorgen machen, in welche Situation ich auch komme. Ich habe nun einmal von vornherein eine Art unbeschränkten Gottvertrauens in mir, das mich gegen jede Situation mich gewachsen fühlen lässt« (14. Juli, S. 519).

Dennoch bekennt sie, es breche ihr das Herz, als ihr jüngerer Bruder (22 Jahre alt) von einer Razzia berichtet, die er in einer Straße von Amsterdam miterlebt hat: *»Man ist entsetzt darüber, dass es wirklich solche Menschen gibt. Es waren Jugendliche in meinem Alter, und ich war erschrocken, als ich ihre unbekümmerten Gesichter sah. Weißt du, sie lassen sich von nichts betreffen; selbst wenn ich sagte, dass meine Mutter im Sterben*

[121] Es sei darauf hingewiesen, dass Ignatius von Loyola das »ständige Gebet« in dem Sinn empfiehlt, dass man Gott in allem suchen solle (vgl. z. B. *Satzungen der Gesellschaft Jesu,* Nr. 288). Wie wir gesehen haben, ist dies nicht die einzige »ignatianische« Analogie, die wir bei Etty finden.

liegt, würde es auf sie keinen Eindruck machen. Ein Jude ist für sie kein Mensch« (19. Juni 1942, S. 455).

Etty will sich jedoch nicht einem Mitleid überlassen, das zu sehr auf ihre unmittelbare Umgebung beschränkt bleibt:

> »Die Straßen, durch die man mit dem Rad fährt, sind doch nicht mehr ganz dasselbe. Der Himmel hängt so niedrig und drohend darüber, und es scheinen Unwetter zu kommen, auch bei strahlender Sonne. Man lebt nun Seite an Seite mit einem Verhängnis, oder wie man dies nennen will, man findet auch täglich Weisen des Umgangs damit, und es ist alles ganz anders, als wir dies früher in allen Büchern lesen konnten.
>
> Für mich selber weiß ich nun dies: Man muss sogar seine Sorgen um die anderen die man lieb hat, loslassen. Ich meine dies: Alle Kraft und Liebe und alles Gottvertrauen, die man in sich hat und die in der letzten Zeit so wunderbar in mir am Wachsen sind, muss man für einen jeden bereithalten, der uns zufällig auf unserem Weg entgegenkommt und der es braucht« (7. Juli 1942, S. 504).

In dieser Kraft und in diesem Vertrauen auf Gott erneuert sich Etty, indem sie diese tragische Epoche in dem, was sie ein *»kraftvolles Ganzes«* nennt, einordnet:

> »Es gilt noch immer: das Wissen in mir tragen, dass mein Verlangen erfüllt wird, dass ich einmal nach Russland gehen werde, dass ich einst eines von vielen kleinen Verbindungsgliedern zwischen Russland und Europa sein werde. Das ist

eine Gewissheit in mir, die nicht zerstört wird von der anderen Gewissheit, dass man unsere Vernichtung will. Auch das nehme ich auf. Ich weiß es jetzt. Ich werde anderen nicht mit meinen Ängsten zur Last fallen, ich werde nicht verbittert sein, wenn andere nicht begreifen, worum es bei uns Juden geht. Aber eine einmal erlangte Gewissheit soll durch eine andere nicht angefressen oder entkräftet werden. Ich arbeite und lebe weiter mit derselben Überzeugung und finde das Leben sinnvoll, dennoch sinnvoll, obwohl ich das kaum mehr in Gesellschaft zu sagen wage. Das Leben und das Sterben, das Leiden und die Freude, die Blasen an den kaputt gelaufenen Füßen und der Jasmin hinter meinem Garten, die unzählbaren sinnlosen Grausamkeiten, alles und alles, das ist in mir wie ein kraftvolles Ganzes, und ich nehme alles auf als ein einziges Ganzes und beginne immer besser zu begreifen, jedenfalls für mich selbst, ohne dass ich es jemand anderem erklären kann, wie alles zusammengehört. Ich würde gerne lange leben, um es später alles doch noch einmal zu erklären; und wenn mir dies nicht vergönnt ist, nun gut, dann soll dies ein anderer tun und dann soll ein anderer mein Leben weiterleben, da wo meines abgebrochen ist. Und deshalb muss ich es so gut und so vollständig und so überzeugt wie möglich bis zum letzten Atemzug leben, so dass der, welcher nach mir kommt, es nicht ganz neu beginnen muss und es nicht mehr so schwer hat. Heißt das nicht, etwas für die Nachgeborenen zu tun?« (3. Juli 1942, S. 486 f.).

Am selben Tag beginnt sie ein neues Heft, das zehnte ihres Tagebuchs, und schreibt:

> »Ach, wir haben doch immer alles in uns: Gott und Himmel und Hölle und Erde und Leben und Tod und Ewigkeiten, viele Ewigkeiten. Ein wechselndes Dekor und eine Handlung aus äußeren Umständen. Aber wir tragen alles in uns, und die Umstände sind doch nicht das Ausschlaggebende, niemals. Denn es wird jedenfalls immer Umstände geben, gute und schlechte. Und die Tatsache der Umstände, guter und schlechter, muss man annehmen, was nicht hindert, dass man sein Leben dafür gebraucht, die schlechten zu verbessern. Aber man muss wissen, aus welchen Motiven man den Streit führt, und man muss bei sich selbst beginnen, jeden Tag von Neuem bei sich selber« (3. Juli 1942, S. 488).

Mehr und mehr ist Etty darum bemüht, ihrer unmittelbaren Erfahrung einen Sinn zuzuschreiben, insbesondere der Angst und der Frustration. Dabei geht sie sehr realistisch vor und situiert ihre Erfahrungen in der Gesamtheit der Geschichte und der Berufung des Menschen, ohne in irgendeiner Weise auf beruhigende Vorstellungswelten zurückzugreifen.

> »Mein Körper ist der Aufbewahrungsort für viele Schmerzen, sie liegen versteckt in allen Ecken, und einmal kommt dieser und dann wieder ein anderer zum Vorschein. Auch damit habe ich mich inzwischen versöhnt. Und ich bin ganz verwundert darüber, wie gut ich bei all dem arbeiten und mich konzentrieren kann. Aber ich muss mich dem

auch stellen, dass es mit Geisteskraft allein auch nicht geht, wenn es einmal mit uns ernst wird. Der eine kleine Gang zur Steuer hin und zurück hat es mich gelehrt.[122]

Wir liefen erst als fröhliche Touristen durch eine sonnige, schöne Stadt. Während des Gehens fing seine Hand immer wieder die meine, und sie hatten es gut zusammen, unsere Hände. Und als ich zu einem bestimmten Zeitpunkt ganz müde wurde, wurde ich mir seltsam gewahr, dass man sich in keine einzige der Straßenbahnen in dieser großen Stadt mit ihren langen Straßen setzen durfte und auch nicht auf eine der Café-Terrassen (von vielen Terrassen konnte ich ihm etwas erzählen: Schau, dort habe ich vor zwei Jahren mit vielen Freunden nach meinem Abschlussexamen gesessen, usw.), da dachte ich – eigentlich dachte ich es nicht, aber es lebte irgendwo in mir: Über die Jahrhunderte sind die Menschen müde gewesen und haben sich ihre Füße auf Gottes Erde kaputt gelaufen, in Kälte und Hitze, und das gehört auch zum Leben. Das wird in den letzten Zeiten immer stärker bei mir: Bis in meine kleinsten täglichen Handlungen und Wahrnehmungen dringt ein Hauch von Ewigkeit ein. Ich bin nicht allein müde oder krank oder traurig oder ängstlich, sondern ich bin es zusammen mit Millionen anderen aus vielen Jahrhunderten, und es gehört zum Leben. Und das Leben ist doch schön, und es ist auch sinnvoll. Es ist sogar sinnvoll in seiner Sinnlosigkeit, sofern

[122] Die Besatzungsmacht hatte die eingewanderten Juden einberufen, um ihre steuerliche Situation zu überprüfen. Etty hatte Spier zum Steuerbüro begleitet, um ihm beim Ausfüllen der Formulare zu helfen.

> man nur für alles einen Platz in seinem Leben zulässt und das ganze Leben als eine Einheit in sich trägt; und dann ist es doch auf die eine oder andere Weise ein geschlossenes Ganzes. Und sobald man einzelne Teile davon ausschalten und nicht akzeptieren will und man eigenmächtig und willkürlich vom Leben das eine annehmen und etwas anderes nicht annehmen will, dann allerdings wird es tatsächlich sinnlos, weil es nicht mehr ein einziges Ganzes ist und alles willkürlich wird« (4. Juli 1942, S. 490f.).

Sie hatte allerdings, um Spier nicht zu beunruhigen, nicht gewagt, ihm ihre *»ganz schlimme Müdigkeit«* (ebd., S. 490) zu gestehen, die sie auf dem weiten Weg zu Fuß befallen hatte. Doch um der Wahrheit willen und aus Realismus gegenüber der Zukunft sagt sie ihm schießlich doch: *»Und jetzt sage ich, ganz einfach und selbstverständlich: Schau, meine Kräfte reichen bis so weit, weiter kann ich nicht, ich kann nichts daran ändern, du musst mich nehmen, wie ich bin«* (ebd., S. 493). Und sie fügt auf Deutsch hinzu, vielleicht in Anspielung auf eine Überlegung Spiers, und unterstreicht diesen Satz voller Tragik und zugleich friedlicher Ergebung: *»Ich weiß, daß ich in einem Arbeitslager in drei Tagen sterben werde, ich werde mich hinlegen und sterben und das Leben trotzdem nicht ungerecht finden«* (ebd., S. 490).

Die gleiche Wahrheitsliebe macht sie aufmerksam für jedes Zeichen der Mitmenschlichkeit auch bei Soldaten der Besatzungsarmee. Am Abend des 3. Juli beendet sie ihren Tag mit dieser Eintragung über eine Begebenheit, die ihr ihre Freundin Liesl Levie erzählt hat:

»›Ich kann doch den koscheren deutschen Soldaten am Kiosk nicht vergessen mit seiner Tasche mit Karotten und Blumenkohl. Erst steckte er dem Mädchen auf der Straßenbahn den Schein in die Hand, und dann kam der Brief, den ich noch einmal lesen muss: Sie habe ihn so sehr an die verstorbene Rabbinertochter erinnert, die er auf ihrem Sterbebett in England hatte Tage und Nächte lang pflegen müssen. Und heute ist er auf Besuch.‹

Und als mir Liesl das alles erzählte, da wusste ich auf einmal: Für diesen deutschen Soldaten werde ich heute Abend auch beten müssen. Eine von den vielen Uniformen hat nun ein eigenes Gesicht bekommen. Es wird unter ihnen noch mehr Gesichter geben, auf denen wir etwas lesen können, was wir verstehen. Und er leidet auch. Es gibt keine Grenzen zwischen den leidenden Menschen; auf beiden Seiten aller Grenzen wird gelitten, und man muss vor allem beten« (3. Juli 1942, S. 489 f.).

Eine der traurigsten Begleiterscheinungen der Besatzungszeit, die meine Generation bitter erfahren hat, war die Bereitschaft mancher Mitbürger, sich der Politik der Besatzungsmacht anzuschließen. Auch Etty hat dies erfahren und berichtet darüber:

»Man muss alles verarbeiten, was einem begegnet, auch wenn jemand in Gestalt eines Mitmenschen auf einen zukommt, wenn man gerade aus einer Apotheke herauskommt, in der man Zahnpasta gekauft hat, und einen mit dem Zeigefinger antippt und mit Inquisitionsgesicht fragt: ›Dürfen Sie da kaufen?‹ Und ich sagte schüchtern, aber entschieden mit der gewohnten Freundlichkeit von immer: ›Ja, mein Herr, denn dies ist eine Apotheke.‹ ›So‹, sagte er dann ganz kurz und misstrauisch und ging weiter. Ich tauge nicht für Schlagfertigkeiten. Schlagfertig kann ich in einem Zwiegespräch von Geist zu Geist sein. Gegenüber Pöbel von der Straße, um es einmal mit einem kräftigen Wort auszudrücken, bin ich vollkommen wehrlos ausgeliefert. Ich werde dann verlegen und traurig und verwundert, dass es unter Menschen so zugehen kann; aber eine scharfe Antwort oder im Rahmen des Zulässigen zurückbeißen, das ist mir nicht möglich. Der Mann hatte ja kein Recht, mich zu befragen. So ein Idealist, der einmal mithelfen wird, die Gesellschaft von jüdischen Elementen zu säubern! Jedem sein Pläsier in diesem Leben! Aber so ein kleiner Zusammenstoß mit der Außenwelt muss doch verarbeitet werden« (4. Juli 1942, S. 493 f.).

Am Schluss dieser Darstellung heißt es ebenso unerwartet wie bezeichnend für Ettys geistliche Reife: *»Ich habe nicht das geringste innere Interesse daran, gegen den einen oder anderen Verfolger in der Außenwelt eine tolle Figur zu machen, und deshalb strenge ich mich auch nicht dafür an. Und meine Traurigkeit können sie sehen, und dass ich hilflos ausgeliefert bin, auch. Ich habe kein Bedürfnis, äußerlich eine tolle Figur abzugeben, ich habe meine innere Kraft, und das genügt. Der Rest ist ohne Belang«* (ebd., S. 494).

Eine andere schlimme Erfahrung derselben Art war es, als sie Spier zum Sitz der Gestapo in Amsterdam begleitete:

»Wir standen am Mittwochmorgen in aller Frühe mit einer großen Gruppe im selben Raum der Gestapo, und für diesen Augenblick waren die Lebensumstände für alle die gleichen: Wir waren alle im selben Raum, die Männer hinter den Pulten ebenso wie die Befragten. Was das Leben eines jeden bestimmte, war, wie er dem innerlich gegenüberstand.

Unmittelbar fiel ein hin und her laufender junger Mann auf, ein unzufriedenes Gesicht, und die Unzufriedenheit auf gar keine Weise verbergend, aufgehetzt und gequält. Höchst interessant anzuschauen. Er sucht Vorwände, um die unglücklichen Juden anzuschreien: ›Hände aus den Taschen bitte!‹ usw. Ich fand ihn beklagenswerter als die Angeschrienen, und die Angeschrienen, soweit sie Angst hatten.

Als ich mit S. vor seinem Pult erschien, brüllte er mich auf einmal an: ›Was finden Sie lächerlich hier?‹ Ich hätte gerne gesagt: ›Außer Ihnen finde ich nichts lächerlich hier‹, aber aus diplomatischen Überlegungen schien es mir besser, das unterbleiben zu lassen. ›Sie lachen ja fortwährend!‹, brüllte er weiter. Und ich ganz unschuldig: ›davon bin ich mir gar nicht bewusst, das ist mein gewöhnliches Gesicht.‹ Und er: ›machen sie keinen Blödsinn bitte, gehen Sie bitte rrraus‹, mit einem Gesicht von: ›Wir werden uns ja gleich noch näher sprechen!‹ Und das war wahrscheinlich der psychologische Moment gewesen, wo ich hätte toderschrocken werden müssen, aber diesen Trick habe ich zu schnell durchschaut.

Ich bin eigentlich nicht bang. Nicht aus einem Bravour-Gefühl, sondern aus dem Gefühl, dass ich es doch immer mit Menschen zu tun habe und dass ich versuchen werde, jede Äußerung von wem auch immer zu verstehen, soweit

> mir das möglich ist. Und das war das Historische an diesem Morgen: Nicht dass ich durch einen unglücklichen Gestapo-Jungen angeschrien wurde. Ich hätte vielleicht empört oder bang sein müssen; aber das Belangvolle dieses Morgens scheint mir darin zu liegen, dass ich ein aufrichtiges Mitleid mit dem Jungen hatte, dass ich ihn am liebsten gefragt hätte: Hast du eine so unglückliche Jugend gehabt oder hat dich dein Mädchen betrogen? Er sah gequält und aufgehetzt aus – übrigens auch ganz elend und schlapp. Ich hätte am liebsten gleich mit einer psychologischen Behandlung begonnen. Ich war mir sehr deutlich bewusst, dass diese Jungens beklagenswert sind, solange sie nichts Böses tun können, aber sie sind lebensgefährlich und wären auszurotten, wenn sie auf die Menschheit losgelassen werden. Aber verbrecherisch ist allein das System, das diese Kerle gebraucht« (27. Februar 1942; S. 268 f.).

Bewundernswert ist in diesem Bericht ihre Beobachtungsgabe und ihre schriftstellerische Begabung. Nicht weniger beachtlich ist die anthropologische Bedeutung ihrer abschließenden Aussage:

> »Noch etwas von diesem Morgen: Ich nehme sehr stark wahr, dass ich trotz allen Leids und Unrechts, das geschieht, doch die Menschen nicht hassen kann. Und dass alles Entsetzliche und Grauenhafte, das da geschieht, nicht etwas geheimnisvoll Drohendes und Fernes außerhalb unser ist, sondern dass es ganz dicht bei uns ist, in uns, aus uns Menschen hervorgeht. Und mir dadurch auch wieder viel ver-

trauter und nicht so Angst einjagend« (27. Februar 1942, S. 269).

Etty kann den Hass verstehen, diese so natürliche Reaktion derer, die gedemütigt werden und Gewalt erleiden. Aber sie selbst kann sich dem Hass nicht ausliefern. Sie weiß, dass er diejenigen, die ihm zustimmen, innerlich zerstört und sie ihren Unterdrückern ähnlich macht. Dies ist ein Thema, auf das sie in ihrem Tagebuch immer wieder zurückkommt. Zu Beginn dieses Kapitels haben wir gesehen, wie heftig sie seit dem Beginn der Besatzung auf jenen *»undifferenzierten Hass«* (15. März 1941; S. 19) gegen die Deutschen reagiert, der in so vielen Gesprächen zum Ausdruck kam. In ihren Augen ist dies eine Frage der Wahrheit, die zugleich politische Auswirkungen hat:[123]

> »Früher lag der Konflikt nach meiner Auffassung [...] zwischen meinen Urinstinkten als Jude, vom Untergang bedroht, und meinen angelernten rationalen sozialistischen Ideen, die mich gelehrt haben, ein Volk nicht in seiner Ganzheit zu sehen, sondern als einen guten Teil, der von einer schlechten Minderheit verführt wird. Also ein Urinstinkt gegenüber einer rationalen Angewöhnung.
>
> Aber es liegt tiefer. Der Sozialismus lässt durch eine Hintertür doch wieder den Hass ein, gegen alles, was nicht sozialistisch ist« (15. März 1941, S. 19f.).

[123] Ettys Philosophie ähnelt hier derjenigen von Thoreau und Gandhi, auf die sie jedoch nirgends in ihrem Tagebuch anspielt.

Es gibt jedoch nach ihrer Auffassung keinen annehmbaren Kompromiss zwischen Wahrheit und Politik:

»Die politische Wahrheit muss in die große ›Wahrheit‹ eingeordnet werden, man muss hier seinen Standort unzweideutig bestimmen.[124]

Mit dieser tiefsinnigen Formulierung meine ich dies: Manchmal sitze ich in einer Gesellschaft, die sich – durchaus verständlich – vor lauter Bemerkungen des Hasses gegen die neuen Herrscher gar nicht einkriegen kann. Es werden dann oft Dinge erzählt, die absolut Lügen sind, aber womit die Menschen einander anstacheln und aufhetzen. Man sucht nach Begründungen für den Hass, man will unbedingt in einer bestimmten Stimmung bleiben. [...] Und das ist Demagogie. Es ist dieselbe Einstellung, welche auch die Propagandisten des ›Dritten Reichs‹ haben dürften, wenn sie die Menschen mit Theorien aufhetzen, an die sie ja selber nicht glauben. Im Grunde ist dies eine grenzenlose Volksverachtung. [...] Zusammenfassend will ich eigentlich dies sagen: Die Nazi-Barbarei erweckt in uns ein und dieselbe Barbarei, welche dieselben Methoden gebrauchen würde, könnten wir heutzutage tun, was wir wollten. Diese unsere Barbarei müssen wir innerlich abweisen, wir dürfen nicht den Hass in uns züchten, weil die Welt sonst nicht einen Schritt aus dem Morast kommt« (15. März 1941, S. 21 f.).

[124] Dies meinte Gandhi, wenn er von *satyagraha* sprach, der »Liebe zur Wahrheit«, die für ihn ein positiver Ausdruck der Gewaltlosigkeit war.

Es handelt sich nicht um eine Art Nachgeben gegenüber dem, was beim Gegner unannehmbar ist: »*Man kann sehr streitbar und grundsätzlich sein, ohne mit Hass vollgestopft zu sein […]*« (14. März 1941, S. 22). Und sie fügt hinzu, als wollte sie diese Überzeugung konkretisieren, die sich für sie selbst einmal in Auschwitz auf eine Weise bewahrheiten sollte, deren Geheimnis die Baracken nicht mehr hergeben werden: »*Um es mal grob zu formulieren, was vielleicht meiner Feder wehtut: Wenn ein SS-Mann mich tot trampeln sollte, würde ich noch zu seinem Gesicht aufschauen und mit angstvoller Verwunderung und menschlichem Interesse fragen: Mein Gott, Kerl, was muss dir Schreckliches im Leben geschehen sein, dass du auf solche Sachen kommst!*« (ebd., S. 23).

Man kann sich vorstellen, dass es nicht leicht war, solche Dinge in einem Land zu sagen, in dem die deutsche Besatzung mit besonderer Grausamkeit herrschte. Aber es kam auch vor, dass Etty für ihre humanistischen Überzeugungen christlicher Inspiration auf Sympathie stieß. So trifft sie an einem Morgen an der Universität Amsterdam, wo sie noch an einem Russisch-Kurs teilnimmt, einen früheren Mitschüler, Jan Bool,[125] mit von der Winterkälte ganz blauen Händen. Er erzählt ihr, dass ein gemeinsamer Bekannter, ein junger Mann, der vor dem Krieg in der kommunistischen Buchhandlung *Cultura* arbeitete, unter der Folter gestorben sei: »*›Diese Tiere‹, sagte Jan Bool im engen Universitätskorridor, ›haben ihn kaputtgemacht‹*«

[125] Johan Melchior Bool, der sich später auch Joop nannte, war ein antifaschistisch engagierter Mitstudent in Amsterdam, der sich 1942 aus Verzweiflung das Leben nahm.

(19. Februar 1942, S. 253). Er erzählt ihr auch von mehreren hervorragenden Professoren, die in einem Lager für politische Gefangene festgehalten werden. *»Die Absicht ist einfach, sie zu verrohen und ihnen das Gefühl der Minderwertigkeit beizubringen«* (ebd., S. 254). Etty und er führen ihr Gespräch fort auf dem Weg über den engen und eisglatten Langebruggesteeg und bis zur Straßenbahnhaltestelle; Etty berichtet davon am Nachmittag in ihrem Tagebuch:

> »›Was ist doch in die Menschen gefahren, dass sie andere kaputt machen wollen‹, fragte Jan verbittert. Ich sagte: ›Die Menschen, ja die Menschen, aber bedenke, dass du selber dazugehörst.‹ Und das gab er unerwartet zu, dieser grantige, mürrische Jan. ›Und die Fäulnis der anderen gibt es auch in uns‹, predigte ich weiter. ›Und ich sehe keine andere Lösung, ich sehe wirklich keine andere Lösung, als im eigenen Zentrum zu kehren und alles Faulige auszurotten. Ich glaube nicht mehr daran, dass wir in der Außenwelt etwas verbessern können, was wir nicht zuerst in uns selber verbessern müssen. Und das scheint mir die einzige Lehre aus diesem Krieg, dass wir gelernt haben, dass wir allein in uns selber suchen müssen und nirgends anders.‹
>
> Und Jan, der einfach mit mir einig war, zugänglich und fragend, und ohne sture soziale Theorien wie früher. Und er sagt: ›Und das ist auch so billig, die Rachegefühle nach außen. Man lebt nur auf den einen Augenblick der Rache hin. Das nutzt uns doch auch nichts.‹ Wir standen in der Kälte und warteten auf die Straßenbahn, Jan mit seinen großen blaugefrorenen Händen und seinen Zahnschmerzen.

Und es waren doch keine Theorien, die wir verkündigten. Unsere Professoren sitzen gefangen, wieder war ein Freund von Jan umgekommen – und es gäbe noch zu vieles zu nennen – und wir sagten: ›Rachegefühle sind so billig.‹

Das war doch wirklich heute ein Lichtblick« (19. Februar 1942, S. 254).

Es gab noch andere für Etty ermutigende Begegnungen. Ende 1941 hatte sie ein Samenhändler aus Enkhuizen[126] besucht, Douwe J. Vis, der aus geschäftlichen Gründen Russisch lernen wollte. Sie gab ihm mehr als ein Jahr lang Einzelunterricht, und sie gewannen Vertrauen zueinander. Je mehr Lebensmitteleinschränkungen die Juden trafen, darunter vor allem eine Verordnung der Besatzungsmacht, die das Betreten bestimmter Läden verbot, begann er heimlich die Hausgemeinschaft zu versorgen, zu der Etty gehörte. Vor allem brachte er Erbsen und Bohnen. Er erklärt ihr eines Tages, was zu dieser Zeit nicht ohne Risiko war: *»Wenn es für Sie als Jüdin hier gefährlich wird, wenn Sie verschwinden müssen oder so, dann kommen Sie nur zu uns!«* (16. März 1942, S. 296). Die Haltung dieses Menschen beeindruckte sie so sehr, dass sie ihm eines Tages sagte: *»Nach dem Krieg wird oft verbittert von Wucherpreisen und Kriegsgewinnlern die Rede sein, aber dann können wir zumindest bezeugen, dass wir jemanden wie Sie gekannt haben, der mit der täglichen Nahrung keinen Gewinn machen wollte. Das ist sehr tröstlich, wissen Sie, Herr Vis, ganz abgesehen von der großen praktischen Wohltat, die Sie uns erwei-*

[126] Stadt am IJsselmeer im Norden Hollands.

sen« (17. Juni 1942, S. 444). An einem anderen Tag hinterlässt er nach der Russischstunde zwei Packungen Zwieback auf Ettys Schreibtisch: *»Denn wir würden doch hier in Amsterdam nur verhungern«* (27. Juni 1942, S. 476).

Dieser Douwe Vis war ein tiefgläubiger Kalvinist. Das zeigt ein Brief, den er als Antwort auf einen Brief Ettys aus dem Lager Westerbork schrieb, wo sie sich seit dem 30. Juli 1942 als Mitarbeiterin des Jüdischen Rats aufhielt.[127] Etty hatte ihm in ihrem Brief anvertraut, dass sie eine Bibel mitgenommen hatte. Ihr Briefpartner freut sich darüber, hält es aber für notwendig, einige Gedanken anzufügen, die eine Art kleine Katechese darstellen. Man kann daraus eine Vorstellung von dem gewinnen, was Etty vor ihrem Tod, abgesehen vom Einfluss Spiers, über den christlichen Glauben erfahren hat:

> »Ich bin froh, dass Sie die Bibel mitgenommen haben. Ich möchte nicht pedantisch sein, wenn ich Sie frage: Verstehen Sie auch, was Sie lesen? (Apg 8,30). Denn die Bibel ist mehr als ein Buch mit erhabenen Gedanken, die jemandem im Leid stärken können. Sie ist die Offenbarung Gottes des Schöpfers und Vollenders aller Dinge, der auch heute alle Drähte in der Hand hat und alle Macht in die Hand des Gekreuzigten gelegt hat. Ich hoffe insbesondere, dass Ihnen die Einheit von Altem und Neuem Testament deutlich sein wird (*der* große Streitpunkt zwischen Juden und

[127] Dieser Brief vom 6. September 1942 wurde nach Kriegsende wieder aufgefunden und im Anmerkungsteil von *De nagelaten geschriften* (S. 769) veröffentlicht. Der letzte Abschnitt des Textes fehlt.

> Christen), diese Einheit, die so nachdrücklich zum Beispiel im Markusevangelium gelehrt wird durch den wiederholten Hinweis auf die Prophezeiungen und andere Bücher des AT.
>
> Aber ich will nicht weiter gehen. Untersuchen Sie nur die Schriften, wenn Sie meinen, in ihnen […]«[128]

Wir begnügen uns hier mit dem Hinweis, dass der Brief von Etty offenbar nicht beantwortet wurde – jedenfalls ist keine Antwort in ihren nachgelassenen Schriften erhalten.

Etty hatte bis jetzt im Vergleich mit den meisten ihrer israelitischen Mitbürger im Ganzen doch ein recht geschütztes Leben führen können – das haben wir bereits festgestellt, und manche Kommentatoren haben es ausdrücklich betont. Sie trägt den gelben Stern, wurde aber noch nicht denunziert, obwohl sie tagtäglich einer Verordnung zuwiderhandelt, die es den Juden verbietet, eine Wohnung zu betreten, geschweige denn dort zu wohnen, in der »Arier« (Nicht-Juden) leben. Einige ihrer Freunde sind angesichts der Situation beunruhigt, und so kommt es im Juli 1942 in der Gabriel Metsusstraat zu einem Treffen, um über Ettys Fall zu beraten. Einer ihrer langjährigen Freunde, ein gewisser Loopuit,[129] ruft im Verlauf der Diskussion: *»Ich lasse doch sicher nicht zu, dass Etty nach D-land verschleppt wird!«* (16. Juli 1942, S. 524f.). Schließlich drängt man sie, sich mit einem Stellengesuch an den Jüdischen Rat von Amsterdam zu wenden; einige ihr Nahestehende wollen sich

[128] Anspielung auf Johannes 5,39: »Ihr erforscht die Schriften, weil ihr meint, in ihnen das ewige Leben zu haben.«

[129] Es ist den Herausgebern von *De nagelaten geschriften* nicht gelungen, ihn näher zu identifizieren.

diesbezüglich für sie verwenden. Der Judenrat war natürlich den Weisungen der Besatzungsmacht verpflichtet und wurde genauestens überwacht, grundsätzlich aber waren die Mitarbeiter vom »Arbeitseinsatz« in Deutschland freigestellt und entgingen damit wenigstens vorläufig der Deportation. Schließlich ist Etty bereit, sich um eine Mitarbeit zu bewerben, jedoch nicht ohne Gewissensbisse, wie sie ihrem Bruder Jaap anvertraut: *»Ich werde später viel Gutes für andere Menschen tun müssen, um dies alles wieder auszugleichen. Es ist nicht in Ordnung mit unserer Gesellschaft, es ist nicht gerecht.«* Ihre Freundin Liesl kommentiert ihre Skrupel maliziös mit den (deutschen) Worten: *»Dann bist Du eben das Opfer der Protektion«* (16. Juli 1942, S. 525). Einige Tage später wird Etty in ihrem Tagebuch schreiben: *»Es lässt sich natürlich niemals mehr gutmachen, dass der eine Teil der Juden mithilft, den übergroßen Rest abzutransportieren. Darüber wird später noch die Geschichte ihr Urteil fällen müssen«* (28. Juli 1942, S. 541).[130]

Am 15. Juli wird Ettys Gesuch entsprochen. Sie bekommt eine kleine Anstellung beim Jüdischen Rat in der Abteilung für »Kulturelle Angelegenheiten«. Dies bedeutet für sie die Annullierung des Aufrufs, sich nach Westerbork zu begeben, den sie inzwischen erhalten hatte. Aber von jetzt an hat sie an dem Unglück ihres Volkes tiefen Anteil. Auf ihrem geistlichen Weg beginnt eine neue Strecke. Sie ist sich dessen wohlbewusst: *»Und*

[130] Die beiden ersten Vorsitzenden des *Joodse Raad* wurden 1947 vor ein Sondergericht gestellt; nach der Untersuchung wurde jedoch das gerichtliche Verfahren »aus Gründen des allgemeinen Wohls« eingestellt; dennoch hat später ein jüdisches Ehrengericht sie von bestimmten Funktionen innerhalb der Gemeinschaft ausgeschlossen.

gewiss, ich werde erst eine ganz neue Sprache finden müssen, um über alles das zu sprechen, was in den letzten Tagen mein Herz bewegt. Ich bin noch lange nicht im Reinen mit dir, mein Gott, und der Welt. Ich will gerne noch recht lange leben und werde alles mit durchmachen, was uns auferlegt wird. Diese paar letzten Tage, mein Gott, diese paar letzten Tage!« (19. Juli 1942, S. 525).

Sie ahnt auch, dass die Trennung von Spier bevorsteht. Eine kurze Anspielung in ihrem Tagebuch scheint zu besagen, dass sie zum ersten Mal einen Teil der Nacht an seiner Seite liegend verbracht hat. Aber mehr sagt sie darüber nicht. Es handelte sich um einen Abschied. Und sie verbringt den Rest der Nacht allein und auf den Knien in dem Zimmer auf dem anderen Stockwerk, das ihr ihre Freundin Dicky zur Verfügung gestellt hat, und formuliert dieses Gebet, das sie ihrem Tagebuch anvertraut: *»Ich habe doch heute und in dieser Nacht ganz große Dinge erlebt. Mein Gott, hab Dank, dass ich es alles tragen kann und dass du so wenig an mir vorbeigehen lässt«* (19. Juli 1942, S. 525 f.).

Bereits sechs Monate zuvor hatte Etty eine Vorahnung gehabt, dass ihre Beziehung zu Julius Spier sich im Wesen verändern würde. Am 20. Februar 1942 erhält sie einen Brief mit der Aufforderung, sich am Mittwoch, dem 25. Februar um 8 Uhr bei der Gestapo einzufinden. Nachdem sie die Vorladung erhalten hat, schreibt Etty sehr ruhig in ihrem Tagebuch: *»Ich weiß, dass wir einem großen und drohenden Schicksal ausgeliefert sind«* (22. Februar, S. 261). Ihre Freundin Tide vertraut ihr an, dass Spier ihr am Vorabend *»ehrlich bekannt habe«*, dass er Angst habe, was sie als ehrenvoll und berührend empfand. Das

Abendessen nehmen die drei gemeinsam ein, was für Etty zu einer unauslöschlichen Erinnerung wird:

> »Als er den Psalm vor dem Essen vorlas,[131] unter der Lampe stehend, unpathetisch, fast sachlich, lag eine so breite Güte über der Landschaft seines Gesichts ausgedehnt. Und ich hatte ihn einen Augenblick lieb mit einer Liebe, die schrecklich weh tat, weil sie weit über alle Erotik und Sinnlichkeit hinausging und die deshalb auf einmal so ungreifbar scheint« (22. Februar 1942, S. 261).

Gemäß den Verpflichtungen ihrer neuen »Stelle« begibt sich Etty jeden Tag zu Fuß auf den langen Weg zum Sitz des Jüdischen Rates, wo sie täglich von zehn Uhr vormittags bis 19 Uhr abends Dutzende von Briefen tippt, bis sie gegen 20 Uhr mit schmerzenden Füßen nach Hause kommt, ohne zu Mittag gegessen zu haben. Was ihr vor allem schwer wird, ist die Art ihrer Arbeit und die surrealistische Stimmung an diesem Ort, wo die Juden meinen, auf irgendeine Weise ihrem kollektiven Schicksal entgehen zu können. Trotz Müdigkeit führt sie weiterhin ihr Tagebuch, wo sich ungeachtet der physischen Mattigkeit ihr von einer unbesiegbaren Hoffnung getragener Elan fortschreibt:

> »Gestern Mittag ging mir auf einmal auf, wie grau in grau und wie trostlos und unwürdig und völlig ohne Perspek-

[131] Erneut ein Indiz dafür, wie hoch Spier die Bibel schätzt. Ettys Bericht legt nahe, dass es beinahe einen liturgischen Sinn hatte.

tive dieses ganze Unternehmen ist: ›Ich bitte ergebenst um Freistellung vom Arbeitsdienst in Deutschland, weil ich hier bereits so hart für die Wehrmacht arbeite und für Sie unabkömmlich bin.‹ Es ist einfach trostlos. Und zugleich wusste ich auch: Wenn wir hier dem nicht etwas gegenüberstellen, etwas Strahlendes und Kräftiges, das irgendwo an einem ganz anderen Ort wieder völlig neu beginnt, dann sind wir verloren, ein für allemal verloren« (27. Juli 1942, S. 534).

Mitten in den Beschreibungen dieser deprimierenden und zugleich lächerlichen Welt erstehen Hoffnung und Gebet wie Lichtgarben unter ihrer Feder:

»Ich bin doch heute sehr müde, in meinem ganzen Leib, und ich habe nicht viel Mut für die Arbeit dieses Tages. Ich glaube nicht sehr an diese Arbeit, und wenn sie lange weitergeht, glaube ich, werde ich ganz mürbe und resigniert. Und doch bin ich dir dankbar, dass du mich nicht an diesem ruhigen Schreibtisch hast bleiben lassen, sondern mich mitten in das Leiden und die Sorgen dieser Zeit gestellt hast. Es wäre keine Kunst, mit dir eine Idylle in einem geschützten Studierzimmer zu haben, aber jetzt geht es darum, dass ich dich unbeschädigt mit mir trage und dass ich dir überallhin treu bleibe, wie ich es dir immer versprochen habe« (22. Juli 1942, S. 528).

Ihre Liebe zu den Blumen lädt diese ein, an ihrer Hoffnung teilzunehmen:

»Meine roten und gelben Rosen sind völlig aufgegangen. Während ich dort in der Hölle war, haben sie da einfach leise weitergeblüht. Viele sagen: Wie kannst du jetzt noch an Blumen denken.

Als ich gestern das große Stück durch den Regen gelaufen war, mit Blasen unten an meinem Fuß, bin ich am Schluss doch noch eine Straße weiter gelaufen, um einen Blumenkarren zu suchen, und ich kam mit einem großen Rosenstrauß nach Hause. Und da stehen die Rosen. Sie sind genauso wirklich wie all das Elend, das ich an einem einzigen Tage mitbekomme. Es ist in einem einzigen Leben Raum für viele Dinge. Und ich habe wirklich so viel Raum, mein Gott!

Als ich da heute durch die übervollen Gänge lief, drängte es mich plötzlich so sehr, mitten auf dem Steinboden, zwischen den Menschen, niederzuknien. Die einzige menschenwürdige Geste, die uns in dieser Zeit noch geblieben ist: vor Gott niederzuknien« (23. Juli 1942, S. 529).

Inmitten dieses ständigen geschäftigen Hinundhers kommt ihr manchmal ein Wort des *»Geburtshelfers«* ihrer Seele (vgl. 24. September 1942, S. 562) in Erinnerung: *»Er sagt: Dies ist eine Zeit, um es anzuwenden: Liebt eure Feinde!*[132] *Und wenn wir das sagen, muss man dann nicht glauben, dass so etwas möglich ist?«* (25. Juli 1942, S. 532).

[132] Zitat aus der Bergpredigt (Matthäus 5,44), im Original zitiert nach der alten niederländischen *Statenvertaling (1618–1637) [Staatenübersetzung]: »Hebt Uwen vijanden lief.«*

Jenes Gefühl der Unzugänglichkeit, das sie noch sechs Monate zuvor gegenüber Spier schmerzlich empfunden hatte, hatte sich gewandelt, begünstigt vom Zerbrechen der ihr vertrauten Welt, und langsam wurde daraus ein Licht, das sie ihre eigene innere Berufung erkennen lässt:

> »Es beginnen sich allerlei Dinge deutlicher in mir abzuzeichnen. Zum Beispiel dies: dass ich nicht seine Frau werden möchte. Ich will es jetzt ganz nüchtern und sachlich feststellen: der Altersunterschied ist zu groß. […] Er ist ein alter Mann, den ich liebe, unendlich liebe und mit dem ich für immer innerlich verbunden sein werde. Aber eine ›Trauung‹, was der brave Bürger Trauung nennt, ich will es endlich ganz nüchtern und ehrlich sagen, dass ich das nicht will. Und es gibt mir gerade ein solches Gefühl der Kraft, dass ich meinen Weg allein werde gehen müssen. Von Stunde zu Stunde genährt von der Liebe, die ich für ihn und andere in mir trage. Es bilden sich unendlich viele Paare im letzten Augenblick in Hast und Ratlosigkeit. Ich will aber doch lieber allein und für alle da sein« (28. Juli 1942, S 541).

Etty war aufgrund ihrer Arbeit beim Jüdischen Rat von Amsterdam relativ privilegiert, insbesondere weil sie jeden Abend nach Hause zurückkehren und an den Wochenenden ihre Freunde besuchen konnte.

Aber anders als vielen anderen gaben ihr die Vorteile dieser privilegierten Situation keinen Seelenfrieden. Sie wird bald den Entschluss fassen, diese »Arbeit« aufzugeben, um sich wirksamer dem Dienst an den Opfern des Naziterrors widmen zu können.

In der Zwischenzeit setzt sie einigen ihrer Freunde weiterhin ruhigen und entschiedenen Widerstand entgegen, die nicht ohne Mut und aus Verbundenheit mit ihr ins Auge gefasst hatten, sie zu *»kidnappen«*[133] und sie dafür zu gewinnen, in den Untergrund zu gehen. Einer von ihnen, Klaas Smelik, trotzkistischer Schriftsteller und Journalist, der vor dem Krieg eine Zeit lang Ettys Liebhaber gewesen war, hatte sich mehrmals vorgenommen, Etty mit Hilfe seiner Tochter Johanna aus dem großen Haus in der Metsustraat zu entführen und sie bei sich zu Hause in Hilversum zu verstecken.

Am Vorabend von Ettys Abreise nach Westerbork unternahm er einen letzten Versuch. Nach dem Krieg berichtete er, wie sich die dramatische Begegnung mit Etty abspielt hatte: Wie sie ihm ruhig und fest erklärte, dass sie mit seinem Vorschlag nicht einverstanden sei und wie er sie angesichts dieser erneuten Weigerung an den Schultern packte und ein letztes Mal versuchte, ihr die Gefahren vor Augen zu führen, die ihr drohten:

> »Sie machte sich los von mir und stellte sich anderthalb Meter vor mir hin. Sie schaute mich mit ganz fremdem Blick an und sagte: ›Du verstehst mich nicht!‹ Ich sagte: ›Nein, ich verstehe verdammt nichts! Dann bleib eben hier, du Trottel!‹ Sie sagte dann: ›Ich will das Geschick meines Vol-

[133] Etty selbst gebraucht diesen Ausdruck in einem Brief an Max Osias Kormann (*De nagelaten geschriften,* S. 632 f.), einem Juden polnischer Herkunft, dem die Leitung des Durchgangslagers Westerbork eine Reihe von Verwaltungsaufgaben innerhalb des Lagers übertragen hatte.

kes teilen.‹ Als sie das gesagt hatte, wusste ich, dass alles verloren war. Sie würde nie zu uns kommen.«[134]

Etty sollte jedoch noch ein Jahr lang Mitarbeiterin des Jüdischen Rates bleiben. Als im Juli 1942 die massenhaften Deportationen begannen, die als »Arbeitseinsatz« in Deutschland kaschiert wurden, hatte dieser Rat beschlossen, einen Teil seines Personals zum Lager Westerbork zu schicken, um dort einen Dienst sozialer Hilfe »für die Personengruppen im Durchgang« zu gewährleisten. Etty nahm diese Gelegenheit wahr und erbat sofort ihre Versetzung dorthin. *»Unter diesen Bedingungen kam sie am 30. Juli in Westerbork an, nicht als Deportierte, sondern aus eigener Initiative und in ihrer Eigenschaft als Funktionärin.«*[135]

Wir werden sehen, dass dort – in dieser *»Hölle«* (23. Juli 1942, S. 529), wie sie bald schreiben wird – ihre grundlegendsten Entscheidungen ihre definitive Form und Gültigkeit erlangen werden.

[134] Der Bericht von Klaas Smelik findet sich in *De nagelaten geschriften*, S. 792, Anmerkung zu S. 633.

[135] Philip Noble, Vorwort zur französischen Übersetzung der *Lettres de Westerbork* [Briefe aus Westerbork], Seuil, Paris 1988, S. 10.

KAPITEL VIII

»Die Möglichkeit des Todes so absolut in mein Leben aufgenommen ...«[136]

Nur wenige hundert Kilometer beträgt die Distanz zwischen Amsterdam und Westerbork, deren Überwindung für Etty weder als rein räumlicher Ortswechsel noch als eine Veränderung ihrer Tätigkeit zu deuten ist. Sie symbolisiert vielmehr das Überschreiten einer entscheidenden Schwelle auf dem Weg, der am 8. März 1941 begonnen hat, als sie zum ersten Mal die bescheidene Wohnung von Julius Spier in der Courbetstraat 27 betrat. Sie befindet sich jetzt nicht nur inmitten eines menschlichen Elends, das sie selbst noch nie in solchem Ausmaß erfahren hatte; dieses Verlassen der Heimat fällt auch mit einer allertiefsten und zugleich sinnerfüllten psychischen und geistlichen Entäußerung zusammen, nämlich dem Tod dessen, den sie den *»Geburtshelfer meiner Seele«* (24. September 1942, S. 562) nannte.

Spier war in seinem 55. Lebensjahr, kräftig gebaut und voller Vitalität, als ihn ein Schmerz in Höhe eines Lungenflügels beunruhigte. Daraufhin suchte er von Etty begleitet – und gewiss auf ihren Rat hin – am 31. Dezember 1941 einen Lungenarzt in Amsterdam auf. Am selben Abend notiert Etty, dieser Praktiker habe ihn *»ungefähr ausgelacht«* (S. 221), weil er kein Symptom

[136] 3. Juli 1942, S. 488.

beobachten konnte. Sechs Monate später, als die Zange sich um die jüdische Gemeinschaft zusammenzog, verfasst Etty in ihrem Tagebuch eine Art Meditation über den Tod, deren bedeutendste Abschnitte nachfolgend wiedergegeben sind:

»Es ist so schrecklich viel in den letzten Tagen in mir geschehen, aber jetzt hat sich endlich etwas herauskristallisiert. Unserem Untergang, unserem wahrscheinlich elenden Untergang, der bereits in vielen kleinen Dingen des täglichen Lebens begonnen hat, habe ich regelrecht in die Augen geschaut. Er hat einen Raum in meinem Lebensgefühl bekommen, ohne dass mein Lebensgefühl dadurch an Kraft verloren hätte. Ich bin nicht verbittert, und ich lehne mich nicht auf. Ich bin auch nicht mehr mutlos, und resigniert bin ich überhaupt nicht. Mein Wachsen geht unbehindert weiter, von einem Tag zum anderen, auch mit der Möglichkeit der Vernichtung vor Augen. [...] Mit dem Leben abgerechnet, damit meine ich: die Möglichkeit des Todes so absolut in mein Leben aufgenommen, mein Leben hat sich um den Tod erweitert, um das Dem-Tod-in-die-Augen-Schauen und Ihn-Annehmen, als gehörte der Untergang, jede Art von Untergang, zu diesem Leben hinzu. Also nicht sozusagen bereits jetzt ein Stück des Lebens dem Tod opfern, aus Angst vor dem Tod und weil man den Tod nicht annimmt. Durch dieses Nicht-Annehmen und durch all die Ängste haben die meisten nur noch ein armseliges, verstümmeltes Stück Leben überbehalten, das man kaum noch Leben nennen kann. Es klingt beinahe paradox: Indem man den Tod aus seinem Leben ausschließt, lebt man

> kein vollständiges Leben; und indem man den Tod in sein Leben aufnimmt, erweitert und bereichert man sein Leben« (3. Juli 1942, S. 488 f.).

Es liegt nahe, diese paradoxen Formulierungen mit einem Wort Jesu im Matthäusevangelium zu vergleichen, zu dem sie eine Art impliziter Kommentar sind; und gewiss handelt es sich um eine Erinnerung an das, was sie gelesen hatte, denn Etty las ja – wie wir gesehen haben – jeden Tag einige Verse aus diesem Evangelium: *»Wer sein Leben retten will, wird es verlieren. Aber wer sein Leben um meinetwillen verliert, wird es gewinnen«* (Matthäus 16,25). Allerdings finden die Worte *»um meinetwillen«* keine Entsprechung im Text des Tagebuchs. Man könnte hier von einer anthropologischen Anwendung dieses Wortes Jesu sprechen, die seine Einwurzelung in einer menschlichen Wahrheit offenbart, die sie bestätigt und nach dem von Matthäus (5,7) gebrauchten Ausdruck *»erfüllt«*, indem sie sie auf Christus ausrichtet.

Es handelt sich bei Etty um eine neue Bewusstwerdung, wie sie sich selber nicht ohne Erstaunen deutlich macht:

> »Dies ist meine erste Begegnung mit dem Tod. Ich habe niemals mit dem Tod gut umgehen können. Ich stehe ihm so jungfräulich gegenüber. Ich habe noch nie einen Toten gesehen. Stell dir so etwas vor: In dieser Welt, die mit Millionen Leichen übersät ist, habe ich mit 28 Jahren noch nie einen Toten gesehen. Aber ich bin für mich selber noch nie so tief darauf eingegangen; es war noch nicht die Zeit dafür. Und nun ist der Tod da, lebensgroß und zum ersten Mal,

und doch wie ein alter Bekannter, der zum Leben gehört und den man annehmen muss. Das ist alles so einfach. [...] Da ist der Tod auf einmal, groß und einfach und selbstverständlich und beinahe geräuschlos in mein Leben gekommen. Dort hat er jetzt Raum, und ich weiß jetzt, dass er zum Leben gehört« (3. Juli 1942, S. 489).

Nach der Rückkehr von ihrer Arbeit beim Jüdischen Rat, mit wunden Füßen von der weiten Strecke und in der großen Hitze dieses Sommertags, will Etty einige Augenblicke bei Spier vorbeischauen. Sie trifft ihn erneut beunruhigt wegen seiner Gesundheit. *»Er hatte Kopfschmerzen und war darüber beunruhigt, wo doch alles immer so vortrefflich in seinem kräftigen Körper funktioniert«* (ebd.). Sie fügt nach der Erwähnung dieses Besuchs in ihrem Tagebuch hinzu: *»Es scheint mir, dass ein neuer Zeitabschnitt in unserem Leben beginnt. Noch ernster und auch noch intensiver und ein Sich-noch-mehr-Konzentrieren auf das Allernotwendigste«* (ebd.). Und sie zitiert diese Überlegung Spiers: *»Es geht auf unsere Vernichtung, das ist ja klar, darüber brauchen wir uns nicht zu täuschen«* (ebd.).

Sie wusste nicht, wie recht sie hatte. Die Ereignisse beginnen sich zu überstürzen: Zwei Tage später, als Etty die Nacht im Zimmer ihrer Freundin Dicky über der Wohnung Spiers verbracht hatte, beklagt sich Spier erneut über seine Kopfschmerzen und hat einen schweren Hustenanfall. *»Erschöpfungszustand«* (5. Juli 1942, S. 497 f.), murmelt er. Anstatt einen Spaziergang zu machen, entscheiden sich beide, einen Arzt aufzusuchen. Dessen Diagnose ist uns nicht bekannt.

Drei Wochen später kam Etty, wie bereits erwähnt, im

Durchgangslager Westerbork an. Die Erschöpfung, aber wohl auch der psychische und affektive Schock der Begegnung mit dieser neuen Welt, erschütterten ihre Gesundheit tiefgehend. Dank ihres Status als Mitarbeiterin des Jüdischen Rats konnte Etty für eine Rekonvaleszenz-Periode vom 14. bis 21. August 1942 nach Amsterdam zurückkehren; dann noch einmal von Anfang September bis zum 20. November. Dies erlaubte ihr, das seit dem 30. Juli unterbrochene Tagebuch wiederaufzunehmen.

> »Vielleicht ist es alles zusammen doch etwas viel gewesen, mein Gott! Jetzt werde ich daran erinnert, dass ein Mensch auch einen Leib hat. Ich habe gedacht, dass mein Geist und mein Herz wohl alles allein tragen könnten, aber jetzt meldet sich mein Leib und sagt: Halt! Und jetzt spüre ich, wie viel es gewesen ist, das du mir zu tragen gegeben hast. So viel Schönes, und so viel Schweres! Und das Schwere hat sich, immer wenn ich mich bereit zeigte, es zu tragen, wieder in etwas Schönes verwandelt. Und das Schöne und Große war manchmal noch schwerer zu tragen als das Leiden, weil es so überwältigend war. Dass ein kleines Menschenherz so viel erleben kann, mein Gott, so viel erleiden und so viel lieben kann! Ich bin dafür so dankbar, mein Gott, dass du mein Herz besonders erwählt hast, um alles durchzumachen, was es durchgemacht hat. Vielleicht ist es gut, dass ich krank geworden bin. Ich habe mich mit dieser Tatsache noch nicht versöhnt, ich bin etwas betäubt und suchend und hilflos, aber zugleich versuche ich auch wieder alles, um aus allen Ecken meines Wesens ein wenig Geduld zusammenzukratzen. Es muss eine ganz neue Art Geduld

> sein für einen ganz neuen Zustand, das spüre ich wohl. Und ich werde wieder der alten bewährten Methode folgen und ab und zu auf diesen blauen Linien ein wenig mit mir selber reden. Mit dir, mein Gott, reden. Ist das wohl gut? Von den Menschen abgesehen habe ich nur noch das Bedürfnis, mit dir zu sprechen. Ich habe die Menschen so schrecklich lieb, weil ich in jedem Menschen ein Stück von dir liebhabe, mein Gott. […] Und ich versuche dich, mein Gott, in den Herzen anderer aufzugraben« (15. September 1942, S. 543 f.).

Etty nimmt das Schreiben mit der ersten Seite des elften Heftes wieder auf, welches das letzte des Tagebuchs sein wird. Bezeichnend ist, dass sie sich sofort in der Weise des Gebets ausdrückt. Von jetzt an verfasst sie diese Seiten, in denen ihr ganzes Leben mitschwingt, indem sie immer wieder diese beiden Worte gebraucht – sie kommen in dem kurzen Abschnitt, der gerade zitiert wurde, sechs Mal vor –, welche den Ton dieser Seiten bestimmen: *»Mein Gott«*. Zugleich ist festzustellen, dass der Ausdruck *»Gott helfen«*, ihm helfen, *»in ihr nicht zu schwinden«* (vgl. 12. Juli 1942, S. 516), den wir in Kapitel VI kommentiert haben, jetzt übergeht zu einer Symbolik, die man als »mütterlich« bezeichnen könnte – und die für einen katholischen Christen eine »kirchliche« Bedeutung annimmt: *»Und ich versuche, dich aufzugraben in den Herzen anderer, mein Gott!«* (15. September 1942, S. 544).

Sie kehrt an diesem Septemberanfang nach Amsterdam zurück. Der Tod, dessen geheimnisvollen Zusammenhang mit dem Leben sie vor zwei Monaten zu erforschen und zu entdecken begonnen hat, trifft sie auf die konkreteste Weise ganz aus der Nähe: der Todeskampf dessen, der, wie sie sagt: *»Gott in ihr erweckt hat«* (vgl. 15. September 1942, S. 544), Julius Spier:

> »Aber jetzt habe ich viel Geduld nötig, viel Geduld und Besinnung, es wird ganz schwierig sein. Und ich muss es nun alles allein tun. Das beste und edelste Stück meines Freundes, des Mannes, der dich in mir erweckt hat, ist nun bereits bei dir. Zurückgeblieben ist noch ein kindischer, ausgezehrter alter Mann, in den beiden Zimmern, in denen ich die größten und tiefsten Freuden meines Lebens erfahren habe. Ich habe vor seinem Bett gestanden und stand dann vor deinen letzten Rätseln, mein Gott. Gib mir noch ein ganzes Leben, um es alles zu begreifen.
>
> Während ich dies schreibe, spüre ich es: Es ist gut, dass ich hier bleiben muss. Ich habe die letzten Monate so sehr gelebt, scheint mir plötzlich im Nachhinein. Den Vorrat eines ganzen Lebens habe ich in ein paar Monaten verbraucht. Vielleicht bin ich in meinem inneren Leben, das über alle Ufer ging, zu verwegen gewesen? Ich bin nicht zu verwegen gewesen, wenn ich auf diese deine Warnung höre« (15. September 1942, S. 544).

Spier, ausgestreckt auf seinem Sterbebett, schweigt von jetzt an. Er, der Ettty mit so vielen *»erhellenden, befreienden«* (vgl. 9. März 1941, S. 6) Worten erleuchtet hatte, der ihr die Bibel und den heiligen Augustinus in die Hand gegeben hatte, sie in das Gebet eingeführt hatte, stellt sie auf diese seine eigene Weise nun den *»letzten Rätseln«* (ebd.) Gottes gegenüber, des Gottes

– so glaubt sie schreiben zu können – bei dem sein *»bestes und edelstes Stück bereits ist«* (ebd.). Etty erlebt seinen Hingang wie die Krönung dieser Hinführung, durch die sie sich selbst offenbar geworden ist.

> »Ich habe einmal geschrieben, dass ich dein Leben ganz bis zur letzten Seite lesen wollte. Jetzt habe ich dein Leben zu Ende gelesen. Es ist so eine seltsame Freude in mir, über alles, wie es gekommen ist und wie es sicher gut sein muss; sonst kann nicht diese Kraft und Freude und Sicherheit in mir sein.
>
> Da liegst du nun in deiner kleinen Zweizimmerwohnung, du Lieber, Großer, Guter. Ich habe dir einmal geschrieben: Mein Herz wird stets wie ein freier Vogel nach dir ausfliegen, von jedem Flecken der Erde, und es wird dich immer finden. Und auch dies noch, ich habe es in Tides Tagebuch geschrieben: Während meines Lebens bist du so sehr zu einem Stück Himmel geworden, das sich über mir wölbt, dass ich die Augen nur zum Himmel erheben muss, um bei dir zu sein. Und selbst wenn ich in einer unterirdischen Zelle sitzen müsste, dann würde dieses Stück Himmel in mir selbst ausgespannt sein und mein Herz würde wie ein freier Vogel in diesen Himmel fliegen – und darum ist alles so einfach, weißt du, alles so schrecklich einfach und schön und sinnvoll« (15. September 1942, um 1 Uhr morgens, S. 545).

In diesen Worten voller Gefühl und dichterischer Kraft wird gesagt, dass der Tod die interpersonalen Beziehungen nicht aufheben kann, sondern ihnen durch den transzendenten Ursprung aller Liebe eine neue Tiefe und Freiheit verleiht. Selbst die Einsamkeit, die die Überlebende erfährt, wird selber geheimnisvoll fruchtbar:

> »Ich hatte noch tausend Dinge zu fragen und von dir zu lernen, jetzt werde ich dies allein tun müssen. Ich fühle mich so stark, weißt du, ich weiß, dass ich es in meinem Leben schaffen werde. Die Kräfte, die mir zur Verfügung stehen, hast du in mir freigesetzt. Du hast mich gelehrt, unbefangen den Namen Gottes auszusprechen. Du bist der Mittler gewesen zwischen Gott und mir, und nun bist du als Mittler weggegangen, und jetzt geht mein Weg direkt zu Gott; es ist gut so, das fühle ich. Und ich werde selbst die Mittlerin sein für all die anderen, die ich erreichen kann« (15. September, S. 545 f.).

Gewiss musste wie jeder menschliche Vermittler Julius Spier einmal dahingehen, wie sie zwei Wochen später schreibt: *»Er hat den Weg direkt zu Gott für mich frei gemacht, nachdem er zuerst diesen Weg mit seinen unvollkommenen Menschenhänden gebahnt hatte«*[137] (2. Oktober 1942, S. 572).

Jetzt, wo der Tod da ist, *»lebensgroß«*, *»groß, einfach und selbstverständlich«* – wie sie zwei Monate zuvor geschrieben hat (3. Juli 1942, S. 489) – ist sie verwundert, ihm erst so spät begegnet zu sein:

[137] Man denkt an die Anweisung des hl. Ignatius an den Begleiter der *Geistlichen Übungen*: »Er soll den Schöpfer unmittelbar mit seinem Geschöpf, und das Geschöpf mit seinem Schöpfer handeln lassen« (GÜ, Nr. 15,7).

»Ich sitze jetzt an meinem Schreibtisch bei meiner kleinen Lampe. Ich habe dir von diesem Platz so oft geschrieben und auch über dich geschrieben. Ich muss dir noch etwas Verwunderliches erzählen. Ich habe noch nie einen Toten gesehen. In dieser Welt, in der täglich Tausende sterben, habe ich noch nie einen Toten gesehen. [...] Aber dass du nun der erste Tote bist, den ich sehen werde, dass verspüre ich doch als etwas ganz und gar Sinnvolles und Großes. Gegenwärtig wird so viel mit den letzten und großen Dingen dieses Lebens gemogelt und gespielt. Ein ganzer Haufe von Menschen macht sich krank oder bleibt krank, aus Angst, verschleppt zu werden. Viele töten sich auch selber, aus Angst. Ich bin dafür dankbar, dass dein Leben ein natürliches Ende gefunden hat. Dass du auch ein Stück Leiden zu tragen bekommen hast. Tide sagt: ›Dieses Leiden ist ihm von Gott auferlegt, und so durfte er dem Leiden, das ihm durch die Menschen auferlegt worden wäre, entgehen.‹[138] Aber du, verwöhnter lieber Mann, du hättest es doch wahrscheinlich nicht ertragen können. Ich kann es freilich tragen, und als Tragende werde ich dich weiterleben und dich weitergeben« (15. September 1942, S. 546).

Da ihr Gesundheitszustand es nicht zuließ, dass sie gleich nach Westerbork zurückkehrte, ist Etty glücklich darüber, alle ihre Freunde bei der Beerdigung Spiers wiederzutreffen:

[138] Julius Spier starb einen Tag, bevor ihn der Brief erreichte, dass er sich nach Westerbork zu begeben habe.

»Aber wir werden alle zusammen sein, und dein Geist wird in unserer Mitte sein, und Tide wird für dich singen. Wenn du nur wüsstest, wie glücklich ich bin, dass ich dabei sein kann. Ich bin genau rechtzeitig zurückgekommen. Ich habe noch deinen ausgetrockneten, sterbenden Mund geküsst; du hast noch ein letztes Mal meine Hand genommen und an deine Lippen geführt. Du sagtest einmal, als ich in dein Zimmer kam: ›Das reisende Mädchen‹. Du sagtest auch einmal: ›Ich habe so merkwürdige Träume, ich habe geträumt, daß Christus mich getauft hat.‹ Ich habe zusammen mit Tide vor deinem Bett gestanden, wir haben einen bestimmten Augenblick gedacht, dass du starbst und dass deine Augen brachen. Tide hatte ihre Arme um mich geschlagen, und ich habe ihren lieben, reinen Mund geküsst, und sie sagte ganz leise: ›Wir haben einander gefunden.‹ Wir standen vor deinem Bett; was wärest du glücklich gewesen, wenn du uns, gerade uns beide, da gesehen hättest. Vielleicht hast du uns auch gesehen, wenn es auch der Augenblick war, in dem du starbst?

Und dass deine letzten Worte gewesen sind: ›Hertha, ich hoffe‹;[139] dafür bin ich auch so dankbar. Was hast du doch kämpfen müssen, um treu zu bleiben, aber deine Treue hat durch alles gewonnen. Und ich habe es dir manchmal am schwersten gemacht, das weiß ich, aber bei dir habe ich auch gelernt, was Treue ist und was Kämpfen ist und was Schwäche ist« (15. September 1942, S. 546f.)

[139] Hertha Levi, Julius Spiers Verlobte, die in London auf ihn wartete.

Wie die meisten Menschen macht Etty ebenfalls die Erfahrung, dass der Tod die Wahrheit eines Menschen offenbart. Dies drückt sie mit der Klarsicht aus, die wir bei ihr kennen; sie bleibt darin Spier tief verbunden:

> »Alles Schlechte und alles Gute, was in einem Menschen sein kann, war in dir. Alle Dämonen, alle Leidenschaften, alle Güte, alle Menschenliebe, du, großer Versteher, Gottsucher und Gottfinder. Überall hast du Gott gesucht, in jedem Menschenherzen, das sich vor dir öffnete – und wie viele sind das doch gewesen – und überall fandest du etwas von Gott. Du hast es nie aufgegeben; in Kleinigkeiten konntest du so ungeduldig sein, aber im Großen warst du so geduldig, so unendlich geduldig« (15. September 1942, S. 547).

Und als »alles erfüllt ist« (vgl. Johannes 19,30):

> »16. September, 3 Uhr am Nachmittag.
> Mittwoch.
>
> Ich gehe jetzt noch einmal zu dieser Straße. Drei Straßen, eine Gracht und eine kleine Brücke haben mich immer von ihm getrennt. Um Viertel nach 7 ist er gestorben, gestern, gerade an dem Tag, an dem meine Reiseerlaubnis ablief. Ich gehe jetzt noch einmal zu ihm hin. Ich war gerade im Badezimmer. Ich dachte: Jetzt gehe ich zum ersten Toten. [...]
>
> Und nun liegt hier eine stoffliche Hülle auf dem mir so bekannten Bett. Oh die grobleinenen Decken! Eigentlich habe ich gar nicht das Bedürfnis, noch einmal dorthin zu

gehen. Alles spielt sich irgendwo in mir ab. Dort gibt es weite Hochflächen ohne Zeit und Grenzen in mir, und da spielt sich alles ab. Und jetzt laufe ich wieder die paar Straßen. Wie oft bin ich sie gegangen, auch zusammen mit ihm, immer in fesselndem und fruchtbarem Dialog. Und wie oft werde ich die paar Straßen noch laufen, an welchem Flecken der Welt ich auch bin, auf den Hochflächen in mir, wo sich mein eigentliches Leben abspielt. Wird jetzt von mir verlangt, dass ich ein feierliches oder ein trauriges Gesicht mache? Ich bin doch nicht traurig? Ich würde meine Hände falten wollen und sagen: ›Kinder, ich bin so glücklich und so dankbar, und ich finde das Leben so schön und so sinnvoll!‹ Jawohl, schön und sinnvoll!, während ich hier am Bett meines toten Freundes stehe, der viel zu jung gestorben ist, und während ich jeden Augenblick in eine unbekannte Gegend deportiert werden kann. Mein Gott, ich bin so dankbar für alles.

Aber dasjenige von den Toten, das ewig lebt, werde ich ferner leben, und dasjenige von den Lebenden, was tot ist, werde ich wieder zum Leben erwecken, und so wird nichts als Leben sein, ein großes Leben, mein Gott« (16. September 1942, S. 548).

Diese Verbindung über den Tod hinaus lebt Etty in tiefer und friedvoller Weise weiter. Sie schreibt acht Tage darauf: *»Du musst nun nicht mehr leiden, der du so verwundbar warst. Ich komme gut dagegen an, das bisschen Kälte und das bisschen Stacheldraht, und ich lebe dich weiter. Was von dir unsterblich war, lebe ich weiter«* (27. September 1942, S. 566). Und am folgenden Tag: *»Man sagt, du bis zu früh gestorben. Nun ja, dann wird ein Psychologiebuch weniger geschrieben, aber es ist doch ein bisschen mehr Liebe in die Welt gekommen«* (ebd., S. 567). Und wieder einmal zitiert sie das Hohelied des hl. Paulus über die Liebe (1 Korinther 13,3): *»Und selbst wenn ich all meine Habe für den Unterhalt der Armen verteilte, aber wenn ich die Liebe nicht hätte, wäre dies von keinem Nutzen für mich«* (ebd., S. 566).

Diese so frühe geistliche Reife macht sie den bewährten Lehrern der christlichen Spiritualität vergleichbar: Man denkt an Franz von Assisi, der an seinem Lebensabend Gott preist für *»unsere Schwester, den leiblichen Tod«*. Oder man denkt an einen grundlegenden Aspekt der ignatianischen Spiritualität, wie er sich in den *Geistlichen Übungen* manifestiert. Dieses kleine Buch entstand in einem langen Zeitraum aufgrund einer Bekehrungserfahrung und will dann anderen helfen, die den Weg zu einer wirklich personalen Entscheidung suchen, die ihr ganzes Schicksal bestimmt. Der wahrhaft freie Mensch ist der, welcher dieses jedem Menschen eigene Privileg, zu wissen, dass er eines Tages sterben wird, für sich wahrnimmt und dieses Wissen in sein Leben integriert, um ihm einen Sinn zu geben. Wir haben gerade gesehen, wie Etty zu dieser inneren Freiheit hinzutritt, wo sie es erwählt, ihr Schicksal anzunehmen: *»Kinder, ich bin so glücklich und so dankbar, und ich finde das Leben so schön und so sinnvoll!«* (16. September 1942, S. 548).

Wie nahe ist sie darin jenem Basken, der ebenfalls zu Beginn seines Erwachsenenalters eine bewegte Zeit lebte, voll von dem Verlangen nach intensiven Erfahrungen, befreit von allen herkömmlichen Einschränkungen. Aber dank der französischen

Kanonenkugel, die ihm in der belagerten Festung Pamplona ein Bein zerschmettert, wird diese intensive Lebensleidenschaft mit der Erfahrung des Todes konfrontiert. Die konkrete Nähe des Todes offenbart ihm nun wie seiner viel späteren jungen Schwester Etty dessen wahre Bedeutung: Er hat eine offenbarende und anleitende Bedeutung für die Freiheit und ein authentisches Leben.[140]

Gewiss nimmt dies nicht dem Tod sein Geheimnis. Dieses lässt frei in der Wahl der Möglichkeiten, in denen ein jeder sich nach dem Licht, das er empfangen hat, selbst bestimmt. Etty stellt diese Frage nach einem »anderen« nicht in formeller und ausdrücklicher Weise. Sie bezieht sich nie ausdrücklich auf die Auferstehung Christi, die für ein christliches Verständnis ausschlaggebend ist. Dennoch wird sie, wie wir sehen werden, den Gedanken einer Auferstehung ansprechen, indem sie das Wort *»opstaan«* (= aufstehen, auferstehen) gebraucht, um von ihrer eigenen Erfahrung Rechenschaft zu geben. Jedenfalls kann man sagen, dass ihre Weise, sich in Bezug auf den Tod auszudrücken, kaum mit der Vorstellung von einer Vernichtung der verstorbenen Person zusammengehen könnte. Insbesondere übernimmt sie mit offenbarer Zustimmung einen Abschnitt aus einem Brief ihres Bruders Mischa, dieses jungen genialen Pianisten, den er an ihre Freundin Henny (Henriette) Tideman gerichtet hat:

[140] Vgl. dazu die Analyse von M. Giuliani im Vorwort zu Ignace de Loyola, *Écrits* [Schriften], Desclée de Brouwer – Bellarmin, coll. »Christus«, n. 76, 1991, S. 10.

»Mein pianospielendes Brüderchen, er ist 21, schreibt dies aus einer Geisteskrankenanstalt im wievielten? Kriegsjahr:

›Henny, auch ich glaube, ich weiß, dass das andere Leben nach diesem besteht. Ich glaube sogar, dass einzelne Menschen dies bereits gleichzeitig mit diesem Leben sehen und erfahren können. Das ist eine Welt, in der die ewigen Andeutungen der Mystik zu lebendiger Wirklichkeit geworden sind und in der gewöhnliche, alltägliche Gegenstände oder Aussagen eine höhere Bedeutung erlangt haben. Es ist sehr gut möglich, dass die Menschen nach dem Krieg dafür offener sein werden als bisher, dass sie gemeinsam von einer höheren Weltordnung durchdrungen sein werden‹« (27. September 1942, S. 565).

Diese Vorahnung, *»dass das andere Leben nach diesem besteht«* (ebd.), bestätigt für Etty die Bedeutung, die sie wie ihre Vorläufer auf den Wegen des Geistes der *»Gnade des gegenwärtigen Augenblicks«* (Thérèse von Lisieux) zuschreibt und die sich insbesondere in der immer wiederkehrenden Zitierung eines Verses aus dem Matthäusevangelium ausdrückt.

»Ich will es noch einmal für mich selber niederschreiben, Matthäus 6,34:
›Seid dann nicht besorgt für den morgigen Tag, denn der morgige Tag wird für das Seine sorgen; jeder Tag hat genug an seiner eigenen Plage.‹
Man muss sie täglich wie Flöhe bekämpfen, die vielen kleinen Sorgen um kommende Tage; sie fressen die besten schöpferischen Kräfte im Menschen an. In Gedanken sucht

man Regelungen für die kommenden Tage zu treffen – und es kommt alles anders, ganz anders. Jedem Tag genügt seine eigene Plage. Die Dinge, die getan werden müssen, muss man tun und sich dann für den Rest nicht anstecken lassen durch die vielen kleinen Ängste und Sorgen, die nur ebenso viele Anwandlungen von Misstrauen Gott gegenüber sind. Mit der Aufenthaltsgenehmigung und auch mit den Gutscheinen wird es schon in Ordnung gehen [...]. Dies ist eigentlich unsere einzige moralische Aufgabe, in uns große Flächen der Ruhe urbar zu machen, immer mehr Ruhe, so dass man diese Ruhe für andere ausstrahlen kann. Und je ruhiger es in den Menschen ist, desto ruhiger wird es auch in unserer aufgeregten Welt sein« (29. September 1942, S. 567).

Am folgenden Tag kommt sie auf diese Verfügbarkeit für die Gegenwart zurück, die ihr wesentlich scheint:

»Treu sein, gegenüber allem, was man in einem spontanen, einem vielleicht allzu spontanen Augenblick begonnen hat. Treu sein gegenüber jedem Gefühl, gegenüber jedem Gedanken, der aufzusprießen begonnen hat.
Treu im allerumfassendsten Sinn des Wortes.
Treu gegenüber sich selbst, gegenüber Gott, treu gegenüber seinen eigenen besten Augenblicken.
Und wo man ist, ganz sein, hundertprozentig sein. Mein ›Tun‹ soll darin bestehen, da zu ›sein‹. [...]
Mir ist, als ob ich stets deutlicher zu sehen beginne, in welchen klaffenden Abgründen die schöpferischen Kräfte des

Menschen und seine Lebensfreuden verschwinden. Es sind Löcher, die alles verschlucken, und diese Löcher befinden sich in unserem eigenen Gemüt. Jedem Tag genügt seine eigene Plage. Und: Der Mensch leidet noch am meisten an dem Leiden, das er befürchtet. [...] Es ist doch jedenfalls nur die Vorstellung und nicht die Wirklichkeit. Die Wirklichkeit ist etwas, was man auf sich nehmen muss, all das Leiden, das dazukommt, alle Schwierigkeiten: Man muss sie auf sich nehmen und tragen, und im Tragen wächst die Kraft zum Tragen. Aber die Vorstellung vom Leiden muss man beenden. Sie ist kein wirkliches ›Leiden‹; Leiden an sich ist jedenfalls fruchtbar und kann das Leben reich machen. Und beendet man die Vorstelllungen, in denen das Leben wie hinter Gittern gefangen sitzt, dann befreit man in sich das wirkliche Leben und die Kräfte in sich, und dann wird man auch die Kräfte haben, um das wirkliche Leiden zu tragen, im eigenen Leben und in dem der Menschheit« (30. September, S. 568–570).

Wir haben bereits feststellen können und werden dies auch erneut im folgenden Kapitel tun: Etty ist deswegen durchaus keine Stoikerin, die etwa für die menschliche Schwäche unerreichbar wäre. Wie der Jesus der Evangelien ist sie zu tiefer Anteilnahme an aller Not fähig, der sie auf ihrem Weg begegnet.

Hier erneut ein Beispiel. Im Lauf ihrer Rekonvaleszenz in Amsterdam schreibt sie nach einem ersten Aufenthalt in Westerbork, der gerade den Gegenstand ihrer »Gewissenserforschung« ausmacht:

»Es ist gut, dass ich einige Wochen hiergeblieben bin. Ich kehre erneuert und gestärkt zurück. Ich bin doch kein gutes Glied der Gemeinschaft gewesen, viel zu bequem. Auf die alten Leute, die Bodenheimers,[141] hätte ich natürlich zugehen können; ich hätte mich nicht damit herausreden dürfen, dass ich ja doch nichts für sie tun kann. Und so gibt es viele Dinge, in denen ich versagt habe. Ich habe zu sehr mein eigenes Behagen gesucht. Ich schaute so gerne in andere Augen, abends auf der Heide. Das war sehr schön, und doch habe ich nach allen Seiten hin versagt. Auch gegenüber den Mädchen auf meinem Saal.[142] Ab und zu warf ich ihnen ein Bröckchen von mir zu, und dann rannte ich wieder weg. Das war nicht gut. Und doch bin ich dankbar, dass es so war, es war so schön, so bezaubernd für mich, und ich bin auch dankbar dafür, dass ich es werde wiedergutmachen können. Ich glaube, dass ich ernster und konzentrierter zurückkommen werde und weniger auf mein eigenes Behagen bedacht. Wenn man moralisch auf andere einwirken will, muss man damit beginnen, mit der eigenen Moral ernst zu machen. Ich laufe den ganzen Tag wie selbstverständlich mit Gott umher, aber dann muss ich

[141] Die Herausgeber von *De nagelaten geschriften* schreiben: Wenn Etty auf Urlaub in Amsterdam war, besuchte sie Familien von Personen, die sie in Westerbork kennengelernt hatte, um ihnen Briefe und Berichte zu überbringen. Über die Familie Bodenheim sind keine weiteren Angaben bekannt« (S. 782, Anmerkung zu S. 564). Es scheint sich aber eher um eine Familie in Westerbork selbst zu handeln, da sich Etty im obigen Abschnitt über ihr dortiges Verhalten Gedanken macht.

[142] Etty wohnte und schlief in einem Schlafsaal für die alleinstehenden Frauen.

auch danach leben. Ich bin noch lange nicht angelangt, oh nein, noch lange nicht, und manchmal tue ich gerade, als sei ich bereits angelangt. Ich bin verspielt und bequem, ich erlebe auch oft die Dinge mehr als Künstlerin, denn als ernsthafter Mensch; es gibt in mir auch Bizarres und Abenteuerliches und Launisches. Aber während ich so hier spät abends an diesem Schreibtisch sitze, spüre ich auch wieder, wie da als eine zwingende, richtende Kraft der große, zunehmende Ernst ist, der manchmal wie eine lautlose Stimme ist, die mir sagt, was ich zu tun habe, und die mich schließlich auch ganz ehrlich aufschreiben lässt: Ich habe nach allen Seiten versagt, meine eigentliche Arbeit muss erst noch beginnen. Bis jetzt war es hauptsächlich Spielerei« (25. September 1942, S. 564f.).

Für sich selbst anspruchsvoll – und wie sehr! – erfährt auch Etty die Enttäuschung, in dem, was sie als ihr Bestes ansieht, nicht verstanden zu werden, nicht einmal von denen, die ihr am nächsten stehen. So geht es ihr mit ihrem alten Vater – bevor die letzte Prüfung sie einander näherbringt:

»Dann kam plötzlich Vater, und es gab viel Aufregung. ›Süße kleine Begine!‹ und ›Donquijoterie!‹ und ›Herr, mach mich nicht so begierig, verstanden werden zu wollen, sondern gib, dass ich verstehe.‹« (9. Oktober 1942, S. 579).

Es fehlen ihr auch Tröstungen nicht, und sie ist voller Verwunderung:

»Gott, du gibst mir so viel Kostbares zur Verwahrung; möge ich doch gut darauf achten und möge ich es gut verwalten!

Ich habe gerne Kontakt mit Menschen. Mir ist, als ob ich durch meine intensive Aufmerksamkeit das Beste und Tiefste aus ihnen zum Vorschein bringe, sie öffnen sich vor mir; jeder Mensch ist für mich ein Bericht, den mir das Leben selber erzählt. Und meine erstaunten Augen lesen nur. Das Leben vertraut mir so viele Berichte an, die ich werde weitererzählen und für Menschen werde verdeutlichen müssen, die nicht so unmittelbar aus dem Leben selbst lesen können. Gott, du hast mir die Gabe, lesen zu können, gegeben. Willst du mir nicht auch die Gabe geben, schreiben zu können?« (4. Oktober 1942, S. 577).

Dass sie diese Gabe tatsächlich erlangt hat, daran können die nicht zweifeln, die ihre Schriften gelesen haben. So mag sie uns noch einige dieser lichtreichen Begegnungen anvertrauen, auf die sie gerade angespielt hat und die innerhalb dieses kurzen Aufenthalts in Amsterdam liegen. Sie hatte dort insbesondere Ru(dolf) Cohen wiedergetroffen, einen alten Bekannten aus Deventer, der dort zusammen mit seinem Bruder ein Haushaltswarengeschäft betrieb. Gezwungen, sich mit seiner Familie nach Amsterdam zu begeben, hatte er beim Jüdischen Rat eine Anstellung gefunden, um Unterricht für junge Juden zu organisieren, denen die Besatzungsmacht den Besuch der normalen Schulen verboten hatte. An einem Tag, an dem sie sich besser fühlte, hatte ihn Etty zu einem Spaziergang in der Stadt eingeladen:

»Ich trippelte neben Ru, und nach einem ganz, ganz langen Gespräch, in dem es wieder einmal um alle ›letzten Fragen‹ ging, blieb ich auf einmal neben ihm stehen, mitten in der engen und phantasielosen Govert Flinckstraat,[143] und sagte: ›Ja, und weißt du, Ru, dann habe ich noch so eine kindliche Eigenschaft, durch die ich das Leben immer wieder so schön finde und durch die ich vielleicht alles so gut tragen kann.‹ Ru schaute mich erwartungsvoll an, und ich sagte, als sei es die gewöhnlichste Sache der Welt – und ist es das nicht eigentlich auch? –: ›Ja, siehst du, ich glaube an Gott.‹ Und er fand dies, glaube ich, wohl etwas verwirrend und schaute mich an, als stünde etwas Geheimnisvolles auf meinem Gesicht zu lesen, und hinterher fand er es eigentlich sehr schön für mich. Vielleicht fühlte ich mich deshalb für den Rest des Tages so strahlend und kräftig? Weil es so ungebrochen und so einfach, mitten in dem grauen Arbeiterviertel, herauskam: ›Ja, siehst du, ich glaube an Gott!‹« (25. September 1942, S. 564).

Ebenfalls ergab sich die Gelegenheit, Klaas Smelik wiederzusehen, ihren einstigen Liebhaber, der versucht hatte, sie dafür zu gewinnen, abzutauchen. Als militanter Trotzkist verspürte er einen tiefen Hass gegen die Nazis. Wie sie es bereits bei anderen Gelegenheiten getan hatte, versucht Etty, ihm einen anderen Weg vorzulegen. *»Und wir erreichen doch nichts mit dem Hass!«* (23. September 1942, S. 559). Sie erwähnt den Eindruck,

[143] Eine Straße in einem Arbeiterviertel in Süd-Amsterdam.

den auf sie ein jüdisches Mitglied der Verwaltung des Lagers Westerbork macht:

»›Er hasst unsere Verfolger mit einem Hass, von dem ich annehme, dass er Grund und Ursache für ihn hat. Aber er ist selber ein Henker. Er könnte das Modell eines Leiters eines Konzentrationslagers sein. […] Wenn ich ihn so unter den Leuten gehen sah mit diesem aufgerichteten Nacken und diesem Herrscherblick und seiner ewigen kurzen Pfeife, dachte ich immer: Es fehlt ihm nur noch eine Peitsche in der Hand, die würde bestens zu ihm passen. […]

Siehst du, Klaas, er war so randvoll mit Hass gegen die, die man unsere Henker nennen könnte, aber was für ein vortrefflicher Henker und Verfolger Wehrloser würde er selber gewesen sein? Und doch hatte ich so sehr Mitleid mit ihm. Kannst du davon etwas verstehen? Es gab niemals irgendeinen freundlichen Kontakt zwischen ihm und seinen Mitmenschen, und er konnte so verstohlen neidisch schauen, wenn andere freundlich miteinander waren. […]

Klaas, ich wollte eigentlich nur dies sagen: Wir haben noch so viel bei uns selber zu tun, dass wir nicht einmal Zeit dafür hätten, unsere sogenannten Feinde zu hassen. Wir sind uns ja bereits untereinander genug feind. Und ich habe ja damit auch noch nicht einfach recht, wenn ich sage, dass es auch unter unseren eigenen Leuten Henker und schlechte Elemente gibt. Ich glaube eigentlich überhaupt nicht an das, was man »schlechte Menschen« nennt.

Ich würde diesen Mann in seinen Ängsten erreichen wollen, ich würde die Quelle der Angst bei ihm aufspüren wollen, ich würde gerne bei ihm eine Treibjagd halten und ihn auf seine inneren Gebiete jagen; das ist das einzige, Klaas, was wir in dieser Zeit tun können.‹

Und Klaas machte eine müde und mutlose Geste und sagte: ›Aber was du willst, dauert so lange. Haben wir denn die Zeit?‹ Und ich antwortete: ›Aber mit dem, was du willst, ist man bereits die zweitausend Jahre unserer christlichen Zeitrechnung beschäftigt, und dann noch die vielen tausende Jahre, wo es doch auch schon eine Menschheit gab. Und was hältst du von dem Ergebnis, wenn ich fragen darf?‹

Und ich wiederholte mit derselben Leidenschaft von jeher, obwohl ich mir selber allmählich langweilig vorzukommen begann, weil ich immer wieder auf dasselbe hinauskam: ›Es ist das Einzige und das Einzige. Klaas, ich sehe keinen anderen Weg: Jeder muss in sich selber einkehren und all das in sich selber ausrotten und vernichten, wofür er meint, andere vernichten zu müssen. Wir müssen davon durchdrungen sein, dass das geringste Atom Hass, das wir dieser Welt hinzufügen, sie noch unwirtlicher macht, als sie ist.‹

Und Klaas, der alte und verbissene Klassenkämpfer, sagte verstört und verwundert zugleich: ›Ja, aber das – aber das wäre ja doch wieder Christentum!‹

Und ich, amüsiert über so viel plötzliche Verwirrung, sagte ganz kaltblütig: ›Christentum! Ja, warum eigentlich nicht?‹« (23. September, S. 559–561).

Utopie? Aber es sind solche Zeugen des Gewissens und schöpferischen Denkens, die seit je der Menschheit im Lauf der Geschichtstragödien und der selbstauferlegten Leiden das Weiterleben ermöglichen.

Etty hatte in Westerbork die Bekanntschaft eines 37-jährigen Juden, Joseph (Joopie) Vleeschhouwer,[144] gemacht, des Schwagers von Ru Cohen. Er war einst in einer Jugendgruppe in Utrecht aktiv gewesen und übte während des Krieges den Beruf eines unabhängigen Buchhalters aus. Er gehörte zu den Mitarbeitern des Jüdischen Rats, die für das »Durchgangslager« Westerbork ausgewählt worden waren. Elly hatte sich rasch mit ihm befreundet. Er hatte ihr nach Amsterdam geschrieben, und dieser Briefwechsel gibt Zeugnis von den Gemeinsamkeiten, die sie verbanden, wie Etty in ihrem Tagebuch schreibt:

> »Meine linke Hand ruht während des Schreibens auf der kleinen, aufgeschlagenen Bibel, ich habe Kopf- und Bauchschmerzen, und auf dem Grunde meines Herzens liegen die sonnigen Sommertage auf der Heide und das gelbe Lupinenfeld, das sich bis zur Entlausungsbaracke erstreckte.
>
> Es ist noch nicht einmal einen Monat her, dass mir Joop am 27. August um 12 Uhr nachts schrieb: ›Da sitze ich nun mit baumelnden Beinen und lausche auf die gewaltige Stille. Das Lupinenfeld, jetzt ohne die jauchzenden Farben, die in einem grell tröstend scheinenden Sonnenlicht baden. Jetzt ist alles von einer Pracht und Ruhe, die mich ganz still und ernst macht. Ich springe aus dem Fenster und gehe einige

[144] Joseph (Joopie) Vleeschhouwer wurde mit seiner Familie nach Bergen-Belsen deportiert und starb dann wohl an Typhus auf dem endlosen und schreckenvollen Transport der Lagerinsassen nach Osten angesichts des Voranrückens der Alliierten.

Schritte im weichen Sand und schaue nach dem Mond.‹ Und dann beendigt er den nächtlichen Brief mit seiner geschlossenen, konzentrierten Handschrift auf dem gewöhnlichen Papier: ›Ich verstehe, wie jemand sagen kann: Hier ist nur eine Gebärde möglich: Niederknien. Nein, das habe ich nicht getan, ich finde das nicht nötig. Ich ›kniete‹ im Fenster sitzend, und dann ging ich schlafen« (24. September 1942, S. 562).

Dieser Brief erinnert sie an eines ihrer Gespräche im Lagerbereich:

»Joop saß auf der Heide, unter dem großen Sternenhimmel, und wir sprachen über Heimweh. ›Ich habe kein Heimweh, ich bin doch zu Hause.‹ Davon habe ich damals so viel gelernt. Man ist ›zu Hause‹. Unter dem Himmel ist man zu Hause. Auf jedem Flecken dieser Erde ist man ›zu Hause‹, wenn man alles in sich trägt. –

Ich habe mich oft gefühlt und fühle mich noch wie ein Schiff, das eine kostbare Ladung an Bord geholt hat. Die Taue wurden gekappt, und nun fährt das Schiff, so frei und so nach allen Ländern, und die ganze kostbare Ladung führt es mit sich. –

Man muss für sich selber zum Vaterland werden. –

Ich habe damals Abende verbracht, bis ich ihm das Intimste des Intimen erzählen konnte. Und ich wollte es ihm doch so gerne sagen, wie um ihm ein Geschenk zu machen. […] Dann habe ich mich dort vor der großen Heide niedergekniet« (20. September 1942, S. 555).

Dank ihres kostbaren Tagebuchs, das sie uns hinterlassen hat, kann Etty *»auf jedem Flecken dieser Erde«* (ebd.) zu Hause sein. Sie freut sich über die Wohltat dieser neuen Freundschaft, in der sie die Gnade einer Gemeinsamkeit im Wesentlichen erkennt:

> »Es ist so verwunderlich, wie dieser Mann plötzlich, beinahe lautlos, lebend und beseelend mitten in meinem Leben stand, während der große Freund, der Geburtshelfer meiner Seele, mit Schmerzen in seinem Bett lag und kindisch wurde.
>
> Ich frage mich doch zu einem schwierigen Augenblick wie heute Abend, was dein Ziel mit mir ist, du Gott. Und vielleicht wird dies davon abhängen, welche meine Ziele mit dir sind?« (24. September 1942, S. 562).

Wie lächerlich angesichts diesen Reichtums die Reaktion jenes Lagerarztes, der, vielleicht nicht ohne Hintergedanken, glaubt, sie zur Rede stellen zu sollen:

> »Der Doktor hatte natürlich nicht recht. Früher hätte mich so etwas vielleicht unsicher gemacht; jetzt hat unsereins gelernt, durch Menschen hindurch zu schauen und Worte mit eigener Einsicht zu durchleuchten: ›Sie leben zu geistlich! Sie leben sich nicht genug aus! Sie leben nicht die elementaren Dinge des Lebens!‹ Ich hätte beinahe gefragt: ›Muss ich mich vielleicht mit Ihnen auf das Sofa legen?‹ Besonders fein würde das nicht geklungen haben, aber eigentlich ging sein Monolog doch in diese Richtung. Und danach: ›Sie

leben nicht genug in der Wirklichkeit!‹ Und danach dachte ich: Es stimmt doch alles nicht zusammen, was so ein Mann sagt. Natürlich, die Wirklichkeit! Die Wirklichkeit ist, dass an vielen Stellen unserer Welt Männer und Frauen nicht zusammenkommen können: Die Männer sind an der Front. Lagerleben. Gefangenschaft. Voneinander Getrenntsein. Das ist die Wirklichkeit. Und damit muss man zusehen, wie man klar kommt. Und man ist doch nicht genötigt, nur ins Leere zu verlangen und die Sünde Onans[145] zu betreiben! Sollte man da die Liebe, die man nicht bei einem einzigen, beim anderen Geschlecht los wird, nicht in eine Kraft umsetzen können, die der Gemeinschaft zugutekommt und die man vielleicht auch wieder ›Liebe‹ nennen kann? Und wenn man danach strebt, steht man dann nicht gerade auf dem Boden der Wirklichkeit? Das ist keine so greifbare Wirklichkeit wie ein Bett mit einem Mann und einer Frau darin. Aber es gibt doch wohl noch andere Wirklichkeiten? Es liegt etwas so Kindisches und Armseliges darin, wenn ein älteres Männlein in dieser Zeit, mein Gott, in dieser Zeit es damit hat, ›sich auszuleben‹« (20. September 1942, S. 555f.).

[145] Masturbation oder »Onanie«. Diese letztere Bezeichnung ist aus der Fehlinterpretation des biblischen Textes entstanden, nach welchem Onan vor dem Geschlechtsverkehr mit der Frau seines verstorbenen Bruders seinen Samen zur Erde fallen ließ, weil er seinem Bruder keine Nachkommenschaft erwecken wollte; dies war ein Verstoß gegen das Leviratsgesetz (vgl. Genesis 38,9ff.).

Ohne jemals diesbezüglich »indoktriniert« worden zu sein, schließt Etty hier instinktiv an eine der symbolischen Bedeutungen einer frei übernommenen Ehelosigkeit an, diesem wahrhaft menschlichen Paradox Realität und Konsistenz zu verleihen, dass eine Person mit ihrer ganzen geschlechtlichen Ausstattung doch nicht in ihrer erotischen und auf Nachkommenschaft ausgerichteten Fähigkeit aufgeht.

Darin liegt ein beachtliches Zeugnis für den Wert und die unveräußerliche Würde jeder menschlichen Person als solcher, unabhängig von ihrer gesellschaftlichen Nützlichkeit und ihrer Leistungsfähigkeit. Deshalb steht die freiwillige Ehelosigkeit in einer tiefen Entsprechung zu dem Willen, mit den Armen, den Unterdrückten, den Ausgeschlossenen, mit allen »Ohnmächtigen«[146] solidarisch zu sein. Aber wir haben in Kapitel II gesehen, dass sich Etty seit mehr als einem Jahr mit dieser Wahl befasst hat, insbesondere anlässlich einer Antwort ihrer Freundin Tide auf eine Frage zu ihrem Verlangen, sich zu verheiraten: *»Gott hat mir noch keinen Mann geschickt«* (6. Oktober 1941, S. 129). Am selben Tag schrieb Etty: *»Wenn ich das für mich selbst übersetze und auf mich anpassen wollte, müsste es wohl heißen: Wenn ich gemäß meinen ursprünglichen eigenen Quellen leben wollte, werde ich wahrscheinlich nicht heiraten müssen. […] Und ein bisschen Vertrauen haben und wissen, dass ich einen bestimmten Weg gehen muss, und jetzt nicht*

[146] Ist sich dessen nicht die ganze Welt beim Tod von Mutter Teresa von Kalkutta am 5. September 1997 bewusst geworden? Ich habe diese symbolische Bedeutung des Zölibats in meinem Buch *La vie religieuse – Un chemin d'humanité* [Das Ordensleben – Ein Weg der Menschlichkeit], Namur, Coll. *Vie Consacrée* [Geweihtes Leben], 1992, S. 108–137, entfaltet.

denken: Werde ich dann später nicht zu einsam sein, wenn ich jetzt keinen Mann nehme?« (ebd.).

Einsamkeit, ja, aber doch Beziehung zu so vielen Menschen! Diese immer mehr fordernde und ihren *»ursprünglichen eigenen Quellen«* (ebd.) entsprechende Erfahrung wird Etty bei ihrer Rückkehr nach Westerbork machen. Trotz der angenehmen Zeit ihrer Rekonvaleszenz, in der sie sich von lieben Freunden umgeben weiß, verlangt sie danach, in das Lager zurückzukehren, sobald es ihre Gesundheit zulässt. Dies drückt sie in der Form eines Gebets aus:

> »Ich verspreche dir, ich werde gemäß meinen besten schöpferischen Kräften leben, an jedem Ort, wo immer du mich festhalten willst. Aber am Mittwoch möchte ich so gerne gehen, selbst wenn es nur für diese zwei Wochen ist. Ja, wohl weiß ich, dass Risiken bestehen. Immer mehr SS kommt in das Lager, und immer mehr Stacheldraht darum herum. Alles wird immer mehr verschärft. Vielleicht können wir in zwei Wochen nicht einmal weg. So etwas ist immer möglich. Kann man dieses Risiko eingehen?
>
> Mein Doktor hat mir ja durchaus nicht gesagt, dass ich das Bett hüten müsse. Er war überrascht, dass ich noch nicht nach Westerbork abgefahren bin. Aber dieser Doktor soll mir egal sein. Selbst wenn hundert Doktoren auf der Welt mich für kerngesund erklären – wenn eine innere Stimme mir sagt, dass es noch nicht geht, dann geht es eben noch nicht. Ich werde warten, ob du mir noch ein Zeichen gibst, mein Gott, und ich nehme mir jetzt fest vor zu gehen. […]

> Ich habe das Gefühl, dass mein Leben dort noch nicht fertig, noch kein abgerundetes Ganzes ist. Ein Buch – und was für ein Buch! –, bei dem ich mittendrin steckengeblieben bin. Ich möchte so gerne weiterlesen. Mir kam es dort in manchen Augenblicken vor, als wäre mein ganzes Leben eine große Vorbereitung für das Leben in dieser Gemeinschaft gewesen, – während mein Leben doch eigentlich immer ein Leben in Abgeschiedenheit gewesen ist? […]
>
> Ich will sie jedenfalls später einmal aufsuchen, jeden Einzelnen von den Tausenden, die auf diesem Stück Heide durch unsere Hände gegangen sind. Und wenn ich sie nicht finde, werde ich ihre Gräber finden. Ich werde hier nicht mehr ruhig an meinem Schreibtisch sitzen bleiben können. Ich will durch die Welt ziehen und mit eigenen Augen sehen und mit eigenen Ohren hören gehen, wie es allen ergangen ist, die wir haben ziehen lassen« (2. Oktober 1942, S. 570–573)

Heute sind wir es, die unter ihrer Führung die Internierten in Westerbork besuchen, oder vielmehr sie selbst, indem ihr Geist uns begleitet. In der Zwischenzeit ist Etty noch viele Stunden bettlägerig, weil sie immer noch körperlich erschöpft ist. Für sie ist dies eine Form der Selbstentäußerung, zu der sie sich mehr und mehr im Geist von Matthäus 6,28, was sie immer wieder zitiert, berufen fühlt. Dieser Vers handelt von den *»Lilien des Feldes«*, die Gott mit einer Pracht kleidet, die selbst ein König Salomon nie erreichte:

> »Dieses Haus hier, so spüre ich, beginnt langsam von meinen Schultern zu gleiten. Es ist gut, dass es so ist. Sich da-

von loszumachen, das beginnt nun ganz zu geschehen. Ganz vorsichtig, mit großer Wehmut, aber auch mit der Sicherheit, dass es gut so ist und nicht anders sein kann, lasse ich es jeden Tag mehr weggleiten.

Und mit einem Hemd an und mit nur einem Hemd in meinem Rucksack – wie war das noch mit Kormanns[147] Märchen von dem Mann ohne Hemd? Der König suchte in seinem ganzen Reich nach dem Hemd seines glücklichsten Untertans, und als er den glücklichsten Menschen endlich gefunden hatte, ergab sich, dass dieser gar kein Hemd besaß – und mit der ganz kleinen Bibel, vielleicht auch mit meinen russischen Wörterbüchern und den Volkserzählungen von Tolstoj mit, und vielleicht, nur vielleicht, ist noch Platz für eine von Rilkes Briefesammlungen. Und dann noch der Pullover aus reiner Schafwolle, von einer Freundin eigenhändig gestrickt – was habe ich noch vielen Besitz, mein Gott, und so jemand will eine Lilie des Feldes sein? Also mit diesem einen Hemd im Rucksack gehe ich dann in eine ›unbekannte Zukunft‹. So heißt das. Aber es ist doch überall dieselbe Erde unter meinen wandernden Füßen, und derselbe Himmel, einmal mit dem Mond und dann wieder mit der Sonne, nicht zu vergessen auch noch alle Sterne über meinem Haupt voller Entzücken. Warum dann von unbekannter Zukunft sprechen?« (22. September 1942, S. 558 f.).

147 Ein Jude polnischer Herkunft, den sie im Lager kennengelernt hatte (vgl. die folgende Fußnote).

Nach drei Zeitabschnitten im Lager Westerbork, unterbrochen durch gesundheitsbedingte Aufenthalte in Amsterdam, wurde Etty schließlich erneut dorthin zurückgesandt, wo sie vom 5. Dezember 1942 für sechs Monate ins Krankenhaus musste, bis sie in ihr Zimmer in dem großen Haus von Han Wegerif zurückkehren konnte. Es war für sie eine schwere Prüfung, die sie in ihrem tiefsten Verlangen behinderte, wie sie am 2. Oktober 1942 in ihrem Tagebuch sagt:

> »Ich würde gerne in allen Lagern über ganz Europa hin sitzen, an allen Fronten wollte ich sein, ich will jedenfalls doch nicht ›sicher‹ sein; ich will doch dabei sein, ich will ein kleines Stück Verbrüderung an jedem Ort, wo ich bin, zwischen den sogenannten Feinden; ich will verstehen, was geschieht, ich will, dass so viele wie ich nur erreichen kann – und ich weiß, dass ich viele erreichen kann, mach mich gesund, o Gott! – das Weltgeschehen auf meine Weise verstehen. – Und was ist alles doch, wenn ich die Liebe nicht habe?«[148] (2. Oktober 1942, S. 573).

Etty verlangt nach der vollen Wiederherstellung ihrer Gesundheit; doch lehnt sie sich nicht gegen die ihr von der Natur auferlegte lange Frist auf. Die Liebe drückt sich in der Annahme aus. Diese Liebe inspiriert sie dazu, sich das Wort Jesu aus seinem Todeskampf auf dem Ölberg (Lukas 22,42) zu eigen zu machen:

[148] Vgl. 1 Korinther 13,3: *»Und wenn ich meine ganze Habe verschenkte und wenn ich meinen Leib dem Feuer übergäbe, hätte aber die Liebe nicht, nützte es mir nichts.«*

»Aber ich will so gerne gesund sein! Ich grüble jetzt zu sehr über meine Gesundheit, und das ist nicht gut. Lass dieselbe Bewegungslosigkeit in mir sein, die heute früh in deinem grauen Morgen lag. Lass meinen Tag etwas mehr sein als allein die Sorge um meinen Leib.

Das ist immer mein letztes Heilmittel: Aus dem Bett springen und in einer verborgenen Ecke meines Zimmers niederknien.

Ich will dich auch nicht zwingen, mein Gott, dass du mich in zwei Tagen gesund machst. Ich weiß, wie alles wachsen muss, wie alles ein langsamer Prozess ist. Es ist jetzt gegen 7. Ich werde mich jetzt waschen gehen, vom Kopf bis zu den Zehen mit kaltem Wasser, und dann werde ich mich still in mein Bett legen, totenstill, ich werde nicht mehr in diesem Heft schreiben, ich werde versuchen, nur zu liegen und ein Gebet zu sein. Ich habe das so oft gehabt, dass ich ein paar Tage so elend war, dass ich meinte, wochenlang nicht mehr hochzukommen, und nach ein paar Tagen war es dann wieder vorbei. Aber jetzt lebe ich nicht gut, ich will es zwingen. Wenn es irgend möglich ist, will ich doch gerne am Mittwoch gehen. Ich weiß es wohl: So, wie ich jetzt bin, hat die Gemeinschaft nicht viel von mir. Ich möchte gerne, dass ich wieder ein bisschen gesund bin, am Mittwoch. [...] Ich muss die Dinge nicht wollen, ich muss sie in mir geschehen lassen. Und damit befasse ich mich jetzt.

Nicht ich will, sondern dein Wille geschehe« (3. Oktober 1942, S. 574f.).

Es scheint, dass Etty, schließlich wieder nach Westerbork zurückgekehrt, weiterhin Tagebuch geführt hat. Aber dieses Tagebuch ist verloren. Doch ist eine gute Anzahl von Briefen erhalten, die sie an ihre Freunde »draußen« gerichtet hat, bevor sie mit ihrer ganzen Familie nach Auschwitz deportiert wurde. Deren Botschaft sei nun aufgenommen.

KAPITEL IX

»Der Welt einen neuen Sinn anbieten, der aus den tiefsten Brunnen unserer Not und unserer Verzweiflung kommt …«[149]

Wahrscheinlich an dem Tag, an dem sie sich als Freiwillige für das Lager Westerbork meldete, kritzelte Etty auf einem Zettel, den sie in eines ihrer Hefte auf der Seite des 22. Juli [1942] einlegte: *»Mein Herz ist heute schon wieder einige Male gestorben, aber es ist auch schon wieder auferstanden«* [opgestaan] (S. 528).

Einen Christen erinnert dieser Satz an das Pascha-Mysterium, das Ostergeheimnis, den existentiellen »Übergang« Christi, der angesichts des Todes und in der Prüfung der Gottverlassenheit (Matthäus 27,46) sich Gott anvertraut und aus seinem Tod einen Akt des Gehorsams macht. Damit hat er dem menschlichen Tod die bloße Schicksalhaftigkeit genommen und ihn in einen Akt der Freiheit verwandelt: *»Vater, in deine Hände lege ich meinen Geist«*, die Lebenskraft, die ich von dir empfangen habe (Lukas 23,46).

Ohne Ettys Erfahrung, die sie uns in dieser letzten Etappe ihres Lebens mitteilt, im genauen Sinn dieses Wortes als »christlich« bezeichnen zu können, orientiert sie sich doch in derselben Richtung, die durch den österlichen Hingang Christi in der menschlichen Geschichte vorgezeichnet worden ist. Seit ihrer

[149] Brief an zwei Schwestern, Ende Dezember 1942, S. 624.

ersten Berührung mit diesem kleinen Universum von Westerbork, hat sich Etty in einer Tiefe daran gebunden, die sie selber erstaunt. Aus Gesundheitsgründen nach Amsterdam zurückgekehrt, schreibt sie auf Deutsch an Osias Kormann,[150] einen Juden polnischer Herkunft, der ebenfalls beim Jüdischen Rat arbeitet und mit dem sie sich freundschaftlich verbunden fühlte.

> »Ein kleiner Gruß aus dieser großen Stadt. Ich gehe hier durch die viel zu vielen Straßen und Westerbork geht mit mir mit. Es ist merkwürdig, daß man in so kurzer Zeit so sehr mit einem Ort und dessen Einwohnern verwachsen kann. Ich komme gerne wieder zurück, wie schwer es mir auch fällt, mich hier von sehr nahestehenden Menschen trennen zu müssen. Aber irgendwie fühle ich mich hingetrieben zu diesem kleinen Fleck mitten auf der Heide, wo soviel Menschenschicksal zusammengeschmissen ist. Ich kann mir noch gar nicht erklären, warum das so ist, vielleicht wird mir das später mal klar werden, aber jedenfalls: ich komme zurück« (Brief vom 14. August 1942, S. 601).

Dies Hingetriebensein hängt auch damit zusammen, dass Etty, die instinktiv Gemeinsamkeiten mit bestimmten Menschen er-

[150] Max Osias Kormann (1895–1959) hatte versucht, auf einem Schiff, der *Saint-Louis*, von Hamburg aus über Kuba nach Amerika zu gelangen. Da die Behörden dort die Einreise verweigerten, musste das Schiff mit allen 936 deutsch-jüdischen Flüchtlingen nach Europa zurückkehren. Die belgische Regierung erlaubte schließlich die Landung in Antwerpen. Einige Passagiere wurden in Belgien aufgenommen, andere in Frankreich und Großbritannien. 181 dieser Flüchtlinge, darunter Kormann, fanden Asyl in den Niederlanden. Dort richteten die Behörden 1939 für sie das Lager Westerbork ein. Kormann verbrachte die gesamte Kriegszeit im Lager und wanderte 1946 in die USA aus, wo er seine Familie wiederfand.

fasste, in Westerbork tiefe Freundschaften knüpfte. Davon zeugen mehrere Briefe aus dieser Zeit, zum Beispiel auch dieser, der ebenfalls an Osias Kormann gerichtet ist:

> »Wie wird meine verwaiste Schreibmaschine sich gefreut haben, daß endlich mal wieder etwas Schönes auf ihr geschrieben worden ist!
>
> Zu bedenken, daß es da irgendwo in Holland eine Heide gibt mit einem kleinen hölzernen Barackendorf und daß da ein Mensch lebt, der Osias Kormann heißt und gute Augen hinter Brillengläsern hat, der einem schreibt:
>
> ›Du bist wirklich schöpferisch, Du hast etwas um mich geschaffen, was lebt –‹ – das hat mich ganz groß gepackt, weißt Du? […]
>
> Wenn es mal keinen Stacheldraht mehr in der Welt gibt, kommst du dir mein Zimmer ansehen, es ist so schön und ruhig. Ich verbringe halbe Nächte an meinem Schreibtisch, lesende und schreibende, bei der kleinen Lampe. Ich habe da ungefähr 1500 Seiten Tagebuch liegen vom vergangenen Jahr, die lese ich mir mal durch. Was für ein reiches Leben mir da von jeder Seite entgegenspringt. Und daß das mein Leben war. Und immer noch ist. Eigentlich weißt Du noch nicht viel von mir und ich nicht von Dir. Tatsachen, meine ich. Aber auf die Tatsachen kommt es doch gar nicht an im Leben, nur was man durch sie geworden ist. Also, ich denke, wir wissen doch ein bischen von einander?« (Brief vom 28. September 1942, S. 604 f.)

Für uns ist es spannend, diesen Eindruck zu erfahren, den Etty selbst bei der Lektüre ihres Tagebuchs gewinnt. Ist dies nicht auch unser eigener Eindruck? Ein weiterer Brief an denselben Empfänger zeugt ebenfalls von wohltuender und vertrauender Freundschaft:

> »Wie gemütlich haben wir immer an dem Stacheldraht entlang spaziert und was für gute Freunde waren wir, in so kurzer Zeit so gute Freunde. Hast Du noch manchmal Zeit, mir einen freundschaftlichen Gedanken hinüberzusenden (schreiben wird wohl unmöglich sein, das verstehe ich) und vielleicht kannst Du Dir Kraft schöpfen aus dem großen Freundschaftsgefühl, das ich für Dich habe und das dauernd ist?« (Brief vom 9. Oktober 1942, S. 608).

Im gleichen Brief folgt ein Hinweis auf eine andere sehr liebe Freundschaft, die mit Joseph (Jopie) Vleeschhouwer. Der ehemalige Bankangestellte war wie Etty Mitarbeiter des Jüdischen Rats.[151] Etty nennt ihn ihren *»Waffenbruder«* (16. September 1942, S. 548; vgl. S. 577 und 605.).

> »Heutemorgen früh ist Vleeschhouwer von hier weggefahren, er hat noch dafür kämpfen müssen, hinzukommen, man wollte ihn erst in Amsterdam behalten, aber wie ein tapferer kleiner Soldat wollte er unbedingt zu seiner Front. Ich fühle mich fast wie eine Art Deserteur, daß ich jetzt nicht bei euch bin« (Brief vom 9. Oktober 1942, S. 608).

[151] Zum Schicksal Jopie Vleeschhouwers siehe Anmerkung 144 in diesem Buch.

Etty teilt auch die Sorge ihrer Freunde angesichts dessen, was sie die *»Animosität«* (Brief vom 28. September 1942, S. 605) zwischen den holländischen und den deutschen Juden in diesem Lager nennt. Letztere waren die ersten Insassen gewesen; um sie aufzunehmen, hatten die niederländischen Behörden diese Barackenreihen gebaut, die noch mit relativem Komfort ausgestattet waren. Die Deutschen sahen die massenhafte Ankunft ihrer holländischen Religionsgenossen ungern, weil ihre große Zahl zur Desorganisation des Lagerlebens führte. Nachdem Westerbork seit dem 1. Juli 1942 offiziell unter deutsches Kommando gestellt worden war, wurde die deutsche Sprache für alle auszufüllenden Formulare verpflichtend, was die Diskriminierung der niederländischen Juden gegenüber den deutschen Juden noch verstärkte; sie wurden fast alle von wichtigen Aufgaben ausgeschlossen, während die deutschen Juden in der Verwaltung allgegenwärtig waren.[152] Es ist wenig überraschend, dass Etty nicht bereit war, sich mit dieser stummen, aber tiefen Feindschaft zwischen den beiden Gruppen abzufinden. Während sie noch in Amsterdam ist, schreibt sie Kormann ihren Wunsch, dazu beizutragen, diese Feindschaft zu verringern:

> »Ich habe es oft vor mir, dieses Westerbork und gehe in Gedanken die modrigen Wege. Es ist mir dabei sehr ernst zu Mute. Es wartet uns eine große Aufgabe, glaubst Du nicht, um den Winter, der schwer sein wird, einigermaßen befriedigend durch-

[152] Vgl. die Darstellung dieser Situation im Vorwort von P. H. Noble zu den *Lettres de Westerbork* [Briefe aus Westerbork], Éditions du Seuil, Paris 1988, S. 11–13.

> zukommen. Und ich glaube es wird in letzter Instanz mehr auf unsere menschlichen als auf unsere organisatorischen und technischen Talente ankommen (letztere gibt es ja so wie so von selber schon, man braucht darüber doch nicht soviel Lärm zu machen, oder sehe ich das vielleicht zu naiv?). Es wird wohl nicht einfach sein eine Brücke zu bauen zwischen Kampinsassen und jüdischem Rat? Ich weiß, der jüdische Rat hat große Fehler gemacht und macht sie noch, Menschen mit der Mentalität von einem Vleeschhouwer gibt es noch zu wenig bei uns. Aber wir haben gute Elemente, hoffentlich werden die den Weg zu euch finden und ihr auch zu ihnen« (Brief vom 28. Oktober 1942, S. 609).

Ettys stetes Bemühen, Kleinlichkeiten und Groll zu überwinden, der die Menschen voneinander entfernt, kommt ebenfalls sehr deutlich in einem Brief zum Ausdruck, den sie auf die inständige Bitte eines Dr. K.[153] Ende Dezember 1942 an zwei Schwestern in Den Haag schreibt. Sie nennt den Namen nicht, weil der Brief in die Zensur geraten könnte. Es handelt sich um einen langen und sehr detaillierten Bericht über das Leben im Lager. In den abschließenden Zeilen beurteilt Etty sich selbst – wie wir das bereits häufiger feststellen konnten – mit einer Strenge, die übertrieben scheinen mag.

[153] Es handelt sich nach Angabe der Herausgeber von *De nagelaten geschriften* (S. 789, Anmerkung zu S. 617) höchstwahrscheinlich um Herbert Kruskal, einen deutschen Juden, der mit seiner Familie nach Scheveningen gezogen war. Sie wurden verhaftet und nach Westerbork verbracht, wo sie in der Lagerverwaltung arbeiteten. 1985 sind sie nach Israel übergesiedelt.

»Und nun habe ich Sie durch mein langwährendes Geschwätz vielleicht wohl zu der Vorstellung gebracht, ich hätte Ihnen etwas über Westerbork erzählt? Wenn ich dieses Westerbork vor meinem geistigen Auge entstehen lasse, mit allen seinen Facetten und seiner bewegten Geschichte, in allen seinen geistlichen und materiellen Nöten, dann weiß ich, dass mir dies überhaupt nicht gelungen ist. Und darüber hinaus handelt es sich um einen sehr einseitigen Bericht. Ich könnte mir einen solchen vorstellen, der mehr von Hass und Verbitterung und Aufstand erfüllt wäre.

Aber Aufstand, der erst geboren wird, wenn die Not die eigene Person erreicht, ist kein echter Aufstand und wird niemals fruchtbar sein können.

Und Abwesenheit von Hass bedeutet noch nicht die Abwesenheit einer elementar-sittlichen Entrüstung.

Ich weiß, dass diejenigen, die hassen, dafür Grund und Ursache haben. Aber warum sollten wir immer wieder den leichtesten und billigsten Weg wählen müssen? Ich habe dort so stark erfahren, wie jedes Atom Hass, das zu dieser Welt hinzugefügt wird, sie unwirtlicher macht, als sie bereits ist« (Brief von Ende Dezember 1942, S. 629).

In diesem langen Bericht[154] zeichnet Etty ein ergreifendes Bild vom täglichen Leben im Lager Westerbork, von seiner Or-

[154] Der Brief umfasst in der niederländischen Druckfassung 14 Seiten. Er wurde zusammen mit einem anderen, der an Han Wegerif und seine Mitbewohner gerichtet war, Ende 1943 von Widerständlern heimlich vervielfältigt. Das handschriftliche Original ist verlorengegangen (siehe *De nagelaten geschriften,* S. 789, Anmerkung zu S. 616).

ganisation, seiner so unterschiedlichen Bewohnerschaft, vom Elend und den falschen Hoffnungen der Insassen; sie offenbart uns auch die Tiefe und Großmut ihres Herzens in der Prüfung durch eine solche menschlichen Grenzsituation. Mit Recht hat man dazu beobachtet: *»Bei sehr vielen Menschen würde eine solche Extremsituation Verwirrung oder Apathie auslösen. Bei Etty ereignet sich das Gegenteil, eine unbeirrbare Lebensintensität«*[155] aber auch, so würden wir hinzufügen, eine unerschöpfliche Fähigkeit zu Zartheit und Mitleid. Aber lassen wir sie selbst sprechen, während sie sich für einige Zeit von der sie umgebenden Menge absondert, um den beiden Schwestern zu schreiben:

> »Ich ging dort die ersten Tage umher wie durch die Blätter eines Geschichtsbuchs. Ich traf dort Menschen an, die bereits in Buchenwald und Dachau gesessen hatten zu einer Zeit, als diese Namen für uns noch ferne und drohende Laute waren.
>
> Ich traf dort Menschen an, die noch auf jenem Schiff gesessen hatten, das durch die ganze Welt fuhr und in keinem einzigen Hafen anlegen durfte.[156] […] Ich habe Fotos von kleinen Kindern gesehen, die inzwischen auf dem einen oder anderen unbekannten Flecken der Erde ein ganzes

[155] Loed Loosen S.J., *Etty Hillesum – geen idool, maar uitnodiging tot bezinning* [Etty Hillesum – Kein Idol, aber Aufforderung zur Besinnung], in: *Etty Hillesum,* 43–93 (Vorträge im November 1993 zum 50. Jahrestag ihres Todes in der Gedächtniskirche in Deventer), Boekhandel Praamstra, Deventer 1993, S. 64.

[156] Siehe oben, Anm. 150.

Stück gewachsen sein müssen – die Frage ist, ob sie ihre Eltern noch wiedererkennen werden, wenn sie sie jemals wiedersehen sollten.

Kurzum, man hatte das Gefühl, ein Stück des jüdischen ›Schicksals‹ der letzten zehn Jahre handgreiflich vor sich zu sehen. [...]

Ja, Westerbork.

Wenn ich es recht verstehe, war dieser Flecken – jetzt ein Brennpunkt jüdischen Leidens – vor vier Jahren noch wüst und leer, und der Geist des Justizministeriums schwebte über der Heide.[157]

[...] Und jetzt?

Ich will für Sie locker einiges aus dem Inventar herausgreifen.

Es gibt ein Waisenhaus, eine Synagoge, ein Leichenhaus und eine entstehende Sohlenfabrik. Ich habe vom Bau eines Irrenhauses reden gehört, und der wachsende Komplex der Krankenbaracken zählt nach meiner letzten Kenntnis bereits tausend Betten. [...]

Es gibt Kabinettskrisen im Kleinen mit allen Ellenbogen, die dabei nun einmal eine Rolle scheinen spielen zu müssen.

Es gibt einen holländischen und einen deutschen Kommandanten.[158] Der Erste ist schon länger da, aber der Letztere hat mehr zu sagen. Vom Letzteren heißt es darüber

[157] Anspielung auf den Schöpfungsbericht Genesis 1,2.

[158] Der niederländische Kommandant Jac. Schol (seit 1939) und der deutsche Kommandant A. K. Gemmeker (seit 1942).

hinaus, dass er Musik liebt und ein Gentleman ist. Ich kann das nicht so beurteilen, obwohl ich sagen muss, dass er für einen Gentleman doch ein etwas seltsames Amt bekleidet. [...]

Es gibt Schlamm, so viel Schlamm, dass man irgendwo zwischen seinen Rippen doch sehr viel innerlichen Sonnenschein besitzen muss, will man hier nicht das psychologische Schlachtopfer von all diesem Schlamm werden. (Sie verstehen natürlich von selber: durch die kaputten Schuhe und nassen Füße.)

Obwohl es ein Lager ist, das nur ein Stockwerk hoch ist, hört man da eine Vielfalt von Akzenten, als würde der Turm von Babel in unserer Mitte hochgezogen.[159] Bayern und Groninger, Sachsen und Limburger, Haager und Ostfriesen, Deutsch mit polnischem und Deutsch mit russischem Akzent, Holländisch mit deutschem und Deutsch mit holländischem Akzent, vom Waterlooplein[160] und Berlinerisch – und dann will ich Sie doch zugleich darauf aufmerksam machen, dass es hier nur um ein Gebiet von etwas mehr als einem halben Quadratkilometer geht. [...]

Auch deshalb ist es so schwierig, etwas über Westerbork zu erzählen, weil es einen so zwiefältigen Charakter hat. Einerseits bildet sich dort allmählich eine feste Weise des Zusammenlebens, gewiss einer Zwangsgemeinschaft, aber doch mit allen Aspekten, die eine Menschengesellschaft haben kann, und andererseits ist es ein Lager für ein Volk

159 Anspielung auf Genesis 11,4–9.
160 Platz in Amsterdam.

im Durchgang, und es gibt fortwährend große Aufregung, wenn die Menschenmassen dort hineinspülen, aus den großen Städten und aus der Provinz, aus Altersheimen, aus Gefängnissen und Straflagern, aus allen Ecken und Enden der Niederlande, um einige Tage später weiter deportiert zu werden, ihrem unbekannten Ziel entgegen« (S. 617–620).

Inmitten dieses verzweifelten Durcheinanders hat Etty die Fähigkeit und Aufmerksamkeit, zuweilen eine Leuchtspur von Mut und menschlicher Würde zu entdecken:

»Sie verstehen, dass es ein großes Gedränge auf diesem halben Quadratkilometer gibt. Denn natürlich ist nicht jedermann wie dieser eine Mann, der seinen Rucksack packte und aus eigenem Antrieb mitzog und auf die Frage ›warum?‹ antwortete, er wolle frei sein zu gehen, wann er es wolle. Ich musste dabei an den römischen Richter denken, der zu einem Martyrer sagte: ›Weißt du, dass ich die Macht habe, dich zu töten?‹, worauf der Martyrer antwortete: ›Aber wissen Sie, dass ich die Macht habe, getötet zu werden?‹

Aber ansonsten ist doch wieder ein großes Gedränge in Westerbork, ungefähr wie um das letzte Stück Treibholz, an dem sich viel zu viele Ertrinkende festklammern, nachdem da ein Schiff gesunken ist.

Man bleibt doch lieber und überwintert in Hollands ärmster Provinz, als tief nach Europa verschleppt zu werden nach unbekannten Gebieten und Zielen, von woher bis jetzt nur sehr spärliche und undeutliche Laute zu den Zurückgebliebenen durchgedrungen sind. Aber die Zahl muss erreicht und so auch der Zug voll werden, der mit beinahe mathematischer Genauigkeit seine Ladung holen kommt, und man kann nicht jeden zurückbehalten, als sei er für das Lager unabkömmlich oder zu krank, um verfrachtet zu werden, – wenn man es auch bei vielen versucht. Manchmal denkt man wohl, dass es einfacher wäre, selbst ein für alle Mal ›auf Transport‹ zu gehen, als immer wieder Zeuge sein zu müssen von den Ängsten und der Verzweiflung von Tausenden und Abertausenden: Männern, Frauen, Kindern, Invaliden, Schwachsinnigen, Säuglingen, Kranken und Hochbetagten, die in schier ununterbrochenem Zug an unseren helfenden Händen vorbeiziehen« (S. 621).

Im Gegensatz zu einem verbreiteten Vorurteil des europäischen Antisemitismus kam die Mehrheit der Juden, die durch die Razzien der Besatzungsmacht nach Westerbork verbracht wurden, aus bescheidenen Verhältnissen, ja es waren oft dem Elend nahe Arme. Dieser Anblick ergreift das soziale Empfinden der einstigen Universitätsstudentin, die in Amsterdam einer Gruppe sozialistischer und antifaschistischer Studierender angehört hatte:

»Es kam das Proletariat aus den großen Städten und stellte seine Armut und Verwahrlosung in den kahlen Baracken aus, und viele standen mit offenem Mund und fragten sich: Wie war das denn nun eigentlich mit der einstigen Demokratie?« (S. 622).

Einige der Ankömmlinge hatten, als sie weggeführt wurden, die Sympathie der Bevölkerung der Niederlande erfahren, insbesondere in den katholischen Gegenden, die kurz zuvor durch den Hirtenbrief des Erzbischofs von Utrecht, Johannes de Jong, sensibilisiert worden waren, welcher gegen die Maßnahmen der Besatzung gegen die jüdische Gemeinschaft protestierte:

> »Die Juden aus Heerlen und aus Maastricht und wie all die Städte dort heißen mögen, kamen mit Berichten, die sozusagen widerhallten von dem großartigen Auszug, den Limburg ihnen bereitet hatte. Man spürte, dass sie moralisch davon lange würden leben können. ›Und die Katholiken haben versprochen, dass sie für uns beten werden, und das können sie ja nun besser als wir‹, sagte einer« (ebd.).

Der Brief des Erzbischofs und späteren Kardinals de Jong hatte noch eine andere, allerdings tragische Folge. Zur Vergeltung verhafteten die Nazis alle niederländischen Bürger jüdischer Abstammung, die zum Katholizismus konvertiert waren. Dies waren ungefähr 700. Die meisten wurden nach Auschwitz deportiert und umgebracht. Die ersten Verhaftungen fanden am 2. August 1942 statt. Nach ihrer Konversion waren einige in einen Orden eingetreten. Wenige Wochen später wurden sie nach Westerbork verbracht, um dort auf ihren Abtransport in Viehwagen nach ihrer letzten Bestimmung zu warten. Ihre Ankunft im Lager hatte Etty sehr beeindruckt:

> »Ein merkwürdiger Tag war es, als jüdische Katholiken oder katholische Juden – wie man will – mit einem Trans-

> port ankamen, die Nonnen und Priester mit dem gelben Stern auf ihren Klostertrachten. Ich erinnere mich an zwei Jungens, Zwillinge, beide mit denselben schönen dunklen Ghetto-Gesichtern und einem unberührten kindlichen Blick unter ihren Mützen, die freundlich und überrascht erzählten, dass sie an einem Morgen um halb fünf aus der Morgenmesse weggeholt worden waren und dass sie in Amersfoort Rotkohl gegessen hatten.
>
> Es gab auch noch einen ziemlich jungen Priester, der fünfzehn Jahre lang sein Kloster nicht verlassen hatte und nun zum ersten Mal wieder in die ›Welt‹ kam. Ich blieb ein Weilchen bei ihm stehen und folgte seinen Blicken, die ruhig durch die große Baracke schweiften, wo die Eingetroffenen registriert wurden« (S. 622 f.).

Mit dem Gefühl der »Schwesterlichkeit«, das oft Frauen miteinander verbindet, hatte Etty Mitleid mit der Verzweiflung der Ordensfrauen, die einer erniedrigenden öffentlichen Entlausung ausgesetzt wurden:

> »Zwischen den vielen kahlgeschorenen Köpfen hin bewegten sich so fremd die weißumwundenen Köpfe derjenigen Frauen, die in der Entlausungsbaracke einer hygienischen Behandlung unterzogen worden waren und die nun mit beschämten und traurigen Gesichtern umherliefen« (S. 623).

Sie ist ergriffen davon, wie Kinder ratlos erstaunt vor dem Ohnmächtigwerden ihrer Mutter stehen:

»Kleine Kinder fielen auf dem staubigen hölzernen Boden in Schlaf oder spielten Einkriegen zwischen den großen Leuten hin. Zwei ganz Kleine flattern hilflos um den schweren Körper einer Frau, die bewusstlos in einer Ecke liegt. Sie verstehen es überhaupt nicht, dass ihre Mutter da so einfach liegen bleibt und keine Antwort gibt.

Ein ganz alter Herr, aufrecht wie eine Kerze, mit scharfgeschnittenem Aristokratenprofil, starrt auf dieses gesamte höllische Bild und sagt unaufhörlich vor sich hin: ›Ein furchtbarer Tag! Ein furchtbarer Tag!‹

Und zwischen all dem das ununterbrochene Geklapper vieler Schreibmaschinen: das Maschinengewehrfeuer der Bürokratie« (ebd.).

Etty wendet sich an den Mönch, den sie mit Anteilnahme beobachtet hatte:

»Ich richte meinen Blick auf den Priester, der nun nach 15 Jahren zum ersten Mal wieder in der ›Welt‹ ist, und frage ihn: ›Und – was sagen Sie jetzt von der Welt?‹

Aber über der braunen Kutte[161] geht sein Blick uner-

[161] Es handelt sich um einen Konversbruder des Ordens der reformierten Zisterzienser oder »Trappisten« (so werden sie nach der »Grande Trappe«, dem Kloster ihres Gründers, des Abtes de Rancé, genannt). Dieser Mönch ist von den Herausgebern von *De nagelaten geschriften* (S. 780) identifiziert worden: Er hieß George Löb. Als ältester Sohn einer jüdischen Familie trat er 1926 unter dem Namen Bruder Nivardus in das Trappistenkloster Tilburg (holländisches Brabant) ein. Seine beiden Brüder, Rob und Ernst, folgten ihm 1928 bzw. 1929 dorthin. Auch ihre drei Schwestern entschieden sich für das zisterziensische Ordensleben. Nach einem Ausbildungsaufenthalt im Frauenkloster Chimay (Belgien) nahmen sie an der Gründung der seit der Reform

schrocken und freundlich, als ob alles, was er um sich sieht, ihm schon seit Langem bekannt und vertraut ist.

Und später erzählte mir jemand, er habe am Abend desselben Tages einige Priester zwischen den Baracken in der Dämmerung hintereinander gehen sehen, ihren Rosenkranz betend, ebenso unerschütterlich, als würden sie ihre Gebete noch in den Gängen ihres Klosters sprechen« (S. 623 f.).

Und sie schließt mit der Sachkenntnis ab, von der ihr Tagebuch immer wieder zeugt:

»Und ist es nicht auch so, dass man überall beten kann, in einer hölzernen Baracke ebenso gut wie in einem steinernen Kloster und weiter an jedem Flecken dieser Erde, wo es nun einmal Gott in einer bewegten Zeit gefällt, seine Ebenbilder hinzuwerfen?« (S. 624).

Sie hatte keine Gelegenheit, erneut mit diesen Mönchen zu sprechen, denn zwei Tage später wurden sie nach Auschwitz transportiert, wo keiner von ihnen überleben sollte. Ihr Interesse für sie war sehr natürlich, denn beim Blättern in ihrem Tagebuch haben wir ja bereits feststellen können, dass sie an mehreren Stellen auf sozusagen »monastische« Gemeinsamkeiten verweist. So schrieb sie zum Beispiel am 18. Mai 1942:

ersten Zisterzienserinnenabtei in den Niederlanden teil. Die drei Brüder und zwei ihrer Schwestern waren unter den 300 Katholiken, die am 2. August 1942 über Amersfoort nach Westerbork verbracht wurden. Sie blieben dort vor ihrem Abtransport nach Auschwitz nur zwei Tage. Dort starben die drei Brüder und ihre zwei Schwestern wenige Wochen später in der Gaskammer.

»Die Bedrohungen von außen immer größer, der Terror nimmt täglich zu. Ich ziehe das Gebet um mich herum wie eine schützende Mauer, in das Gebet ziehe ich mich zurück wie in eine Klosterzelle, und dann trete ich wieder nach draußen, ›gesammelter‹ und stärker und wieder zusammengerafft« (18. Mai 1942, S. 380).

Und einen Monat später zieht sie sich gegen Mitternacht in ihr kleines Zimmer zurück, kniet vor der weißen Wand nieder, vor der ihr Bett steht, welches, wie sie schreibt *»so einfach und nüchtern dasteht wie das in einer Klosterzelle«* (26. Juni 1942, S. 472). Einsamkeit und doch Gemeinschaft – dies ist ja das Herz monastischer Spiritualität: *»Du solltest«*, schreibt sie noch, *»tagelang nicht sprechen und dich in dein Zimmer einschließen und keine Menschen zulassen [...]. Man sollte Tag und Nacht beten für die Tausenden. Man sollte keine Minute ohne Gebet sein«* (3. Oktober 1942, S. 576).

Unter den wenigen eiligen Eintragungen in ihrem Tagebuch während ihrer Rekonvaleszenz-Zeiten in Amsterdam findet man noch diesen kurzen Bericht von einer Begegnung mit kontemplativen Ordensfrauen, ebenfalls im »Durchgang« in Westerbork:

»Schwester Mendes da Costa aus dem Karmelitinnenkloster mit vier portugiesischen Großeltern. [...] und die zwei Nonnen aus der streng orthodoxen, reichen, hochbegabten Familie aus Breslau, mit Sternen auf ihrer Klostertracht. Sie kehrten wieder zu ihren Jugenderinnerungen zurück« (18. September 1942, S. 554).

Wie die Herausgeber von *De nagelaten geschriften* zu Recht festgestellt haben,[162] erfordern diese Zeilen einige Hinweise. Schwester Mendes da Costa war Dominikanerin, nicht Karmelitin. In Amsterdam im Jahr 1895 in einer großbürgerlichen jüdisch-orthodoxen Familie geboren, fühlte sie sich eine Zeit lang zum liberalen Protestantismus hingezogen, doch konvertierte sie dann zur katholischen Kirche. Nach vier Monaten Internierung in Westerbork wurde sie nach Theresienstadt und dann nach Auschwitz deportiert, wo sie, sechs Monate später als Etty und ihre Familie, in einer Gaskammer umgebracht wurde.

Bei den beiden anderen Ordensfrauen handelt es sich um die beiden leiblichen Schwestern Stein. Nur die jüngste, Edith, Schülerin und dann Assistentin des Philosophen Edmund Husserl, war in den Kölner Karmel eingetreten und dann wegen ihrer jüdischen Herkunft von ihren Oberinnen in das holländische Limburg in den Karmel von Echt geschickt worden. Nach den Novemberpogromen 1938, »Kristallnacht« genannt, hatte sich ihre ältere Schwester Rosa, die nach ihrer Konversion zur katholischen Kirche nicht in den Orden eingetreten war, dorthin geflüchtet und war von der Kommunität aufgenommen worden. Man hoffte, sie bis zum Kriegsende verstecken zu können. Die beiden Schwestern wurden zusammen verhaftet und starben am selben Tag, dem 9. August 1942, in einer Gaskammer in Auschwitz. Sie sind Etty nur kurz begegnet, da sie nur vier Tage in Westerbork waren.

Edith Stein und Etty Hillesum sind wohl heute die zwei bekanntesten Persönlichkeiten, die in diesem »Durchgangslager«

[162] Siehe De nagelaten geschriften S. 780, Anmerkung zu S. 554.

waren. Ein tragisches Schicksal hat sie für immer verbunden. Gemeinsam war ihnen, wie ihre Schriften bezeugen, der Sinn für das Absolute, die Erfahrung des Gebets, ihre große Bildung, die Tiefe und Relevanz ihres Nachdenkens über die letzten Fragen. Man kann sich vorstellen, dass sie glücklich gewesen wären, bereits in diesem Leben miteinander ins Gespräch und in Freundschaft zu kommen.

Die letzten Fragen: Sie stellten sich unüberhörbar in Westerbork. Das versucht Etty den beiden Damen in Den Haag zu erläutern:

> »Was sich da im letzten halben Jahr vor unseren Augen an menschlichem Leid abgespielt hat und sich noch täglich abspielt, ist mehr, als ein Einzelner in einem halben Jahr verarbeiten könnte. Man hört es dann auch täglich um sich herum in allen Tonarten: ›Wir wollen nicht denken, wir wollen nicht fühlen, wir wollen so schnell wie möglich vergessen!‹ Und mir scheint doch, dass dies eine große Gefahr ist.
>
> […] Es geht doch gar nicht darum, dass man um jeden Preis sein Leben behält, sondern wie man es behält. Ich denke manchmal, dass jede neue Situation, zum Guten oder zum Schlechten, die Möglichkeit in sich trägt, den Menschen mit neuen Einsichten zu bereichern. […]
>
> Es ist wirklich alles nicht so einfach, und vielleicht am wenigsten für uns Juden, aber wenn wir einer nach dem Krieg beruhigten Welt nicht mehr zu bieten haben als unsere um jeden Preis geretteten Leben und nicht einen neuen Sinn, der aus den tiefsten Brunnen unserer Not und unse-

> rer Verzweiflung herkommt, dann wird dies zu wenig sein. Aus den Lagern selbst werden neue Gedanken nach außen ausstrahlen müssen, neue Einsichten werden Helligkeit um sich verbreiten über unseren Stacheldrahtzaun hinweg, und sie werden sich dann mit den neuen Einsichten verbinden müssen, die man sich draußen ebenso blutig und unter allmählich beinahe ebenso schwierigen Umständen wird erobern müssen. Und auf einem gemeinschaftlichem Grund ehrlichen Suchens nach einer erhellenden Antwort auf all dies rätselhafte Geschehen wird vielleicht das entgleiste Leben einen vorsichtigen Schritt weiterkommen« (Brief vom Dezember 1942, S. 624f.).

Aber es gibt einen Aspekt dieser gelebten Wirklichkeit in Westerbork, welcher der Sinnsuche zu widersprechen scheint. Etty bekennt es in ihrer Aufrichtigkeit und Demut: *»Aber die alten Menschen, alle die uralten und invaliden Menschen? Was fange ich mit all meinen Philosophien vor ihrem Angesicht an?«* (ebd., S. 625).

Die Erfahrung der letzten Wochen kommt ihr in Erinnerung, und sie schreibt sie ohne besondere Ordnung nieder:

> »An einem Morgen im Sommer stoße ich in der Frühe auf einen Mann, der außer Fassung vor sich hin murmelt: ›Um Himmelswillen, was sie uns jetzt für Arbeitskräfte für Deutschland geschickt haben!‹ Und als ich dann nach dem Lagereingang geeilt war, wurden sie dort gerade wieder von rostigen Lastwagen auf unserer Heide abgeladen: viele alte Leutchen. Und wir standen da, einigermaßen sprachlos, um

> Ihnen die Wahrheit zu sagen. Dies schien uns doch wirklich etwas weit zu gehen. Aber nach einiger Zeit wussten wir es immer noch nicht besser und fragten einander bei jedem hereinkommenden Transport: ›Und – waren diesmal viele Alte und Invaliden dabei?‹« (ebd., S. 625 f.).

Sie beschreibt die dramatische und zugleich naive Verwirrung jener alten Menschen, die sich plötzlich inmitten reiner Absurdität finden:

> »Da war eine kleine alte Frau, die ihre Brille und ihr Medizinfläschchen ›zu Hause‹ am Kamin hatte liegen lassen, und wie sie daran kommen könne und wo sie sich denn eigentlich genau befände und wohin es denn gehen solle.
>
> Eine Frau von 87 Jahren hielt sich mit solcher Kraft an meiner Hand fest, dass ich meinte, sie würde sie nie mehr loslassen, und sie erzählte, wie die Türschwelle ihres Häuschens immer geglänzt habe und dass es ihr noch nie in ihrem Leben vorgekommen sei, ihre Kleider beim Schlafengehen unter das Bett zu werfen.[163]
>
> Und dieser alte, gebeugte kleine Herr von 79 Jahren. Er war 52 Jahre verheiratet, und jetzt lag seine Frau in Utrecht im Krankenhaus, und er sollte am folgenden Tag aus Holland abtransportiert werden.
>
> Und wenn ich jetzt seitenlang schreibe, würden Sie es

[163] Da es im Lager keine Ablageflächen gab, waren die Insassen gezwungen, ihre Kleidung nachts unter dem Bett aufzubewahren (Anmerkung von Ph. Noble in der französischen Übersetzung der *Lettres de Westerbork* [Briefe aus Westerbork], Seuil, Paris 1988, S. 117).

immer noch nicht wissen. Wie es bei uns schlurfte und humpelte und hinfiel und hilfebedürftig war und kindische Fragen stellte. Hier konnte man mit Worten nicht viel ausrichten, und eine Hand auf einer Schulter war manchmal noch zu schwer.

Ach nein, die alten Menschen, das ist ein eigenes Kapitel. Ihre hilflosen Gebärden, ihre ausgelöschten Gesichter sind in den schlaflosen Nächten vieler gegenwärtig« (ebd., S. 626).

Am 5. Juni 1943 kehrte Etty, nachdem sie erneut das Anerbieten mehrerer Freunde, die ihr zu einem Versteck helfen wollten, abgelehnt hatte, nunmehr endgültig nach Westerbork zurück. In der folgenden Nacht nahm sie an der Aufnahme einer großen Gruppe von Deportierten aus Vught bei 's-Hertogenbosch teil, einem Konzentrationslager für Juden und Nichtjuden. Für die Juden *»war dies zugleich ein Arbeits- und ein Durchgangslager, denn früher oder später wurden sie nach Westerbork und von dort nach Polen verbracht. Am 6. und 7. Juni brachten zwei Konvois unter der Aufsicht der niederländischen Polizei 1288 Frauen und 1270 Kinder unter entsetzlichen Bedingungen. Ab dem 8. Juni fuhren sie weiter nach Sobibor, und sie alle wurden umgebracht.«*[164] Im ersten Brief, den sie an Han Wegerif und andere Freunde nach ihrer Ankunft im Lager richtet, beschreibt Etty deren Ankunft in Westerbork so:

[164] Ebd., Anmerkung auf S. 117. Vgl. *De nagelaten geschriften*, S. 793, Anmerkung zu S. 639.

»Wir wurden, mehr oder minder steif, gegen 4 Uhr wach. Ich habe mich an deinem gelungenen Weizenkunstwerk gestärkt, meine liebe Käthe, und lief dann wieder durch die nächtliche Westerborker Landschaft. Erst wurden wir mit Lysol bearbeitet, weil aus Vught immer viele Läuse mitkommen. Von 4 bis 9 habe ich mich mit kleinen heulenden Kindern abgegeben und Gepäck von erschöpften Frauen getragen. Es war hart und herzzerreißend. Frauen mit kleinen Kindern, 1600 (heute Nacht kommen wieder 1600); die Männer wurden absichtlich in Vught zurückbehalten. Der Transportzug für morgen früh steht bereits bereit, Jopie und ich sind gerade daran vorbeigegangen. Große, leere Viehwagen. In Vught sterben täglich zwei bis drei kleine Kinder. Eine alte Frau fragte mich ganz hilflos: ›Könnten Sie mir auch, könnten Sie mir auch erklären, warum wir Juden so viel leiden müssen?‹ Ich habe es ihr gar nicht genau erklären können. Eine Frau mit einem Kind von vier Monaten, das sie seit Tagen nur mit Kohlsuppe hatte nähren können, sagte: Ich sage die ganze Zeit ›Ach Gott, ach Gott‹, aber gibt es ihn eigentlich noch?« (Brief an Han Wegerif u.a. vom 7. Juni 1943, S. 640).

Wir stehen erneut vor der entscheidenden Frage, der wir im vorangehenden Kapitel begegnet sind. Richard Lowell Rubenstein meinte nach dem Krieg nur so darauf antworten zu können: *»Nach Auschwitz gibt es keinen Gott mehr.«*[165] Etty ist,

[165] Zitiert von L. Loosen, a.a.O. (vgl. Anm. 155), S. 61 (vgl. *After Auschwitz. Radical Theology and Contemporary Judaism,* Bobbs-Merrill, Indianapolis 1966).

wie wir gesehen haben, dieser Frage nicht ausgewichen. Wenn sie sie erneut im Munde dieser verzweifelten Frau anspricht, geschieht dies sowohl, weil sie die Frage ernst nimmt, als auch weil sie darauf eine Antwort anbietet, eine *gelebte* Antwort, die dennoch, wie sie andeutet, auch philosophisch kohärent ist. Wie aus einer Reihe von bereits zitierten Texten hervorgeht, formuliert sie diese Antwort in unterschiedlicher Weise. So schreibt sie mit ergreifender Einfachheit nach zwei Aufenthalten in Westerbork im Lauf ihrer zweiten Rekonvaleszenz-Zeit in Amsterdam am 24. September 1942:

> »Alle nächtlichen Nöte und Einsamkeiten einer leidenden Menschheit ziehen jetzt plötzlich mit weher Pein durch nur mein kleines Herz. Was plane ich doch, in diesem Winter auf mich zu nehmen?
>
> Später will ich, mein Gott, durch die verschiedenen Länder deiner Welt auf Reisen gehen, ich fühle diesen Drang in mir, der über alle Grenzen geht und der in deinen verschiedenen und einander bekämpfenden Geschöpfen über die ganze Erde hin doch etwas Gemeinschaftliches entdeckt. Und über dieses Gemeinschaftliche würde ich sprechen wollen, mit einer ganz leisen und sanften Stimme, aber doch ununterbrochen und überzeugend. Gib mir die Worte und die Kraft. Ich will zuerst mitten an den Fronten und unter den leidenden Menschen sein. Aber dann werde ich doch wohl auch das Recht zum Reden haben? Es steigt immer wieder als kleine, erwärmende Welle in mir hoch, immer wieder, auch nach den schwierigsten Augenblicken: Was ist das Leben doch schön! Es ist ein unerklärbares Ge-

fühl. Es findet auch keine Stütze in der Wirklichkeit, in der wir jetzt leben. Aber es gibt doch auch noch andere Wirklichkeiten, als die, welche man in der Zeitung findet und in den gedankenlosen und erhitzten Gesprächen aufgeschreckter Menschen? Es gibt auch noch die Wirklichkeit des rosa-roten Alpenveilchens und des gewaltigen Horizonts, die man doch immer hinter den Gerüchten und den Verwirrungen dieser Zeit wieder entdecken kann. –

Gib mir eine kleine Gedichtzeile pro Tag, mein Gott, und wenn ich sie nicht immer werde aufschreiben können, weil es kein Papier mehr und kein Licht geben wird, dann will ich sie leise am Abend nach deinem großen Himmel hin sprechen« (24. September 1942, S. 562 f.).

Auch hier wieder schließt Etty auf ihre Weise an das Paradox an, welches die jüdisch-christlichen Schriften durchzieht und das weiter oben schon mehrmals erwähnt worden ist. Insbesondere das Buch der Psalmen enthält, wie wir bereits gesehen haben, immer wieder Ausdrucksweisen, die der Verzweiflung nahekommen (Psalm 6), aber auch Hymnen an die von Gott geschaffene Schönheit der Welt und die Größe des von ihm geliebten Menschen (Psalmen 8, 18, 64, 66, 135) sowie das berühmte Preislied der Schöpfung (den sogenannten Lobpreis der drei Jünglinge im Feuerofen) aus dem Buch Daniel (3,57–88). Ebenfalls in einer Situation extremer Entbehrung und Einsamkeit hat Franz von Assisi seinen eigenen *Sonnengesang* verfasst.

»Das Leben ist so schön«, wiederholt Etty immer wieder,[166] und der Zusammenhang erweist, dass es sich dabei nicht um eine oberflächliche Euphorie handelt, sondern um eine Einsicht, die der Tiefe der Wirklichkeit entspricht. Schönheit ist für sie das Aufstrahlen der Wahrheit der Welt und der Seienden. Bemerkenswert: Man findet den gleichen »ästhetischen«, zugleich kontemplativen und bewundernden Ansatz bei einer Zeitgenössin von Etty, der französischen Philosophin Simone Weil. Sie ist wie Etty jüdischer Herkunft und nur fünf Jahre älter als sie. Sie starb im selben Jahr 1943 in London, wo sie sich den *Forces Françaises Libres*[167] angeschlossen hatte, an Tuberkulose. Eine Zusammenstellung ihrer Maximen und Aphorismen, *La pesanteur et la Grâce* [Schwerkraft und Gnade], die posthum 1947 erschien, erweist ihre Annahme des katholischen Glaubens, wenngleich sie sich wie Henri Bergson aus Solidarität mit ihrem verfolgten Volk nicht hat taufen lassen. Es mag dieses Zitat[168] genügen:

> »Tatsächlich ist die Welt schön. Wenn wir inmitten der Natur allein sind und zur Aufmerksamkeit bereit, dann drängt uns etwas, unsere Umgebung zu lieben. … Und die

[166] So z.B. 15. März 1941, S. 25; 14. Dezember 1941, S. 192; 20. Juni 1942, S. 458; 29. Juni 1942, S. 481; 4. Juli 1942, S. 491; 15. September 1942, S. 545 f.; 16. September 1942, S. 548; 25. September 1942, S. 563 f.

[167] Freie französische Streitkräfte (FFL), auch France libre: Französische Truppen, die nach der Niederlage Frankreichs 1940 mit den alliierten Streitkräften gegen die Nazis kämpften. Simone Weil wurde 1942 Mitglied des Befreiungskomitees Charles de Gaulles und entwickelte u.a. Pläne zur Ausbildung von Krankenschwestern.

[168] Zitiert nach: Jean Guitton, *L'absurde et le mystère* [Das Absurde und das Geheimnis], Desclée de Brouwer, 1984, S. 100.

> Schönheit berührt uns umso lebendiger, je mehr und offenbarer die Notwendigkeit erscheint, zum Beispiel … in den Verfaltungen, welche die Schwerkraft den Gebirgen einprägt, oder den Meereswellen, in dem Lauf der Gestirne. Auch in der reinen Mathematik strahlt die Notwendigkeit in Schönheit. Gewiss ist das Wesen des Gefühls für die Schönheit das Gefühl, dass diese Notwendigkeit, deren eine Seite brutalen Zwang bedeutet (die ›Gesetze‹ der Natur), als ihre andere Seite den Gehorsam gegenüber Gott hat. Durch die Wirkung einer providentiellen Barmherzigkeit ist diese Wahrheit für den sensitiven Teil unserer Seele wahrnehmbar geworden, und in gewisser Weise sogar für unseren Leib.«

Ettys Sprache ist gewiss konkreter, mehr vom Gefühl durchdrungen, aber ihre Eingebung ist letztlich der gleichen Art. Sie nimmt die Zeichen der Gegenwart Gottes im Aufstrahlen der Schönheit wahr: in den Blumen, am Himmel, und in besonderer Weise in offenen und vertrauenden menschlichen Beziehungen. Sie erfährt auch deren Abwesenheit im Hass, in der Verachtung, in mörderischer Gewalt. Aber das geheimnisvolle Aufstrahlen dieser *»immer alten und immer neuen«*[169] Schönheit, von der einer ihrer Lieblingsautoren, Augustinus, spricht, ist in ihren Augen stärker als die dichteste Finsternis und lässt sie auf die Liebe setzen. Man könnte im Anschluss an einen der bedeutendsten Denker unserer Zeit, Jean Guitton, der wie Simone Weil ihr Zeitgenosse war, sagen, Etty habe sich an das Grund-

[169] Augustinus, *Confessiones,* X, 27.

axiom gehalten, *»dass es das verborgene Geheimnis des Seins ist, dass die unbegreifliche Liebe sich auf die innigste Weise mit dem Innersten des Menschen verbinden will.«*[170]

Etty stellt, indem sie ihr eigenes Leben »liest«, fest, dass diese Option ihre Rechtfertigung in sich selbst trägt. Der Beweis für den Sinn des Lebens ist die Freude daran, zu lieben, noch immer zu lieben, dennoch zu lieben, und durch das Gebet, wie Julius Spier es sie gelehrt hat, an die geheimnisvolle Quelle aller Liebe zu gelangen. Ohne dass der Philosoph sie gekannt hat, oder, soweit wir wissen, ihre Schriften gelesen hat, drückt er in seiner Sprache dasselbe aus, wofür Etty in ihrem Leben und durch die Weise, wie sie davon schreibt, Zeugnis gegeben hat:

> »Ich bin geneigt, nach einem Verstehensakt zu suchen, der es mir erlaubt – wie Lachelier[171] sagte, ein Schicksal zu erfüllen, das wir erwählt haben bzw. eher das wir ständig erwählen. [...] Es wäre notwendig – um einen Vergleich vom Raum her zu gebrauchen –, dass dieser Akt zugleich horizontal und vertikal sei, und mehr vertikal als horizontal, weil die Linie, die von der Vergangenheit in die Zukunft geht, dazu bestimmt ist zu verschwinden, während ich durch meinen Elan nach über mir hin auf das Nichtzeitliche ausgerichtet werde.
>
> Hier genügt nicht ›die Vernunft‹. Denn die Fähigkeit, die wir ›Vernunft‹ nennen, wird durch die horizontale Aufeinanderfolge, die sie Geschichte nennt, getäuscht. Es

[170] Jean Guitton (vgl. Anm. 168), S. 85.

[171] Jules-Esprit-Nicolas Lachelier, franz. Philosoph (1832–1918).

wäre wünschenswert, dass die ›Vernunft‹ zu einer anderen Übung hinzukommt: Dass zur ratio, um es lateinisch zu sagen, die oratio hinzukommt.

Sagen wir also, dass der am meisten dazu geeignete Akt, uns von vornherein außerhalb der Absurdität der Zeit in das Geheimnis der Zeit zu versetzen, das Gebet ist, insofern es das Denken vollendet. Und unter den Gebeten das Pater [Vaterunser].«[172]

Wir wissen nicht, ob Etty, wenn sie ihren *»lieben Matthäus«* (15. April 1942, S. 346) las, sich dieses Gebet, das Jesus seine Jünger gelehrt hat (Matthäus 6,9–13), zu eigen gemacht hat. Aber was sie uns über ihre Weise zu beten anvertraut, entspricht unbestreitbar dessen Grundgegebenheiten. Man kann im Übrigen darauf hinweisen, dass sich das Vaterunser natürlicherweise als ein vorchristliches Gebet eignet, weil es keine ausdrückliche Erwähnung Jesu oder »des Christus« enthält. Und es ist ja sowohl dem Inhalt wie der Form nach den jüdischen Gebeten ähnlich, insbesondere dem »Achtzehnbittengebet«, das die Juden noch heute beten.

Diese betende und liebende Option bringt für Etty einen weiteren Beweis ihrer Gültigkeit mit sich, gewissermaßen einen Erfahrungsbeweis. Sie erzählt uns in ihrem Tagebuch immer wieder mit einer Aufrichtigkeit ohne jede Selbstgefälligkeit, wie sehr sie, bevor sie die Hilfe von Julius Spier in Anspruch nahm, sich in einer psychologischen Verstrickung gefangen fühlte, von der sie sich nicht befreien konnte und die sich in fast stän-

172 Jean Guitton (vgl. Anm. 168), S. 46.

digen Unpässlichkeiten körperlich ausdrückte. Ihre sexuellen Erfahrungen, die damals viel Raum in ihrem Leben einnahmen, wie auch ihre lebendige intellektuelle Neugier selbst hinterließen in ihr das Gefühl eines tiefen Unbefriedigtseins:

> »Und die Liebe scheint dann vollkommen zu sein, aber doch bleibt es Spielerei um das Wesentliche herum, und es bleibt in mir etwas tief gefangen. Und so ist es auch mit dem Übrigen. Intellektuell bin ich so geübt, dass ich alles ausloten, alles mit klaren Formeln angehen kann; ich scheine in vielen Problemen des Lebens sehr überlegen, aber doch sitzt ganz tief ein zusammengeballtes Knäuel, es hält mich etwas fest im Griff, und ab und zu bin ich trotz des klaren Denkens doch nur ein armer ängstlicher Mensch« (9. März 1941, S. 4).

Aber je mehr sie auf ihr inneres Leben aufmerksam wird (auf das *Hineinhorchen* Spiers, 17. September 1942, S. 549) und sich auf den Weg des Gebets und des liebenden Vertrauens auf Gott einlässt, wird sie von dem Gefühl der Güte und der Schönheit des Lebens erfüllt, welches ihrem Schreiben eine Ursprünglichkeit und Dichte verleiht, die sie selber erstaunt. Darüber hinaus und vor allem führt sie diese Entwicklung dazu, sich mehr und mehr – manchmal durchaus nicht ohne Kampf – all denen zu öffnen, die sie umgeben oder denen sie begegnet. Sie *»liest«* (vgl. 4. Oktober 1942, S. 577) in ihrem Leben, teilt ihr Verlangen, wünscht die innere Befreiung derer, die sich in ihrem Zynismus, ihrer Resignation oder ihrer Verzweiflung einschließen. *»Wie sehr bezeichnend ist es«*, bemerkt Loed Loosen, *»dass* *eine so reiche und schöpferische Persönlichkeit, die im Vergleich zum jüdischen Proletariat Amsterdams elitär erscheinen könnte – sie, die so gerne viele Stunden in ihrem kleinen Büro in der Metsustraat mit der Lektüre von Rilke oder Jung oder Augustinus verbrachte – dazu gelangt, ihren Platz zu finden und ihre Berufung mitten unter der zerlumpten und elenden Menge des Lagers Westerbork zu entdecken.«*[173] Alles, was sie tun konnte, um diese Tausende von Internierten »im Durchgang«, die dem Untergang geweiht waren, zu begleiten und zu unterstützen, erschien ihr als eine schlichte und einfache Forderung der Liebe, die sie beseelte. Darüber spricht sie in einem langen Schreiben, das sie heimlich von Westerbork an die Krankenschwester Maria Tuinzing schickt, eine der Bewohnerinnen des großen Hauses von Han Wegerif:

> »Viele fühlen hier, dass sie in ihrer Menschenliebe nachlassen, weil sie von außen nicht genährt wird. Die Menschen geben hier nicht viel Anlass, sie lieb zu haben, sagt man. ›Die Menge ist ein abscheuliches Monster, die Einzelnen sind erbärmlich‹, sagte jemand. Aber dies erfahre ich immer wieder in mir selber: Es gibt keinerlei kausalen Zusammenhang zwischen dem Verhalten von Menschen und der Liebe, die man für sie spürt. Die Liebe zum Mitmenschen ist wie eine elementare Glut, aus der man lebt. Der Mitmensch selbst hat darauf kaum einen Einfluss. Ach Maria, es ist hier ein bisschen kahl mit der Liebe, und ich selber fühle mich

[173] Loed Loosen S.J., *»Geen idool ...«*, a.a.O. (Anm. 155), S. 67.

so unsagbar reich, ich würde es keinem Menschen erklären können« (Brief vom 8. August 1943, S. 676f.).

Das Eingeschlossensein in Westerbork erscheint ihr wie ein Ort der Wahrheit, wo jeder sich den *»letzten menschlichen Werten«* gegenübergestellt sieht:

> »Auf diesem unfruchtbaren Stück Heide von fünfhundert zu sechshundert Metern stranden auch Prominente des politischen und kulturellen Lebens der großen Städte. Alle Kulissen sind plötzlich in einem einzigen Machtschlag um sie herum weggebrochen, und sie stehen noch etwas fröstelnd und ohne Gewöhnung auf dem zugigen und offenen Podium, das Westerbork heißt. Um ihre aus ihrem Zusammenhang gerückten Gestalten hängt noch greifbar die Atmosphäre des unruhigen Lebens eines komplizierteren Zusammenlebens als dieses hier. [...]
>
> Ihr gut geschmiedeter Panzer aus Position, Ansehen und Besitz ist auseinandergefallen, und sie stehen nun im letzten Hemd ihrer Menschlichkeit. Sie stehen in einem leeren Raum, begrenzt von Himmel und Erde, und sie müssen selbst diesen Raum mit dem ausfüllen, was an Möglichkeiten in ihrem Innersten lebt – außerhalb davon gibt es nichts.
>
> Man merkt nun, dass es im Leben nicht ausreicht, ein fähiger Politiker oder ein begabter Künstler zu sein; in der größten Not verlangt das Leben ganz andere Dinge.
>
> Ja, es ist wahr, wir werden auf unsere letzten menschlichen Werte hin getestet« (Brief an die beiden Schwestern in Den Haag, Dezember 1942, S. 628f.).

Diese *»letzten menschlichen Werte«* entdeckt sie in bestimmter Weise bei ihren Eltern, die, zusammen mit ihrem jüngsten Sohn Mischa, ebenfalls schließlich nach Westerbork kamen – was Etty veranlasste, beim Jüdischen Rat darum zu bitten, endgültig dort zu bleiben. Sie hofft, sich auf diese Weise um sie kümmern und vielleicht verhindern zu können, dass sie für den »Transport« nach dem Osten bestimmt werden. Denn es sind die jüdischen Angestellten des Lagers selbst, die die Listen derer aufstellen, die sich in die Waggons des Zugs mit der Bestimmung Auschwitz zu begeben haben. *»Meine Eltern nehmen die Sache großartig an«*, schreibt sie an die Hausbewohnerschaft der Metsustraat, *»ich bin ganz stolz auf sie. Vor Polen scheuen sie auch nicht mehr zurück, sagen sie. Ich hoffe, sie hier zu halten; aber nichts ist hier sicher«* (29. Juni 1943, S. 651). Auf ihrer Pritsche (drei übereinander gestellte Betten) liegend schreibt sie an ihre Freunde Johanna und Klaas Smelik und zeichnet dieses anschauliche und berührende Bild von ihrem alten Vater – die einstigen Missverständnisse gehören endgültig der Vergangenheit an:

> »Mit Vater ging ich neulich durch die staubige Sandwüste spazieren. Er ist charmant und von schöner Gelassenheit. Er sagte ganz freundlich und ruhig so nebenbei: ›Eigentlich gehe ich ja am liebsten bald nach Polen, dann bin ich umso schneller fertig. In drei Tagen bin ich dort, und so hier hat es doch keinen Sinn, diese menschenunwürdige Existenz fortzusetzen. Und warum soll nicht auch mir geschehen können, was Tausenden anderen auch geschieht.‹ Später lachten wir miteinander über die hierzu passende Land-

schaft, es ist eine richtige Wüste trotz violetten Lupinen und Kuckucksblumen und eleganten Vögeln, die Möwen ähneln. ›Die Juden in der Wüste![174] Wir kennen diese Landschaft noch von früher!‹ Siehst du, das wiegt einem einmal schwer, so ein freundlicher kleiner Vater, der es ab und zu schon aufgeben will. Aber das sind nur Stimmungen. Es ist auch wohl einmal anders, und dann lachen wir zusammen und verwundern uns über vieles. Wir begegnen vielen Angehörigen, die wir jahrelang nicht gesehen haben, Juristen, einem Bibliothekar usw. hinter Schubkarren voll Sand, in vergammelten und nicht passenden Blaumännern, und wir schauen einander eine Zeitlang an und sagen nicht viel« (Brief an Johanna und Klaas Smelik, 3. Juli 1943, S. 656).

Sie findet gegenüber ihren Eltern erneut zu Gesten der Zuneigung, die sie seit Langem verlernt hatte:

»Später meinem Vater über seinen beinahe weiß gewordenen Scheitel gestrichen; er sagte: ›Wenn ich heute Nacht meinen Aufruf bekomme, dann rege ich mich wirklich nicht auf, dann werde ich ganz ruhig abfahren.‹ (Man bekommt nämlich seinen Aufruf in der Nacht, einige Stunden vor dem Abgang des Transports.) Nach acht Stunden ein Spaziergang mit Mutter« (Brief an Han Wegerif, 5. Juli 1943, S. 660).

Drei Tage später schreibt sie an Christine van Nooten, die eine ihrer Latein- und Griechischlehrerinnen auf dem Gymnasium

[174] Anspielung auf Exodus 13.18ff.

von Deventer war und sich der Familie Hillesum freundschaftlich verband, als Ettys Vater durch die Besatzungsmacht von seinem Posten als Direktor der Schule entlassen wurde.[175]

> »Ich bin selber mit dem Gedanken vertraut, dass ich an dem einen oder anderen Tag los muss. Meinen Eltern und Brüdern würde ich es gerne um alles in der Welt ersparen. Aber man kann hier keine Vogelstraußpolitik betreiben, jede Woche geht ein großer Transport ab, und die Zahl muss voll werden, und selbst wenn es noch ein Weilchen durchgeht, kommen wir doch schnell an die Reihe. Mein Vater nimmt es ganz ruhig auf: ›Was all die Tausende vor uns getragen haben, können wir auch tragen‹, sagt er. Ich bin dankbar, dass ich sie noch hier habe [...] An Vater und Mutter habe ich großes Gefallen, jeder schlägt sich auf die eigene Weise durch, ich bewundere es wirklich sehr. Vater hat in seiner Krankenbaracke jetzt zwei Schüler, der eine ein bisschen krank, der andere ein sehr kranker Junge, die doch mit aller Gewalt noch etwas Griechisch und Latein machen wollen, um ihre Gedanken abzulenken. Er liest mit ihnen Homer, Ovid und Sallust und gibt also jetzt zwei Stunden täglich mit großem Gefallen Unterricht. Weiter liest er viel, philosophiert mit einem steinalten Rabbiner und alten Studienfreunden und spaziert ab und zu mit seiner Tochter durch den staubigen Sand des Krankenhausterrains« (Brief an Christine van Nooten, 8. Juli 1943, S. 666).

[175] Christine van Nooten schickte der Familie Hillesum während deren Internierung in Westerbork viele Pakete mit Nahrungsmitteln und Kleidung.

Diese Bewunderung, die sie inmitten einer gemeinsamen Gefährdung allmählich gegenüber ihrem Vater entwickelte, war wechselseitig geworden. Ein einstiger Schüler von Louis Hillesum, San van Drooge, der in Friesland Baptistenpastor geworden war und mit den Widerständlern in Amsterdam in Verbindung stand, hatte von der Bedrohung für Familie Hillesum erfahren. Er hatte zusammen mit den Widerständlern einen Plan entwickelt, der es den Hillesums erlauben sollte, sich in seinem sehr weitläufigen Pfarrhaus zu verstecken. Aber der alte Lehrer lehnte das Angebot ab und erklärte dies unter Berufung auf seine Tochter: *»Du hast sie gut gekannt«*, sagte er zu dem Pastor, *»und du weißt, wie frivol und unberechenbar sie war. Sie hat sich inzwischen sehr verändert. Sie ist so ernsthaft geworden, sie ist wie vergeistlicht. Ich bin sehr beeindruckt zu sehen, wie dieses Mädchen sich gegenwärtig ganz dem Dienst der Ärmsten und der ganz Alten unseres Volkes widmet.«* Das Gespräch dauerte noch einige Zeit an, und dann wurde von dem Plan nicht mehr gesprochen. Herr Hillesum sagte noch: *»Wenn wir in den Untergrund gehen, dann müsste Etty sich uns anschließen, und das wird sie nie mitmachen. Ich möchte sie nicht in Gefahr bringen. Etty findet, dass ihr Platz hier ist, in Amsterdam.«* Und San van Drooge schließt ab: *»Ich entfernte mich, tief berührt, und nahm mit Ehrfurcht den Hut ab. Und ich sagte mir: Ist das wirklich der kleine jüdische Herr, der Angst vor allem zu haben schien? Welch ein Mut in diesem Menschen!«*[176]

[176] Ein Zeugnis von Ben Kroon und Corine Spoor, zitiert in *Reacties* (vgl. Anm. 3), S. 38: »Sie war jemand, der alles gab und alles nahm, das gehörte zu ihrer Wärme.«

Etty hat seit ihrer Ankunft in Westerbork sehr intensive Freundschaften geknüpft, darunter die mit Philip Mechanicus. Er war ein bedeutender Reporter und Fachmann für auswärtige Politik bei einer der besten damaligen Zeitungen der Niederlande, dem *Algemeen Handelsblad*. Er war im November 1942 in das Lager gekommen. Dank verschiedener Interventionen zu seinen Gunsten, darunter der von Etty und ihrem Freund Kormann, war es ihm gelungen, sich im Lager zu halten.[177] Etty erfährt jedoch am 6. Juli 1943, dass er wahrscheinlich auf der schicksalhaften Liste für den nächsten Konvoi steht. Sie begibt sich gleich zu ihm und schreibt danach ehrfürchtig auf, was wohl seine letzten Worte für sie gewesen sein mögen:

> »Ich habe ihm geholfen, seine Sachen einzupacken, habe noch ein paar Knöpfe an seinem Anzug angenäht; er sagte u. a.: ›Ich bin hier in diesem Lager milder geworden, alle Menschen sind für mich gleich geworden, sie sind alle Grashalme, die sich unter dem Sturm beugen und die unter dem Orkan am Boden liegen.‹ Er sagte auch: ›Wenn ich diese Zeit überlebe, dann werde ich als ein reiferer und vertiefterer Mensch gestorben sein‹« (Brief an Han Wegerif, 6. Juli 1943, S. 659f.)

[177] Erst am 8. März 1944 wurde Mechanicus schließlich nach Bergen-Belsen deportiert. Angesichts des Vorrückens der Alliierten wurde er dann mit einer Gruppe von 120 anderen nach Auschwitz gebracht. Drei Tage später, am 9. Oktober 1944, wurde aus einem unbekannt gebliebenen Grund diese ganze Gruppe erschossen (*De nagelaten geschriften*, S. 796, Anmerkung zu S. 657).

Während seiner Internierung in Westerbork hatte auch Philip Mechanicus ein Tagebuch geführt, das 1964 unter dem Titel *In dépôt* [Im Depot] veröffentlicht wurde. Er erwähnt seine Eindrücke von der Familie Hillesum und der Weise, wie sie diese letzte Etappe ihres tragischen Schicksals gelebt hat:

»Sonntag, 11. Juli [1943]. [...] In der vergangenen Woche wurde der Vater einer Freundin in die Krankenbaracke gebracht. Gebildet, im Grunde solide, aber völlig unangepasst an das Leben in der Gruppe. Ein Exzentriker. Er verbringt seine Tage, ohne sich um seine Umgebung zu kümmern, und tut nichts anderes als lesen, das Buch vor seinen kurzsichtigen Augen. Während seines ganzen Lebens wohl behütet und verwöhnt, passt er ganz und gar nicht in diese Umgebung, wo er sich jetzt befindet. Dennoch hängt das fatum [Schicksal] über ihren Häuptern. Es ist höchst wahrscheinlich, dass sie diesen Dienstag die große Reise machen müssen. Die Frau sagt traurig: ›Allein würde ich die Reise wohl ertragen, aber mit ihm ist das nicht möglich!‹ Ihr Mann antwortet mit kindlicher Sorglosigkeit: ›O, es wird immer gehen. Man muss sich eben dem anpassen, was uns geschieht.‹ Die Tochter [Etty], die normalerweise hierbleiben muss, erklärt: ›Es ist schrecklich: Mein Bruder [Mischa], der hierbleiben darf, möchte seine Eltern nicht verlassen; und er ist nicht ganz normal.‹ Diese Spannung ist unerträglich. Wir hoffen, dass der Konvoi am Dienstag nicht der richtige sein wird. Aber dann beginnt eine neue Woche der Spannung, dann vielleicht noch eine, und das Ende des Liedes ist auf alle Fälle, dass sie wegmüssen. Ich wollte bitten können: ›Herr, kürze diese Prüfung ab!‹ Junge Menschen können zur Not eine solche ständige Spannung aushalten, aber alte Personen gehen daran kaputt. Vielleicht ist es besser, dass dieser Kreuzweg möglichst bald endet. Jeden Tag umarmt die Frau ihren Mann, die Tochter umarmt zärtlich ihren Vater, wenn sie ihn besuchen kommt und wenn sie ihn wieder verlässt. Jeden Tag streichelt sie liebevoll das graue Haupt des Vaters, sie streicht mit ihren Fingern über das runzelige Gesicht ihrer Mutter. Mit Unruhe beobachtet sie die Weise, wie sich ihr junger Bruder verhält. Ein berührendes Bild einer glücklichen Familie: beispielhafte gegenseitige Liebe, eine tiefe geistliche Gemeinsamkeit, eine angeborene und aristokratische Auffassung vom Leben. Diese Familie ist in den Hurrikan des Antisemitismus geraten, der daran ist, sie zu vernichten. Der drohende Schatten eines schlimmen Schicksals ist im Blick der Mutter zu lesen, die – äußerlich friedvoll – sich für eine unbekannte Bestimmung bereitet.«[178]

Es war zu erwarten, dass ein so liebevoller Mensch wie Etty sich von vornherein mit einem so scharfsichtigen und einsichtsvoll mitleidigen Menschen gut verstehen musste. Aber wir haben ja bereits festgestellt: Einer der bezeichnendsten Züge der Persönlichkeit Ettys war – nachdem sie zu der geistlichen Reife gelangt war, zu der der Einfluss Julius Spiers sie vorbereitet hatte –, dass sie in der Lage ist, Anhänglichkeiten, so natürlich

[178] *In dépôt,* Polak & Van Gennep, Amsterdam 1964, S. 79ff. (vgl. *De nagelaten geschriften*, S. 796f., Anmerkung zu S. 647.

und legitim sie sein mochten, zu überschreiten, um sich einem weiteren Horizont der Nächstenliebe zu öffnen. In einem undatierten Brieffragment, das an Han Wegerif und die Mitbewohner seines Hauses gerichtet ist, schreibt sie darüber:

»Es steht ein Wort geschrieben, aus dem ich stets wieder neue Kraft schöpfe. Lautet es nicht ungefähr so: ›Wenn ihr mich liebt, müsst ihr eure Eltern verlassen‹?[179] Gestern Abend, als ich wieder schwer damit zu kämpfen hatte, um nicht im Mitleid mit meinen Eltern unterzugehen, das mich, wenn ich ihm nachgeben würde, vollkommen lahmlegen würde, sah ich auch dies in diesen Worten: Man darf nicht in Kummer und Sorge für die eigene Familie so sehr aufgehen, dass man dadurch für den Nächsten keine Aufmerksamkeit und Liebe mehr übrig hat. Ich wachse immer mehr dahin, zu erfassen, dass die Liebe zu jedem zufälligen Nächsten, zu jedem Ebenbild Gottes die Liebe der Blutsverwandtschaft übersteigen muss. Verstehen sie mich bitte hier nicht verkehrt. Man sagt wohl, dass dies gegen die Natur ist. … Ich merke, dass dies noch viel zu schwierig für mich ist, um darüber zu schreiben, während es doch so ein-

[179] Ph. Noble, *Lettres de Westerbork* [Briefe aus Westerbork], S. 123, Anm. 81, weist darauf hin, dass *»Etty sehr frei zitiert. Dieser Gedanke findet sich zweimal im Lukasevangelium:* Wenn jemand zu mir kommt und nicht Vater und Mutter, Frau und Kinder, Brüder und Schwestern, ja sogar sein Leben gering achtet, dann kann er nicht mein Jünger sein (Lukas 14,26); Amen, ich sage euch: Jeder, der um des Reiches Gottes willen Haus oder Frau, Brüder, Eltern oder Kinder verlassen hat, wird dafür schon in dieser Zeit das Vielfache erhalten und in der kommenden Welt das ewige Leben (Lukas 18,29–30)«.

fach zu leben ist« (Brief an Han Wegerif u. a., undatiertes Fragment [nach dem 18. August 1943], S. 683).

Gewiss war sich Etty nicht dessen bewusst, dass diese Verse, die Lukas Jesus selbst in den Mund legt, eine der klassischen Schriftbegründungen für das christliche monastische Ideal sind. Vielleicht hätte sie dies entdeckt, wenn ihr die Zeit dazu gegeben worden wäre. Bemerkenswert ist jedenfalls, dass sie dieses Paradox gelebt hat, wie das oben zitierte Zeugnis von Philip Mechanicus nahelegt. Die Meditation über diese Worte hinderte sie nicht daran, ihre Eltern und ihre Geschwister mit aufmerksamster Zärtlichkeit zu umgeben, wie auch Christus ja keineswegs das vierte Gebot des Dekalogs der Liebe zu den Eltern, aufheben wollte. Vielmehr erhält ja gerade dadurch die Liebe zu den Eltern und den Verwandten ihren wahren Sinn, dass man offen für die universale Suche nach der Liebe ist. Auch hier wieder war Ettys Intuition der ausdrücklichen sprachlichen Formulierung des Geheimnisses voraus. Diese deutliche Anspielung auf einen der am meisten fordernden Texte des Evangeliums lässt darüber hinaus eine Frage entstehen, für die uns die Antwort nicht zukommt. Etty scheint sich nicht daran gestört zu haben, dass Jesus dieses Wort auf seine eigene Person bezieht: »Wenn ihr *mich* liebt«, schreibt sie. »Wenn jemand zu mir kommt, ohne mich vorzuziehen«, heißt es im Lukasevangelium. Wenn sie dies auch nicht unterstreicht, so hat sie doch keinen Einwand dagegen. Aber wir können nicht weiter als bis zu dieser Feststellung gehen.

Die Bibel ist übrigens weiterhin für sie eine Quelle der Inspiration und des Trostes. Zusammen mit dem *Stundenbuch* von Rilke, das wohl ihre am meisten vom christlichen Glauben geprägte Lektüre ist, liegt ihre *»kleine Bibel«*, so schreibt sie an Christine van Nooten, *»unter ihrem Kopfkissen«* (8. August 1943, S. 677). Dann spielt sie im selben Brief auf den dritten Teil des Buchs des Propheten Jesaja an (Kap. 55–66), auf den wohl Christine sie aufmerksam gemacht hatte: *»Und ja, die Worte aus Jesaja sind prächtig und trostreich und geben einem immer wieder diesen geheimen inneren Frieden, der allen Verstand übersteigt«*[180] (ebd.).

Etty bleibt sehr verwundbar durch die Abgründe des Elends, mit denen sie täglich beim Sozialdienst zu tun bekommt, welchen sie über ihre offizielle Aufgabe als Mitarbeiterin bei der Registrierung der Neuankömmlinge hinaus übernommen hat. Sie eröffnet sich der Krankenschwester Maria Tuinzing, welche sie für möglicherweise noch mitfühlender ansieht:

> »Ach weißt du, wenn man hier nicht von innen her etwas ganz Starkes hat, das alles Äußere nur als malerische Nebensächlichkeiten anschaut, die nicht ins Gewicht fallen gegenüber der großen Herrlichkeit[181] (ich weiß gegenwärtig kein anderes Wort), welche uns unverlierbar innerlich zu eigen sein kann – dann ist es hier eigentlich zum Verzweifeln. Es ist so jammervoll, all die hilflosen Menschen, die

[180] Wie eine Anmerkung zu S. 677 in *De nagelaten geschriften,* S. 805, bemerkt, handelt es sich hier um eine Anspielung auf Philipper 4,7: »Und der Friede Gottes, der alles Verstehen übersteigt, wird eure Herzen und eure Gedanken in der Gemeinschaft mit Christus Jesus bewahren.«

[181] Vgl. Römer 8,18: *»Ich bin überzeugt, dass die Leiden der gegenwärtigen Zeit nichts bedeuten im Vergleich zu der Herrlichkeit, die an uns offenbar werden soll.«*

> ihr letztes Handtuch verlieren, die um kleine Dosen, Näpfe, Becher, verschimmeltes Brot kämpfen, um schmutzige Wäsche auf, unter und neben ihrer Pritsche, die unglücklich sind, weil andere Menschen sie anschreien oder unfreundlich sind, die aber selbst wieder andere anschreien und das nicht einmal merken, kleine verlassene Kinder, deren Eltern auf Transport sind, und die Mütter anderer Kinder schauen sich nicht nach ihnen um, sie haben Kummer um ihren eigenen Nachwuchs, der Durchfall hat und allerlei große und kleine Krankheiten, während es ihnen doch früher an nichts mangelte. Man muss diese Muttertiere sitzen sehen, in wesen- und vernunftloser Verzweiflung an den Krippen ihrer heulenden Jungen, die nicht mehr aufkommen« (Brief an Maria Tuinzing, 18. August 1943, S. 678 f.).

Doch am Schluss eines anderen Briefs, der bereits zitiert wurde, schrieb sie bewegt von der unbesiegbaren Hoffnung, die trotz allem in ihr ist:

> »Ich wollte nur dies sagen: Das Elend ist wirklich groß, und doch laufe ich oft, später am Abend, wenn der Tag hinter einem in eine Tiefe weggesunken ist, mit federndem Schritt am Stacheldraht entlang, und dann steigt es immer wieder aus meinem Herzen nach oben – ich kann dagegen nichts tun, es ist nun einmal so, es ist von elementarer Kraft –: Dieses Leben ist etwas Prächtiges und etwas Großes, wir müssen später noch eine ganze neue Welt aufbauen. Und gegen jede Wahnsinnstat mehr und gegen jede Grausamkeit mehr müssen wir ein Stück mehr Liebe und Güte ge-

> genüberstellen, das wir in uns selbst erobern müssen. Wir mögen wohl leiden, aber wir dürfen nicht darunter erliegen. Und wenn wir diese Zeit unversehrt überleben, nach Leib und Seele, aber vor allem der Seele nach, ohne Verbitterung, ohne Hass, dann haben wir auch das Recht, nach dem Krieg ein Wort mitzusprechen. Vielleicht bin ich eine ambitiöse Frau; ich würde ein ganz kleines Wörtchen mitsprechen wollen« (Brief an Johanna und Klaas Smelik, 3. Juli 1943, S. 657).

Nach so vielen anderen Zeugnissen von denen, die die Lager überlebt haben und ebenfalls ihre menschliche Würde und ihre Fähigkeit, zu lieben und ihren Mitmenschen zu helfen, bewahrt haben, findet dieses *»kleine Wörtchen«* nach 50 Jahren des Schweigens heute ein außerordentliches Echo, das sich, wie man hoffen darf, noch ausweiten wird. Es bleibt mehr als je aktuell in einer zwischen Hoffnungen und Illusionen geteilten Welt.

Wie wir bereits mehrfach bei der Lektüre ihres Tagebuchs feststellen konnten, war Etty anders als ihr Vater keine Stoikerin, welche in ihrer inneren Welt eingeschlossen geblieben wäre. Gewiss kannte sie Zeiten der Niedergeschlagenheit, wo sie das bittere Gefühl der Nutzlosigkeit aller ihrer Anstrengungen hatte. Hier wäre eigentlich vollständig der Brief zu zitieren, den sie am 24. August 1943 an die Mitbewohner des Hauses schickte, wo sie sechs Jahre gelebt hatte. Im Folgenden seien einige Abschnitte zitiert, die man nicht mehr vergessen kann, wenn man sie auch nur einmal gelesen hat:

»Nach dieser Nacht habe ich einen Augenblick in aller Aufrichtigkeit gemeint, dass es eine Sünde sein würde, wenn man in Zukunft noch lachte. …

Wenn ich an die Gesichter der grün uniformierten, bewaffneten Begleittrupps denke, mein Gott, diese Gesichter! Ich habe sie eines nach dem anderen angeschaut, verdeckt hinter einem Fenster stehend, ich bin noch nie vor etwas so erschrocken als vor diesen Gesichtern. Ich bin in die Klemme mit dem Wort geraden, das das Leitmotiv meines Lebens ist: ›Und Gott schuf den Menschen nach seinem Ebenbild.‹[182] Dieses Wort hat bei mir einen schwierigen Morgen erlebt.

[…] Ich muss es schnell alles durcheinander niederschreiben, später werde ich es nicht mehr können, weil ich glauben werde, dass es nicht wirklich wahr gewesen ist […]

Ich könnte mich hier beinahe verfluchen, wir wissen doch, dass wir unsere Kranken und Wehrlosen an Hunger und Hitze und Kälte und Schutzlosigkeit und Vernichtung ausliefern, und wir kleiden sie sogar an und begleiten sie zu den kahlen Viehwagen, wenn sie nicht laufen können, dann auf Tragbahren. Was geschieht denn hier überhaupt? Was sind das für Rätselhaftigkeiten, in was für einen unheilvollen Mechanismus sind wir ganz verstrickt? Wir können dies nicht mit den Worten abtun, dass wir alle miteinander feige sind. Und so schlecht sind wir doch auch nicht. Wir stehen hier vor tieferen Fragen.

[182] Vgl. Genesis 1,27: »*Gott schuf also den Menschen als sein Abbild; als Abbild Gottes schuf er ihn. Als Mann und Frau schuf er sie.*«

Den Mittag zuvor lief ich noch einmal durch meine Krankenbaracke von Bett zu Bett. Welche Betten würden morgen leer sein? Die Bekanntmachung der Transportlisten geschieht erst zum allerletzten Augenblick, aber manche wissen doch schon zuvor, ob sie gehen müssen. Ein junges Mädchen ruft mich. Sie sitzt kerzengerade aufrecht in ihrem Bett mit weit aufgesperrten Augen. Es ist ein Mädchen mit dünnen Handgelenken und einem durchscheinendem schmalen Gesicht. Sie ist teilweise gelähmt, sie hatte gerade wieder begonnen, von Neuem laufen zu lernen, zwischen zwei Pflegerinnen, Fuß für Fuß. ›Hast du es gehört, ich muss weg!‹, flüstert sie. ›Was, du musst weg?‹ Wir schauen einander eine Weile sprachlos an. Sie hat überhaupt kein Gesicht mehr, sie hat nur noch Augen. Endlich sagt sie mit monotoner grauer Stimme: ›So ein Jammer, nicht, dass jetzt alles, was man in seinem Leben gelernt hat, jetzt umsonst gewesen ist.‹ Und ›Was ist es doch noch schwierig, tot zu gehen, nicht?‹ Plötzlich wird die unnatürliche Starrheit ihres Gesichts durchbrochen von Tränen und dem Aufschrei: ›O, dass ich jetzt aus Holland weg muss, das ist doch noch das Schlimmste von allem‹, und ›oh, dass ein Mensch noch nicht früher hat totgehen können‹. Später in der Nacht sehe ich sie noch ein letztes Mal.

Im Waschraum stand eine Frau mit einem Korb noch tropfender Wäsche auf ihrem Arm. Sie griff nach mir. Sie sieht ein bisschen verstört aus. Sie gießt einen Wortschwall über mich aus. ›Das geht doch nicht! Wie soll das jetzt möglich sein? Ich muss weg und bekomme nicht einmal mehr meine Wäsche trocken für morgen. Und mein Kind ist krank. Es hat Fieber. Können Sie nicht dafür sorgen, dass ich nicht weg muss? Und ich habe nicht einmal genug anzuziehen für das Kind […], oh, ich werde noch verrückt davon. Und man darf nur eine einzige Decke mitnehmen, schön kalt werden wir es dann haben, oder meinen Sie etwa nicht? Ich habe hier einen Neffen, und er ist zusammen mit mir gekommen, und er muss nicht weg, denn er hat gute Papiere; meinen Sie, dass das auch mir helfen kann? Sagen Sie doch, dass ich nicht weg muss, was denken Sie, würden sie die Kinder bei den Müttern lassen? Ja, kommen Sie diese Nacht wieder zurück, kommen Sie mir dann helfen, was denken Sie, würden die Papiere meines Neffen …‹

Wenn ich sage, diese Nacht war ich in der Hölle, was drücke ich dann noch für Sie aus? Ich habe es mitten in der Nacht einmal laut zu mir selber gesagt, mit einer gewissen Nüchternheit als Feststellung: ›So, jetzt bin ich also in der Hölle.‹

Man kann nicht unterscheiden, wer denn nun weg muss und wer nicht, fast jeder ist auf, und die Kranken helfen einander beim Ankleiden. Es sind mehrere, die überhaupt kein Kleidungsstück haben, deren Gepäck verlorengegangen oder noch nicht angekommen ist. […] Es werden Milchflaschen fertig gemacht für die Säuglinge, deren erbärmliches Geschrei durch alle Ritzen der Baracke hereindringt. Eine junge Mutter sagt beinahe sich entschuldigend zu mir: ›Mein Kind heult sonst nie; es ist, als ob es spürt, was geschehen wird.‹ Sie nimmt das Kind, ein prachtvolles Baby von acht Monaten, aus einer primitiven Wiege und lacht ihm zu: ›Wenn du nicht brav bist, dann darfst du nicht mit Mama mit auf die Reise!‹ […] Sie zwinkert mir tapfer zu, eine schmale, dunkle Frau mit einem olivenfarbigen aufgeweckten Gesicht […]: ›Ich bin nicht so munter, auch wenn ich jetzt lache.‹

Die Frau mit der nassen Wäsche ist beinahe von Sinnen. Können Sie mein Kind nicht für mich verstecken, jetzt gleich, verstecken Sie es! Es hat hohes Fieber, wie kann ich es jetzt mitnehmen? Sie deutet auf ein Häuflein Kind mit blonden Locken und glühend hochrotem Gesicht in einem Bettchen aus rohem Holz. Die Krankenschwester will der Mutter einen extra Pullover über ihr Kleid anziehen, sie wehrt sich dagegen: ›Ich nehme nichts mit, was habe ich davon … mein Kind!‹ Sie schluchzt: ›Ein krankes Kind nehmen sie einem ab, und man bekommt es nicht zurück.‹ […]

Das Gejammer der Säuglinge nimmt zu, es füllt alle Ecken und Ritzen der gespenstisch erleuchteten Baracke, es ist fast nicht auszuhalten. Mir kommt ein Name auf die Lippen: Herodes« (Brief an Han Wegerif u. a., 24. August 1943, S. 686–690).

Diese dramatischen Stunden erinnern Etty an den Kindermord von Betlehem, den sie im zweiten Kapitel des Matthäusevangeliums (2,16–18) gelesen hatte, mit dem eindringlichen Zitat aus dem Propheten Jeremia: *»Ein Geschrei war in Rama zu hören, lautes Weinen und Klagen: Rahel weinte um ihre Kinder und wollte sich nicht trösten lassen, denn sie waren dahin«* (Matthäus 2,18; Jeremia 31,15). In der »Guten Botschaft«, die Matthäus als Jude den Juden seiner Zeit vorgelegt hat, war also Raum für diese radikale Infragestellung, welche das Ärgernis der gegen die Unschuld entfesselten Gewalt an die menschlichen Gewissen aller Zeiten richtet. Dieses Ärgernis ist gewiss heute wie gestern die schwerste Erprobung des Glaubens.

Wie sehr rührt die Frage an, die inmitten dieser tragischen Nacht Ljoebotsjka, jene kleine verkrüppelte Russin, die Etty unter ihren Schutz genommen hatte, an sie richtete: *»Sie fragt mich mit ihrem eigenartigen Akzent und mit dem Ton eines Kindes, das um Entschuldigung bittet: ›Der liebe Gott wird doch wohl meine Zweifel in einer Welt wie dieser verstehen können?‹«* (ebd., S. 691).

Im schönsten Liebesbrief, den sie je geschrieben und den sie an Julius Spier gerichtet hat, der bereits von seiner Krankheit sehr geschwächt war, schreibt sie vor ihrer ersten Abreise nach Westerbork am Schluss: *»Dieses Stück Zeitalter, wie wir es jetzt erleben, kann ich tragen [...] und ich kann es Gott auch schon verzeihen, daß es ist, wie es sicher wohl sein muß. Daß man soviel Liebe in sich hat, daß man Gott verzeihen kann!!«* (Brief an Julius Spier, undatiert [vermutlich Juli 1942], S. 600).

Gott verzeihen, dies ist eine Weise, ihm gegenüber ein absolutes Vertrauen auszudrücken – wie Jesus, der sterbend in letzter Selbsthingabe sich dem überlässt, den er weiter seinen »Vater« (Lukas 23,46) nennt. Einer der Theologen, die in dieser Ära nach Auschwitz den Mut und die Klarsicht hatten, unsere Beziehung zu Gott in diesem Zusammenhang neu zu bedenken, verwendet, ohne Etty jemals gelesen zu haben, die gleiche gewagte Sprache wie sie angesichts des absoluten Schreckens:

> »Ein Mensch, der sein ganzes Leben gelitten hatte, sagt vor seinem Tod zu Gott: ›Mein Gott, wenn du existierst,

vergebe ich dir.‹ Ich stelle mir gerne Gott vor, wie er dieses Gebet hört – denn es ist ein Gebet. Er lächelt ernst, ohne Ironie. Er nimmt im Ernst die Vergebung des Menschen an. Er erinnert sich, dass er gezögert hat, das Risiko des menschlichen Leidens auf sich zu nehmen sowie die ›Schlachtung‹ des Lammes [Offb 13,8], dieser Gestalt der Unschuld. Er öffnet demütig seine Arme, damit sein Sohn, der solches Leiden getragen und den Frieden gefunden hat, sich in sie birgt.

Gewiss ein Anthropomorphismus, aber auf den ich Acht habe und den ich in Nachdenken verwandele, und ich hüte mich, dieses Geheimnis des Leidens anders als mit den Händen einer Krankenschwester zu berühren. Denn ich weiß: Wenn ein Mensch leidet, gibt es in ihm zugleich das Verlangen, dass man ihm eine religiöse ›Erklärung‹ für sein Leiden gibt, und die Ablehnung der Abstraktion, die man ihm anbietet; das weiß er im Voraus, und sie ist wie Säure auf eine frische Wunde.

Alles, was ich sagen kann, ist, dass für mich, so wie ich bin, nichts weniger abstrakt als dies ist: Gott ist nicht wie ein Welthandwerker. Er hat die Welt nicht hergestellt wie ein Uhrmacher das Uhrwerk.[183] Gott konstruiert nichts von vornherein Fertiges. Im Gegenteil zieht er sich zurück, damit die Seienden, die er ins Leben ruft, von selber und durch sich selber entstehen. […] Würde Gott intervenieren, damit das Umhertasten, die Unordnungen, die Wi-

[183] Wie es sich einige Philosophen des Jahrhunderts der Aufklärung vorgestellt haben.

derstände durch Untätigkeit, die Überflutungen, die Epidemien vermieden werden, dann wäre die Welt für ihn nur ein Manipulationsgegenstand. Unsere Vorstellungskraft, die aber so in die Nähe eines Infantilismus gerät, würde gewiss darin eine größere Liebe sehen. Aber Gott liebt nicht auf die Weise, wie wir es gerne hätten, dass er liebt, wenn wir unsere Träume auf ihn projizieren. Er könnte uns das Leiden nur um den Preis eines Paternalismus ersparen, durch welchen er aufhörte, die Liebe zu sein. Der Ernst Gottes besteht im Respekt und im Leiden. Beidem können wir nur von sehr weit her nahekommen, indem wir uns auf unsere höchste Hoffnung stützen. Tatsächlich respektiert uns Gott zu sehr, als dass er uns auf magische Weise ersparte zu leiden. Und er respektiert sich selbst zu sehr, um sich selber das Leiden an unserem Leiden zu ersparen.

Und was das Übel angeht, welches das Werk unserer Freiheit ist, die Gewalt –, der »Kriegszustand«, von dem Lévinas[184] sagt, dass er »die Moral aufhebt« – um wie viel fordernder ist der Respekt auf diesem Feld, und um wie viel tiefer das Leiden der schöpferischen Liebe! Wir befinden uns hier im Herzen des Geheimnisses – ich sage es bewusst – der Demut Gottes.«[185]

Es geht im Grunde darum, Gott von etwas zu entschuldigen, das für uns entsetzlich erscheint, jedoch nicht indem wir die

[184] Emmanuel Lévinas (1906–1995), litauisch-französischer jüdischer Philosoph.

[185] Francois Varillon S.J., *L'humilité de Dieu* [Die Demut Gottes], Le Centurion, Paris 1974, S. 123f.

Prüfung derer, die darunter leiden, auf stoische Weise minimisieren, sondern im Namen gerade der Liebe, die er selbst in unseren Herzen hervorbringt, deren geheimnisvolle und unausschöpfliche Quelle er ist.

Ab Juli 1942 kehrt ein Ausdruck unter der Feder Ettys immer wieder. Man könnte meinen, sie sei von verschiedenen Stellen im Neuen Testament inspiriert, die auf das Opfer Christi[186] hinweisen. Aber warum soll sie diesen Ausdruck nicht aus ihrer eigenen Erfahrung gewonnen haben? Sie ist ja nicht grundlegend verschieden von der Jesu und so vieler anderer, die zugestimmt haben, »ihr Leben zu geben«: »ausgeliefert zu werden« (*overgeleverd,* S. 499), »sich auszuliefern« (*zich overgeven,* S. 504). So heißt es am 6. Juli 1942:

> »Alle Kraft und Liebe und alles Gottvertrauen, die man in sich hat und die bei mir in der letzten Zeit so wunderbar am Wachsen sind, muss man bereithalten für einen jeden, der uns zufällig auf unserem Pfad entgegenkommt und der es nötig hat. [...] Und sogar aus dem Leiden kann man Kräfte schöpfen. [...] Gegenwärtig das eine oder das andere: Man kann nur noch ›rücksichtslos‹ an sich selber denken und an die eigene Selbsterhaltung oder man muss von allen persönlichen Wünschen Abstand nehmen und sich ausliefern. Und für mich besteht diese Selbstübergabe nicht in Resignation und Absterben, sondern dort, wo Gott mich

186 Siehe Matthäus 26,45: *»Jetzt wird der Menschensohn den Sündern ausgeliefert«; Galater 2,20: »Er hat mich geliebt und hat sich für mich hingegeben.«*

zufällig hinstellt, noch zu stützen, was ich kann, und nicht nur vom eigenen Kummer und Mangel erfüllt sein« (7. Juli 1942, S. 504).

Und auf der letzten Seite ihres Tagebuchs kann man diesen erstaunlichen Vergleich lesen: *»Ich habe meinen Leib wie Brot gebrochen unter den Männern, warum auch nicht, sie waren ja so hungrig und hatten so lange Entbehrung gelitten«* (10. Oktober 1942, S. 583).

Je mehr sie sich der äußersten Selbsthingabe nähert, desto mehr werden das Tagebuch Ettys und ihre Briefe aus Westerbork zu einem Gebet. In Entsprechung dazu ist es angebracht, dieses letzte Kapitel damit zu beenden, es dem Leser als eine Zusammenfassung dieses geistlichen Weges einer jungen Frau unserer Zeit anzubieten. Es handelt sich um den letzten Brief, den sie ihrer Freundin und sehr persönlichen Vertrauten, Henny Tideman, noch hat zukommen lassen können. 19 Tage später, am 6. September 1943, wurde Etty mit ihrer ganzen Familie nach Auschwitz deportiert:

»Tidechen,
Diesen Nachmittag lag ich zum Ausruhen auf meiner Pritsche, und plötzlich musste ich das Folgende in mein Tagebuch schreiben, ich schicke es dir:

Du hast mich so reich gemacht, mein Gott, lass mich auch mit vollen Händen austeilen können. Mein Leben ist zu einer ununterbrochenen Zwiesprache mit dir geworden, o mein Gott, eine große Zwiesprache. Wenn ich in einer Ecke des Lagers stehe, meine Füße auf deine Erde gepflanzt und das Gesicht zu deinem Himmel erhoben, dann laufen mir manchmal die Tränen über das Gesicht, geboren aus der inneren Bewegung und Dankbarkeit, die sich einen Ausdruck sucht. Auch am Abend, wenn ich im Bett liege und in dir ruhe, mein Gott, laufen mir manchmal die Tränen der Dankbarkeit über das Gesicht, und das ist dann mein Gebet.

Ich bin schon einige Tage sehr, sehr müde, aber das wird auch wieder vorbeigehen, alles geht nach einem eigenen tiefer liegenden Rhythmus, und man muss Menschen lehren, auf diesen Rhythmus zu lauschen, es ist das Wichtigste, was ein Mensch in diesem Leben lernen muss.

Ich fechte nicht mit dir, mein Gott, mein Leben ist eine große Zwiesprache mit dir. Vielleicht werde ich nie eine große Künstlerin werden, was ich doch eigentlich will; aber ich bin nur allzu sehr geborgen in dir, mein Gott. Ich werde wohl manchmal kleine Weisheiten aufzeichnen und vibrierende Erzählungen, aber ich gelange gerade immer wieder unmittelbar zu diesem einen Wort: Gott, und das umfasst alles, und dann brauche ich alles andere nicht mehr zu sagen. Und all meine Schaffenskraft setzt sich um in innere Zwiesprachen mit dir. Der Wellenschlag meines Herzens ist hier breiter geworden und bewegter und gleichzeitig ruhiger, und es ist mir, als werde mein innerer Reichtum immer größer.

Auf unerklärliche Weise schwebt Jul[187] die letzte Zeit über der Heide, er gibt mir täglich Nahrung. Es gibt doch

[187] Julius Spier.

Wunder in einem Menschenleben, mein Leben ist eine Aneinanderreihung innerer Wunder; gut, dies wieder einmal jemandem zu sagen« (Brief an Henny Tideman, 18. August 1943, S. 682).

Durch ein weiteres Wunder – das des nach einem halben Jahrhundert wieder auferstandenen Wortes – sind wir heute Tausende, die dich, Etty, sprechen hören. Und wie gut ist es, in dir jemanden zu finden, der uns sagt und uns daran erinnert, was ein menschliches Wesen als das Wichtigste in diesem Leben lernen kann.

Anhang

Ein letztes Zeugnis

Nachdem wir lange Ettys Worten gelauscht haben, mag es seine Bedeutung haben, wenn wir nun den Bericht kennenlernen, den derjenige verfasste, der sie auf der *»Transportstraße«* zum Zug begleitet hat. Es ist ein Brief von Joseph (Jopie) Vleeschhouwer,[188] den sie liebevoll ihren *»kleinen Waffenbruder«* (17. September 1942, S. 550) nannte, an ihre Freunde in Amsterdam.

»Herr Wegerif, Hans, Maria,
Tide, und alle, die ich vielleicht nicht so gut kenne.

Es wird mir nicht leichtfallen, euch dies alles zu erzählen. Es ist jedenfalls so plötzlich, so unerwartet gekommen. Fremd, noch jetzt unerwartet, noch jetzt plötzlich, obwohl wir doch allesamt schon lange bereit und fertig sind. So war es zum Schluss auch, sie war fertig und bereit. Und leider, sie ist dann auch abgefahren.

Es kam auch recht spät am Montag die Anweisung aus Den Haag, dass die Zurückstellung von Mischa nicht mehr gelte, und dass er mit seinen Familienangehörigen am 7. September für den Transport aufzustellen sei. Warum?

[188] Zum Schicksal Jopie Vleeschhouwers siehe Anm. 144 in diesem Buch.

Ja, das ist meist eine nicht beantwortbare Frage.[189] Wir hofften und glaubten anfangs, dass es wohl nicht so laufen werde. Und dann würde es für sie sicher verhindert werden können, umso mehr, als gerade heute erreicht wurde, dass die früheren Mitarbeiter des Jüdischen Rats, im ganzen sechzig, vorläufig nicht gehen sollen. Bereits bald konnte man absehen, dass für Mischa und die alten Leutchen nicht viel zu erreichen sein würde, und dass für Etty alle Chancen offen blieben.

So konzentrierte sich unsere Aufmerksamkeit darauf, schnell das Gepäck für drei Personen fertig zu machen. Ach, sie nahmen es jedenfalls recht gut auf, man wusste ja doch schon so lange, dass dies einmal geschehen werde, und in der kommenden Woche sollten die Eltern, alle Eltern von Rot-Gestempelten ohne Ausnahme weg müssen. Und Mischa war bereits entschlossen, freiwillig mit seinen Eltern mitzugehen. Mit seinen Eltern, für die er bereit und fest entschlossen war, alle persönlichen Vorrechte preiszugeben. Und jetzt kam dies nur eine Woche früher, wohl etwas abrupt, aber letztlich nur ein Unterschied im Tempo.

189 Die Antwort ist heute bekannt. Mischa hätte der Deportation aufgrund seines herausragenden Talents als Pianist entgehen können. Er forderte, dass seine Eltern den gleichen Schutz wie er erfahren. Als die Antwort auf sich warten ließ, hatte Riva Hillesum den unglücklichen Gedanken, direkt an H. A. Rauter zu schreiben, Oberkommandierender der Polizei und der SS in den Niederlanden. Dieser Brief rief anscheinend den Zorn dieses hohen Naziwürdenträgers hervor. Am 6. September gab er Anweisung, Mischa »mit seiner ganzen Familie« sofort zu deportieren. Der Lagerkommandant von Westerbork, Gemmeker, interpretierte diese Anordnung im strengen Sinn, und am 7. September musste Etty trotz aller letzten Einsprüche ihrer Freunde gemeinsam mit ihrem jüngeren Bruder und ihren Eltern abfahren.

Aber für Etty war es eine sehr unvorhergesehene Sache, weil sie nicht hatte mit ihren Eltern reisen wollen und sich lieber frei vom Druck von Familienbanden diesen neuen Erfahrungen ausliefern wollte. Für sie war es sozusagen ein Schlag auf den Kopf, der sie dann auch buchstäblich niederfällte. Innerhalb der Stunde hatte sie sich aber wieder gefasst und stellte sich auf die neue Situation mit bewundernswerter Schnelligkeit ein. Wir gingen zusammen zur Baracke 62 und waren stundenlang mit allen Händen beschäftigt, auszusuchen, einzupacken, alle möglichen Kleidungsstücke und Esswaren aufzutreiben und zu sortieren.

Ettys Vater äußerte seine Nervosität in humoristischen Anmerkungen, die Mischa manchmal zum Zorn brachten, weil er fand, das er es nicht ernst genug nahm. Mischa konnte überhaupt nicht verstehen, warum die so sicher scheinende Zurückstellung jetzt plötzlich ungültig geworden war, und wollte mich andauernd zu verschiedenen mehr oder minder belangreichen ›Beziehungen‹ schicken. Er verstand nicht, dass eine Anordnung aus Den Haag[190] hier nicht mehr abgeändert werden kann und dass Bemühungen in derartigen Fällen fruchtlos bleiben müssen. Doch war er ruhig und nahm die Sache verständig an. Seine viele Musik hier hinter sich lassen zu müssen, ging ihm doch sehr ans Herz. Etwa vier Werke habe ich in seinen Rucksack gezwängt und der Rest (auch das gerade hereingekommene Paket mit einem neuen Vorrat) füllt nun einen Koffer, der

[190] Vermutlich eine Anordnung der zentralen Dienststelle des Generalkommissars Obergruppenleiter-SS Rauter.

bei der erstmöglichen Gelegenheit nach Amsterdam zurückgeschickt werden wird.

Mutter H., betriebsam wie immer, sorgte hervorragend für alles Nötige und legte eine bewundernswerte Ruhe an den Tag.

In früheren Transportnächten war die ganze Familie wohl manchmal die ganze Nacht wach, wegen allen Lärms und der Aufregung, die solch eine Transportvorbereitung in einer großen Baracke mit sich bringt. Jetzt schliefen sie alle ruhig, bis Etty und ich um drei Uhr wieder gucken gingen, ob man mit dem Packen weitermachen kann. Wir waren deshalb erst wieder uns noch einmal erkundigen gegangen, ob eine Chance bestand, dass Etty selbst zurückgestellt würde. Zu unserer Überraschung merkten wir erst dann, dass die Chancen sehr schlecht standen.

Die Freundinnen von Etty in ihrer Baracke haben, während sie ihre Eltern und ihren Bruder versorgte, für sie alles schön gepackt, bis zu den kleinsten Finessen war alles in Ordnung.

Nachdem die Leitung des Jüdischen Rats erklärt hatte, dass von ihr nichts erreicht werden kann, wurde als letzte Chance ein Brief an den Ersten Dienstleiter[191] geschrieben mit der Bitte um Intervention.

Vielleicht kann dann am Zug noch etwas erreicht werden. Aber dann muss doch alles für die Abreise fertig gemacht werden, und so gingen zuerst die Eltern und Mischa zum

[191] Der (jüdische) Leiter des Ordnungsdienstes im Lager. Er hätte vielleicht beim Lagerkommandanten Gemmeker intervenieren können.

Zug. Und zum Schluss karrte ich einen gut gefüllten Rucksack, ein Reisekörbchen mit daran hängendem Essnapf und Trinkbecher zum Zug. Und dort betrat sie die Transportstraße,[192] die sie gerade 14 Tage zuvor auf ihre eigene unvergleichliche Weise beschrieben hatte. Sie unterhielt sich fröhlich, lachte, hatte ein freundliches Wort für jeden, der ihr begegnete, mit funkelndem Humor, vielleicht einem etwas wehmütigem Humor, aber echt unsere Etty, so wie ihr sie ja kennt. ›Ich habe meine Tagebücher und meine kleine Bibel und meine russische Grammatik und Tolstoj bei mir, und ich weiß überhaupt gar nicht, was alles in meinem Gepäck ist.‹ Einer unserer Leiter kam noch gerade, Abschied zu nehmen und zu erklären, dass er alle Argumente angeführt habe, aber vergebens. Etty dankte ihm, ›jedenfalls für das Anführen der Argumente‹. Und ob ich dann euch erzählen wolle, wie alles gegangen ist und wie gut sie abgefahren seien.

Und da sitze ich nun, wohl etwas traurig, aber auch wieder nicht, über etwas, das verloren ist, denn eine Freundschaft wie die mit ihr kann nun einmal nicht verloren gehen, die ist und die bleibt.

Das schrieb ich auch noch auf ein kleines Stück Papier, das ich ihr zuletzt in die Hand drückte.

Ich verlor sie aus dem Auge und ging ein wenig umher. Suchte noch jemanden zu finden, der etwas verändern kann, aber es gelang nichts. In Waggon Nr. 1 sehe ich Mutter, Vater H. und Mischa einsteigen. Etty trifft es für Waggon

[192] Die Hauptstraße des Lagers, die zur Eisenbahn führte.

Nr. 12, nachdem sie noch eine gute Bekanntschaft in Waggon Nr. 14 aufgesucht hatte, die zuletzt noch herausgeholt wurde.

Dann geht der Zug ab: eine schrille Pfeife, und die 1000 ›Transportfähigen‹ setzen sich in Bewegung. Noch ein Blick von Mischa, der lebhaft aus einem Spalt von Güterwagen Nr. 1 winkt, und dann bei 12 ein fröhliches ›Tschüß‹ von Etty, und weg sind sie.

Weg ist sie. Wir stehen beraubt da, aber nicht mit leeren Händen. Wir werden einander bald wiederfinden.

Es war für viele ein schwerer Tag. Für Kormann, für Mech[anicus] und für alle, die so lange einen andauernden direkten Kontakt mit ihr hatten. Es ist doch nicht dasselbe, ob jemand greifbar in unserer Nähe ist, oder ob sein Geist um einen ist. Das erste Gefühl ist doch das einer Leere.

Aber wir gehen weiter. Während ich dies schreibe, geht alles auch wieder weiter und sie selbst fährt auch weiter und weiter nach dem Osten, wo sie eigentlich so gerne hin wollte. Sie war eigentlich auch ein bisschen froh, glaube ich, dass sie diese Erfahrungen nun machen werde, dass sie nun alles und alles werde miterleben, was für uns bereitet ist. Und wir werden sie wiedersehen, darüber sind wir (ihre besonderen Freunde hier) uns einig. Ich sprach nach der Abfahrt ihre kleine Russin an und verschiedene ihrer anderen Schützlinge. Allein schon die Weise, wie sie auf ihren Weggang reagierten, sprach ganze Bücher über die Liebe und Treue, die sie diesen Menschen erwiesen hatte.

Verzeiht mir, dass ich diesen Bericht nur auf meine armselige Weise schreiben kann. Ihr, die ihr so an bessere Berichte in besserem Ausdruck gewöhnt seid. Ich weiß, dass viele Fragen offen bleiben werden, und vor allem die Frage, ob dies nicht zu vermeiden gewesen wäre. Darauf kann ich eine positive Antwort geben: NEIN. Es hat offenbar so sein müssen. […]

Euch allen sei Kraft gewünscht. Wir kommen alle zurück, und Menschen wie Etty schaffen es durch die schwierigsten Sachen hindurch. Ich denke viel an euch« (Brief von Jopie Vleeschhouwer an Han Wegerif u. a., Westerbork, 6./7. September 1943, S. 710–713).

In die Tasche, die sie für die Fahrt nach Auschwitz vorbereitet hatte, hatte Etty neben Tolstoj zwei Bücher gesteckt: eine kleine Bibel und eine russische Grammatik. Sie hatte ebenfalls zwei Postkarten mitgenommen, die eine an Han Wegerif und Maria Tuinzing in der Gabriel Metsustraat, die andere an Christine Van Nooten, die Freundin ihrer Familie, eine ihrer Lehrerinnen am Gymnasium von Deventer. Sie hatte mit Bleistift einige Zeilen darauf geschrieben und diese Karten dann auf der Eisenbahnfahrt durch einen Spalt des verschlossenen Waggons, in dem sie und die anderen Deportierten sich befanden, nach außen fallen lassen. Bauern fanden sie und brachten sie zur Post. Nur die Karte an Christine Van Nooten ist erhalten:

»Christine,
ich öffne die Bibel an einer zufälligen Stelle und finde dies:
Der Herr ist meine hohe Zuflucht.[193] Ich sitze mitten in einem vollen Güterwagen auf meinem Rucksack. Vater, Mutter und Mischa sitzen einige Wagen weiter. Die Abfahrt kam doch noch recht unerwartet. Plötzlich Befehl speziell für uns aus Den Haag. Wir haben das Lager singend verlassen, Vater und Mutter sehr ordentlich und ruhig, Mischa ebenso. Wir werden drei Tage reisen. Dank für all eure guten Sorgen. Zurückgebliebene Freunde schreiben noch nach

[193] Diese Bezeichnung Gottes als meine »hohe Zuflucht« [hoog vertrek] kommt mehrmals in der Psalmenübersetzung der verbreiteten holländischen *Staatenvertaling* vor. Es könnte sich um ein verkürztes Zitat von Ps 62,3 handeln.

A'dam,[194] vielleicht erfahrt ihr etwas? Auch von meinem letzten langen Brief?

Auf Wiedersehen von uns Vieren.

Etty.«[195]

Auf diese Zeilen folgt Schweigen. Eine Anmerkung der Herausgeber von *De nagelaten geschriften* (S. 809) teilt die tragische Wirklichkeit mit, die dahinter steht: »Im Transport vom 7. September wurden im ganzen 987 Personen (darunter 170 Kinder) nach Auschwitz gebracht. Von den Männern wurde ein Teil zum Aufräumen des Schutts im Warschauer Ghetto eingesetzt. Die eingesetzten Frauen bekamen so schwere Arbeit auszuführen, dass ihre Überlebenszeit auf höchstens zwei Monate geschätzt wurde. Nur acht Personen haben diesen Transport überlebt.«

[194] Amsterdam.

[195] Die Postkarte wurde am 7. September 1943 aus dem Zug geworfen; Poststempel vom 15. September. Die beiden Seiten der Karte sind in *De nagelaten geschriften* vor S. 1 abgebildet.

Nachwort

Am Ende dieser Wegstrecke mit einer der beeindruckendsten und engagiertesten Zeuginnen dessen, was man »die Spiritualität des Nach-Auschwitz« nennen könnte, scheint mir, ich schulde dem Leser eine Erläuterung der Methode, die mich bei dieser Arbeit geleitet hat.

Nachdem ich fünf Jahre vor der ersten Veröffentlichung begonnen hatte, mir bei der Lektüre der vollständigen Ausgabe des Tagebuchs und der Briefe von Etty Hillesum Aufzeichnungen zu machen, habe ich auch von den wichtigsten Artikeln über sie Kenntnis genommen. Ich habe darin erhellende Hinweise und nützliche Erläuterungen gefunden, aber zugleich feststellen müssen, wie schwierig es ist, in einem Artikel dem vielfach sich entfaltenden Reichtum dieser 800 Seiten mit Texten und Anmerkungen gerecht zu werden, den uns die Herausgeber von *De nagelaten geschriften* anbieten.

So schien mir, ein nachdenklicher Kommentar sollte ausführliche Zitate der ursprünglichen Texte enthalten. Ich habe mich bemüht, sie so treu wie möglich zu übersetzen, wobei ich mich auch, mit geringen Veränderungen, der französischen Übersetzung eines Teils von ihnen bedient habe.[196] Jedenfalls können die kurzen Zitate, die man in den bisher veröffentlichten Stu-

[196] [Anmerkung des Übersetzers:] Für die deutsche Übersetzung wurden die Zitate aus dem Tagebuch von Etty Hillesum direkt aus *De nagelaten geschriften* übersetzt bzw. in ihrer gelegentlich von vornherein deutschen Fassung belassen.

dien findet, nicht genügen. Nur ein weiterer Kontext erlaubt es, deren Sinn zu erhellen und zu entfalten. Es war wohl angebracht, eine Reihe von inhaltlich zusammengehörenden Texten auch zusammen zu zitieren, zumal es sich um ein »Tagebuch« handelt, also gelegentliche Niederschriften, die recht häufig sich gegenseitig bearbeiten, erläutern und ergänzen. Ich hoffe, dass diese auf einer Gesamtlektüre beruhenden Zusammenstellungen von Themen, die auf Kapitel aufgeteilt werden, deren Bedeutung in der Erfahrung Ettys, wie sie in ihren Schriften zum Ausdruck kommt, gerecht werden. Jedenfalls war dies eine meiner hauptsächlichen Absichten.

Im Verlauf meiner Lektüre sind mir auch gegenseitige Entsprechungen aufgefallen, die zu erheben mir wichtig schien. Ich habe diese Studie begonnen, weil ich den ersten Eindruck einer Reihe von Kommentatoren teilte, die mit Recht von der Einzigartigkeit der Erfahrung Ettys und von ihrer so persönlichen Sprache, mit welcher sie sie ausdrückt, beeindruckt waren. Einige hatten den Eindruck, sie sei nicht einzuordnen. Der erste Herausgeber von Auszügen aus ihrem Tagebuch, J. G. Gaarlandt, schreibt im Vorwort von *Het verstoorde leven* [Das beeinträchtigte Leben]: *»Unter Ettys Feder scheint der Name Gottes von aller Tradition entblößt: Jahrhunderte von Judentum und Christenheit scheinen keine Spur hinterlassen zu haben.«*

So sehr dieses Urteil in etwa dem Eindruck von einer Originalität zu entsprechen scheint, den eine erste Lektüre des Tagebuchs mit sich bringt, kann ich es doch nicht einfachhin unterschreiben. Bereits die vielen Zitate, die Etty, selber eine große Leserin, immer wieder anführt, scheinen es zu nuancieren. Es ist ebenfalls offenbar, dass Etty unter dem Einfluss von Julius Spier und ihrer Lektüre anderer Autoren aufnahmebereit geworden ist für Elemente, welche für die westliche religiöse Kultur bezeichnend sind, insbesondere für das jüdisch-christliche Erbe. Sie bezieht sich vielfach auf ihre tägliche Bibellesung, insbesondere die Psalmen, die Evangelien – hier wiederum vor allem Matthäus – und die Paulusbriefe, woraus sie häufig bestimmte Abschnitte zitiert. Desgleichen findet man in ihren Schriften implizite Zitate, welche die Herausgeber von *De nagelaten geschriften* mit Sorgfalt nachgewiesen haben. Mit Begeisterung hat sie die *Bekenntnisse* des heiligen Augustinus gelesen und bezieht sich auch auf andere Autoren, die sich mit dem christlichen Glauben befassen: Franz von Assisi, Thomas von Kempen (den vermutlichen Verfasser der *Nachfolge Christi*), den Briefwechsel von Abaelardus und Heloïse, Dostojewski, den amerikanischen Philosophen Will Durant, Walter Rathenau, den so auf die strukturierende Kraft der biblischen Symbolik aufmerksamen Jung, und natürlich Rilke, von dem sie außer den *Briefen an einen jungen Dichter* das *Stundenbuch* zitiert, das stark von christlichem Empfinden geprägt ist. Der Namenindex in *De nagelaten geschriften* enthält ferner neun Erwähnungen Christi, darunter eine für Jesus (die meisten innerhalb von Zitaten).

Wenn sie auch erst sich in den Anfangsstadien einer Entdeckung befindet, deren Verfolgung und Entfaltung ihr früher Tod verhindert hat, so ist doch unbestreitbar, dass Etty sich auf das »Hören« einer »Tradition« eingestellt hat, im etymologischen und theologischen Sinn dieses Begriffs: Es geht um ein Verständnis des Menschen und seiner Gottesbeziehung, welches von Jahrhundert zu Jahrhundert als gelebte Wirklichkeit gläubiger Gemeinschaften überliefert worden ist, der Gemeinschaft Israels – eines dem Talmud vorausgehenden Israels, das sie insbesondere durch Genesis, Psalmen und Propheten kennengelernt hatte – und der der Urkirche (die Evangelisten und Paulus) und der Patristik (insbesondere Augustinus). Es ist auch nicht zu vergessen, dass Etty authentische Zeugen des christlichen Glaubens durch Freundschaften kennengelernt hat, auf die sie mit Ergriffenheit und Dankbarkeit verweist.

Auch bin ich dazu gelangt, zwar nicht Einflüsse, aber Gemeinsamkeiten zu erheben zwischen der Weise, wie sie über ihre geistliche Erfahrung Rechenschaft gibt, und bestimmten »Klassikern« der christlichen Spiritualität: den *Geistlichen Übungen* von Ignatius, Thérèse von Lisieux und Vertretern der »Theologie nach Auschwitz«.

Dies gibt uns jedoch, wie ich mehrmals unterstrichen habe, nicht das Recht, von ihr zu sagen, sie habe im eigentlichen Sinn den christlichen Glauben angenommen. Es scheint, dass der *»Geburtshelfer ihrer Seele«* (vgl. 24. September 1942, S. 562), Julius Spier, dem näher gewesen ist. Aber immerhin hat Etty nie irgendeine Kritik am christlichen Glauben geäußert; sie manifestiert gegenüber dem, was sie davon wahrnimmt, eher eine spontane Sympathie. Wir haben zum Beispiel auf ihr Interesse am Mönchtum hingewiesen, das sich in bestimmten Aspekten ihres Wortgebrauchs äußert. So ist verständlich, dass viele ihrer christlichen, katholischen, orthodoxen oder protestantischen Leser sich in ihrem Glauben, in ihrer Gottesbeziehung durch ihre Erfahrung und die Authentizität des Zeugnisses angesprochen und gestärkt fühlen, wie sie es uns in ihren Schriften, ihrem Leben und ihrem Tod gegeben hat.

Dass dieses Zeugnis von keiner konfessionellen Gruppierung für sich beansprucht werden kann, beeinträchtigt weder seine Authentizität noch seine Aktualität in dem pluralistischen Kontext unserer heutigen europäischen Kultur. Sein Wert besteht vor allem in der bleibenden und ehrlichen Treue Ettys gegenüber dem Ziel, aus ihrem Leben ein *»ein andauerndes ›Hineinhorchen‹ in mich selbst, in andere, in Gott«* (17. September 1942, S. 549) zu machen. Darin betrifft ihre Botschaft jeden Glaubenden, überhaupt jeden Menschen, der sich nach dem Sinn seines Lebens befragt, dieses wunderbaren und tragischen menschlichen Abenteuers, an dem wir alle miteinander teilhaben.